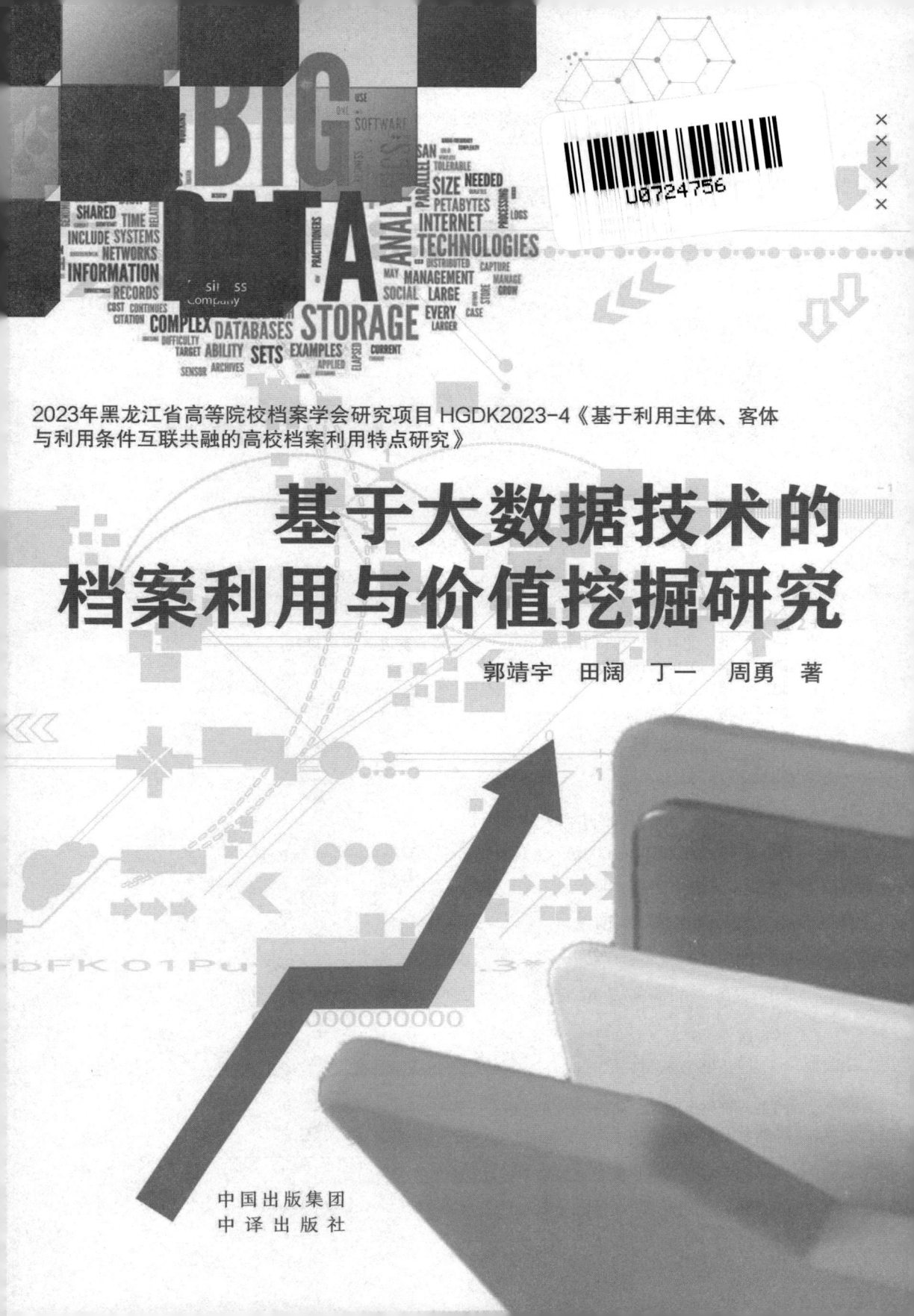

2023年黑龙江省高等院校档案学会研究项目 HGDK2023-4《基于利用主体、客体与利用条件互联共融的高校档案利用特点研究》

基于大数据技术的档案利用与价值挖掘研究

郭靖宇　田阔　丁一　周勇　著

中国出版集团
中译出版社

图书在版编目（CIP）数据

基于大数据技术的档案利用与价值挖掘研究 / 郭靖
宇等著. -- 北京：中译出版社, 2025. 5. -- ISBN 978-
7-5001-8207-8

Ⅰ. G273.5

中国国家版本馆CIP数据核字第20255FM528号

基于大数据技术的档案利用与价值挖掘研究

JIYU DASHUJU JISHU DE DANG'AN LIYONG YU JIAZHI WAJUE YANJIU

出版发行：中译出版社

地　　址：北京市西城区新街口外大街28号普天德胜大厦主楼4层

电　　话：010-68002876

邮　　编：100088

电子邮箱：book@ctph.com.cn

网　　址：www.ctph.com.cn

责任编辑：刘　畅

印　　厂：河北文盛印刷有限公司

规　　格：710毫米×1000毫米　1/16

印　　张：20

字　　数：336千字

版　　次：2025年5月第1版

印　　次：2025年5月第1次

ISBN 978-7-5001-8207-8　　　　　　定价：80.00元

前　言

在数字化、信息化浪潮的推动下，大数据技术以其独特的优势逐渐渗透到社会的各个角落，档案管理领域亦不例外。传统的档案管理模式已经无法满足当下高效、便捷、精准的信息需求，大数据技术为档案管理带来了革命性的变革。基于此背景，《基于大数据技术的档案利用与价值挖掘研究》应运而生，旨在深入探讨大数据技术在档案管理中的应用及其价值挖掘，以期为档案管理工作的现代化转型提供理论支撑和实践指导。随着信息技术的迅猛发展，大数据已经成为继云计算、物联网之后信息技术领域的新热点。大数据技术的核心在于从海量的数据中提取有价值的信息，为决策提供支持。档案管理作为信息管理的重要组成部分，其重要性不言而喻。但传统的档案管理模式存在着信息检索效率低下、信息利用程度不高、信息资源共享困难等问题。因此，将大数据技术引入档案管理领域，不仅可以提高档案管理效率，还可以挖掘档案的潜在价值，为组织决策和社会发展提供有力支持。本书的研究意义在于：一是推动档案管理理论与实践的创新发展，为档案工作的现代化转型提供理论支撑；二是提升档案利用效率和价值挖掘能力，为组织决策和社会发展提供精准的信息服务；三是促进数据技术在其他领域的应用与推广，推动信息化建设的深入发展。

近年来，国内外学者在大数据技术与档案管理融合方面取得了一系列研究成果。国外研究主要集中在档案数字化、信息挖掘与可视化等方面，如美国国家档案与记录管理局（NARA）在档案数字化管理方面的探索和实践。国内研究则更多地关注大数据技术在档案管理中的应用场景、技术实现与价值挖掘等方面，如档案数字化管理系统的研发、档案信息资源共享平台的构建等。但目前的研究仍存在着一些问题，如理论与实践脱节、技术应用不够成熟、价值挖掘深度不够等。因此，本书的研究旨在弥补现有研究的不足，为档案管理领域的创新发展贡献力量。本书的研究内容主要包括以下几个方面：一是大数据技术在档案管理中的应用场景与技术实现；二是档案利用效率的提高与价值挖掘方法的探索；三是基于大数据技术的档案管理模式创新与实践；四是大数据技术在档案管理中的挑战与对策。在研究方法上，本书采用文献研究、案例分析、实证研究等多种方法相结合的方式，对大数据技术在档案管理中的应用及其价值挖掘进行深入探讨。首先，通过文献研究梳理国内外相关研究成果，为本书的研究提供理论支撑；其次，通过案例分析挖掘大数据技术在档案管理中的成功实践，为本书的研究提供实践参考；最后，通过实证研究验证本书提出的理论观点和方法的有效性，确保研究成果的实用性和可操作性。本书的预期目标是通过深入研究大数据技术在档案管理中的应用及其价值挖掘，提出一套具有创新性和实用性的档案管理理论与方法体系，为档案工作的现代化转型提供有力支持。同时，本书还期望能够推动大数据技术在其他领域的应用与推广，为信息化建设的深入发展贡献力量。

在信息时代，数据已经成为一种具有巨大潜力的资源。大数据技术的出现提供了深入挖掘和利用档案价值的新途径。本书旨在探讨如何利用大数据技术来提高档案的利用效率，并挖掘其中隐藏的价值。源于对档案管理和利用的现实需求，随着社会的发展和时间的推移，大量的档案被积累下来，这些档案包含着丰富的信息和知识，对于学术研究、历史考证、政策制定等具有重要意义。但传统的档案管理方式往往面临着诸多挑战，如检索困难、信息过载、价值发现不充分等。大数据技术的兴起为解决这些问题提供了新的思路和方法。本书的目标是通过深入研究大数据技术在档案领域的应用，探索更有效的档案利用策略和价值挖掘方法，探讨如何利用大数据技术来改善档案的存储、检索、分析和展示，以满足用户对档案信息的多样化需求。同时，也关注如何从海量档案数据中发现潜在的价值，为决策者、研究者和社会公众提供有价值的洞察与见解。

在内容上，本书涵盖以下五个核心主题。第一，大数据技术与档案管理。介绍大数据技术的基本概念和特点，以及其如何与档案管理相结合，提高档案管理的效率和质量。第二，档案利用的创新模式。探讨大数据背景下档案利用的新模式和新方法，如数据挖掘、语义分析、可视化展示等，以提高档案的利用价值和可读性。第三，价值挖掘的方法与策略。研究如何从档案数据中提取有价值的信息，包括知识发现、趋势分析、关联规则挖掘等，为决策支持和学术研究提供依据。第四，数据安全与隐私保护。强调在档案利用过程中数据安全和隐私保护的重要性，并探讨相应的技术和管理措施。第五，实践案例与应用。通过实际案例分析，展示大数据技术在档案利用和价值挖掘中的具体应用，分享成功经验和实践成果。

　　本书致力于为档案管理者、研究者、决策者以及相关领域的专业人士提供一个全面而深入的研究视角。希望通过本书的研究，推动大数据技术在档案领域的广泛应用，促进档案资源的有效利用和价值挖掘。同时，也期待本书能引发更多的讨论和研究，共同探索档案利用的未来发展方向。在学术贡献方面，本书将丰富和完善档案管理领域的理论体系与方法体系，为后续的学术研究提供有益的参考和借鉴。在实践贡献方面，本书将为档案工作者提供一套具有可操作性的档案管理方法和工具，帮助他们提高档案管理的效率和质量，更好地服务于组织决策和社会发展。总之，《基于大数据技术的档案利用与价值挖掘研究》将围绕大数据技术在档案管理中的应用及其价值挖掘展开深入探讨，旨在为档案工作的现代化转型提供理论支撑和实践指导。本书的研究不仅具有重要的学术价值和实践意义，还将为信息化建设的深入发展贡献力量。

　　最后，感谢所有为本专著的完成提供支持与帮助的人。在研究过程中，我们借鉴了国内外相关领域的研究成果，希望本书能为档案学与大数据技术的发展做出微薄的贡献。

　　第一章和第二章由郭靖宇完成，约9万字；第三章由田阔完成，约8万字；第四章由丁一完成，约8万字；第五章由周勇完成，约8万字。

　　本书为2023年黑龙江省高等院校档案学会研究项目HGDK2023-4《基于利用主体、客体与利用条件互联共融的高校档案利用特点研究》。

2025年2月

目 录

第一章 大数据技术概述

第一节 大数据技术的定义与发展

大数据技术是一种使用大规模数据集进行分析、处理和管理的技术。它涉及数据采集、存储、处理、分析和可视化等多个方面，可以处理传统数据处理方法无法处理的庞大和复杂的数据集。大数据技术可以更深入地挖掘数据中的信息，揭示隐藏的模式和趋势，为决策提供支持和帮助。大数据技术的应用非常广泛，包括人工智能、机器学习、金融、医疗、教育、科研等领域。随着信息技术和人类生产生活交汇融合，互联网快速普及，全球数据呈现爆发式增长、海量集聚的特点，对经济发展、社会治理、国家管理、人民生活都产生了重大影响。近年来，我国政府、企业、科研机构都投入了大量的精力开展大数据相关的研究工作，大数据在政策、技术、产业、应用等方面均获得了长足发展。

一、大数据概述

大数据是信息化发展的新阶段。近年来大数据在政策、技术、产业、应用等多个层面都取得了显著进展。"大数据"是指其大小超出了典型数据库软件的采集、储存、管理和分析等能力的数据集。该定义有两方面内涵：一是符合大数据标准的数据集大小是变化的，会随着时间推移、技术进步而增长；二是不同部门符合大数据标准的数据集大小会存在差别。目前，大数据的一般范围是从几个 TB 到数个 PB（数千 TB）。大数据可以发挥重要的经济作用，不但有利于私人商业活动，也有利于国民经济和公民。大数据可以为世界经济创造重要价值，提高企业和公共部门的生产率与竞争力，并为消费者创造大量的经济剩余。如果能够富有创造性而有效地利用大数据来提高效率和质量，预计美国医疗行业每年通过数据获得的潜在价值可超过 3000 亿美元，能够使美国医疗卫生支出降低超过 8%；充分利用大数据的零售商有可能将其经营利润提高 60% 以上；通过利用大数据实现政府行政管理方面的运作效率提高，估计欧洲发达经济体可以节省开支超过 1000 亿欧元（其中尚不包括可以用来减少欺诈、错误以及税差的影响作用）。

在政策层面，大数据的重要性进一步得到巩固。党的十九大深刻分析了我国大数据发展的现状和趋势，提出"推动互联网、大数据、人工智能和实体经济深度融合"，对我国实施国家大数据战略提出了更高的要求。

在技术层面，以分析类技术、事务处理技术和流通类技术为代表的大数据技术得到了快速发展。以开源为主导、多种技术和架构并存的大数据技术架构体系已经初步形成。大数据技术的计算性能进一步提升，处理时延不断降低，硬件能力得到充分挖掘，与各种数据库的融合能力持续增强。

在产业层面，我国大数据产业继续保持高速发展。这一趋势在近年来尤为明显，且呈现出多方面的积极态势。根据中国信息协会大数据分会的数据，2018 年至 2023 年，中国大数据产业规模整体呈现增长趋势。2023 年，我国大数据产业规模同比增长 10.45%，成为推动数字经济发展的重要力量。此外，中国通信标准化协会等机构发布的研究报告显示，2023 年中国数据库市场规模已超过 520 亿元，预计到 2028 年有望达到 930.29 亿元。

在应用层面，大数据在各行业的融合应用继续深化。大数据企业正在尝到与实体经济融合发展带来的"甜头"。利用大数据可以对实体经济行业进行市场需求分析、生产流程优化、供应链与物流管理、能源管理、提供智能客户服务等，这不但大大拓展了大数据企业的目标市场，更成为众多大数据企业技术进步的重要推动力。随着融合深度的增强和市场潜力不断被挖掘，融合发展给大数据企业带来的益处和价值正在日益显现。

在利用大数据提升政府治理能力方面，我国在 2017 年印发了《政务信息系统整合共享实施方案》《政务信息资源目录编制指南（试行）》等多项政策文件推进政府数据汇聚、共享、开放，取得了诸多进展。各地纷纷将大数据作为提升政府治理能力的重要手段，通过高效采集、有效整合、深化应用政府数据和社会数据，提升政府决策和风险防范水平，提高社会治理的精准性和有效性。

　　在地方大数据发展实践方面，截至 2018 年 2 月底，我国各地方政府对外公布了超过 110 份与大数据相关的政策文件，覆盖 31 个省级行政区划。总体来看，我国大数据产业目前仍处于蓬勃发展阶段，各地更加注重结合当地发展特色和优势进行大数据产业发展，区域协调的发展局面正在形成。

　　在大数据的发展过程中，无论是政府还是企业，近年来都越发关注数据治理和数据资产管理。2018 年 3 月，银保监会（现国家金融监督管理总局）印发《银行业金融机构数据治理指引》，要求银行业金融机构建立自上而下、协调一致的数据治理体系。政府和企业的数据资产管理也正在从理论走向实践，为大数据应用打下坚实的基础。为应对大数据发展带来的各种问题和需求，各国政府在立法方面也动作频频，在政府数据开放、个人信息保护和数据跨境流动方面都有了一些进展。无论是政策还是立法，都旨在实现数据价值的安全释放，提高数据管理的科学化水平。

二、大数据政策环境

　　2014 年，大数据首次写入政府工作报告，而这一年也成为实际意义上的"中国大数据政策元年"。从这一年起，"大数据"逐渐成为各级政府关注的热点，政府数据开放共享、数据流通与交易、利用大数据保障和改善民生等概念逐渐深入人心。2015 年 8 月 31 日，国务院正式印发了《促进大数据发展的行动纲要》（以下简称《行动纲要》），《行动纲要》成为我国发展大数据产业的战略性指导文件。《行动纲要》作为我国推进大数据发展的战略性、指导性文件，充分体现了国家层面对大数据发展的顶层设计和统筹布局，为我国大数据应用、产业和技术的发展提供了行动指南。2016 年，《中华人民共和国国民经济和社会发展第十三个五年规划纲要》（以下简称《"十三五"规划纲要》）正式公布。《"十三五"规划纲要》的第二十七章题目为"实施国家大数据战略"，这也是"国家大数据战略"首次被公开提出。《"十三五"规划纲要》对"国家大数据战略"的阐释成为各级政府在制定大数据发展规划和配套措施时的重要指导，对我国大数据的发展具有深远意义。2016 年年底，工业和信息化部正式发布《大数据产业发展规划（2016—2020 年）》。《大数据产业发展规划（2016—2020

年）》以大数据产业发展中的关键问题为出发点和落脚点，明确了"十三五"时期大数据产业发展的指导思想、发展目标、重点任务、重点工程及保障措施等内容，成为大数据产业发展的行动纲领。农业林业、环境保护、国土资源、水利、交通运输、医疗健康、能源等主管部门纷纷出台了各自行业的大数据相关发展规划，大数据的政策布局逐渐得以完善。

在党的十九大报告"贯彻新发展理念，建设现代化经济体系"这部分，专门提到"推动互联网、大数据、人工智能和实体经济深度融合"，高屋建瓴地指出了我国大数据发展重点方向。2017 年 12 月 8 日，十九届中共中央政治局就实施国家大数据战略进行了集体学习，深刻分析了我国大数据发展的现状和趋势，对我国实施国家大数据战略提出了五个方面的要求。在 2019 年 10 月召开的党的十九届四中全会上，提出要"建立健全运用互联网、大数据、人工智能等技术手段进行行政管理的制度规则""健全劳动、资本、土地、知识、技术、管理、数据等生产要素由市场评价贡献、按贡献决定报酬的机制"。这意味着互联网、大数据、人工智能等新一代信息技术将成为国家治理体系和治理能力现代化的核心推动力，而技术赋能也将助推把制度优势转变为治理效能。

三、大数据关键技术

如今，大数据技术体系纷繁复杂，但其中有诸多技术格外受到关注。社交网络的流行导致大量非结构化数据出现，传统处理方法难以应对，数据处理系统和分析技术开始不断发展。从 2005 年 Hadoop（一个开源的分布式计算框架）的诞生开始，形成了数据分析技术体系这一热点。伴随着数据量的急剧增长和核心系统对吞吐量以及时效性的要求提升，传统数据库需要向分布式转型，形成了事务处理技术体系这一热点。但时代的发展使得单个组织，甚至单个行业的数据难以满足要求，数据融合的价值更加凸显，形成了数据流通技术体系这一热点。从大数据中挖掘更多的价值，需要运用灵活的、多学科的方法。目前，源于统计学、计算机科学、应用数学和经济学等领域的技术已经开发并应用于整合、处理、分析和形象化大数据。一些面向规模较小、种类较少的数据开发的技术，也被成功应用于更多元的大规模元数据集。依靠分析大数据来预测在线业务的企业已经并持续自主开发相关技术和工具。随着大数据的不断发展，新的方法和工具正不断被开发。

从数据在信息系统中的生命周期看，数据分析技术生态主要有 5 个发展方向，包括数据采集与传输、数据存储与管理、计算处理、查询与分析、可视化展现。

在数据采集与传输领域渐渐形成了 Sqoop、Flume、Kafka 等一系列开源技术，兼顾离线和实时数据的采集与传输。在存储层，HDFS（高度容错性的系统）已经成为大数据磁盘存储的事实标准。针对关系型以外的数据模型，开源社区形成了 K-V（key-value）、列式、文档、图这四类 NoSQL（非关系型的数据库）数据库体系，Redis、HBase、Cassandra、MongoDB、Neo4j 等数据库是各个领域的领先者。计算处理引擎方面，Spark 已经取代 MapReduce 成为大数据平台统一的计算平台，在实时计算领域 Flink 是 Spark Streaming 的强力竞争者。在数据查询和分析领域形成了丰富的 SQL on Hadoop 的解决方案，Hive、HAWQ、Impala、Presto、Spark SQL 等技术与传统的大规模并行处理（Massively Parallel Processing，MPP）数据库竞争激烈，Hive 还是这个领域当之无愧的王者。在数据可视化领域，敏捷商业智能（Business Intelligence，BI）分析工具 Tableau、QlikView 通过简单的拖曳来实现数据的复杂展示，是目前最受欢迎的可视化展现方式。相比传统的数据库和 MPP 数据库，Hadoop 最初的优势来源于良好的扩展性和对大规模数据的支持，但失去了传统数据库对数据精细化的操作，包括压缩、索引、分割、裁剪以及对 SQL（结构化查询语言）的支持度。经过 10 多年的发展，数据分析的技术体系渐渐在完善自己的不足，并融合了很多传统数据库和 MPP 数据库的优点，从技术的演进来看，大数据技术正在发生以下变化。

1. 更快

Spark 已经替代 MapReduce 成为大数据生态的计算框架，以内存计算带来计算性能的大幅提高，尤其是 Spark2.0 增加了更多的优化器，计算性能进一步增强。

2. 流处理的加强

Spark 提供一套底层计算引擎来支持批量、SQL 分析、机器学习、实时和图处理等多种能力，但其本质还是小批的架构，在流处理要求越来越高的现在，Spark Streaming 受到了 Flink 的强烈冲击。

3. 硬件的变化和硬件能力的充分挖掘

大数据技术体系本质是数据管理系统的一种，受到底层硬件和上层应用的影响。当前硬件芯片的发展从 CPU（中央处理器）的单核到多核演变转化为向 GPU（图形处理器）、FPGA（现场可编程门阵列）、ASIC（专用集成电路）等多种类型芯片共存演变；而存储中大量使用 SSD（固态硬盘）来代替 SATA（串行高级技术附件）盘，NVRAM（非易失性随机访问存储器）有可能替换 DRAM（动态随机存取存储器）成为主存。大数据技术必须拥抱这些变化，充分兼容和利用这些硬件的特性。

4. SQL 的支持

从 Hive（基于 Hadoop 的数据仓库基础构架）诞生起，Hadoop 生态就在积极向 SQL 靠拢，主要从兼容标准 SQL 语法和性能等角度来不断优化，层出不穷的 SQL on Hadoop 技术参考了很多传统数据库的技术；而 Greenplum（关系型数据库）等 MPP 数据库技术本身从数据库继承而来，在支持 SQL 和数据精细化操作方面有很大的优势。

5. 深度学习的支持

深度学习框架出现后，和大数据的计算平台形成了新的竞争局面，以 Spark 为首的计算平台开始积极探索如何支持深度学习能力，TensorFlow on Spark 等解决方案的出现实现了 TensorFlow 与 Spark 的无缝连接，更好地解决了两者数据传递的问题。

（一）数据分析和处理技术

1. 可用于大数据分析的关键技术

可用于大数据分析的关键技术源于统计学和计算机科学等多个学科，其中关于分析新数据集方法的研究仍在继续。需要注意的是，A/B 测试、回归分析等技术也可应用于小数据集分析。可用于大数据分析的关键技术主要包括 A/B 测试、关联规则挖掘、分类、数据聚类、众包、数据融合和集成、数据挖掘、集成学习、遗传算法、机器学习、自然语言处理、神经网络、神经分析、优化、模式识别、预测模型、回归、情绪分析、空间分析、统计、监督式学习、无监督式学习、模拟、时间序列分析、时间序列预测模型等（见表 1-1）。

表 1-1　可用于大数据分析的关键技术

名称	定义	示例	备注
A/B 测试	也称为分离测试或水桶测试。通过对比测试群体，确定哪种方案能提高目标变量的技术	确定何种的标题、布局、图像或颜色可以提高电子商务网站的转化率	大数据可以使大量的测试被执行和分析，保证这个群体有足够的规模来检测控制组和治疗组之间有意义的区别
关联规则挖掘	发现大数据仓库中变量之间的关系的一组技术。这些技术包含多种算法来生成和测试可能的规则	市场购物篮分析，零售商可以确定哪些产品是经常一起销售的，并使用这些信息进行营销	典型的例子就是，很多超市的顾客在买尿布的同时会买啤酒
分类	在已确定分类的基础上，识别新的数据点属于哪种类别的一组技术	对特定客户行为的预测（如购买决策、流失率、消费率等），有一个明确的假设或客观的结果	这些技术被经常描述为监督式学习，因为有一个训练集的存在，它们与聚类分析形成对比，聚类分析是一种无监督学习
数据聚类	划分对象的统计学方法，将不同的集群划分成有相似属性的小群体，而这些相似属性是预先未知的	将客户划分成几个自相似性的群体以进行针对性的营销	是一种没有使用训练数据的无监督学习
众包	用来收集数据的技术，这些数据是由大规模群体或组织公开征集，通过网络媒体提交的	这是一种大规模协作和使用 Web2.0（内容互联网产品模式）的一个实例	众包作为一种新兴的数据收集形式，正逐渐改变着我们的工作形式与思维形式，为各种创新与应用提供了无限可能
数据融合和集成	集成和分析多个来源数据的技术，比分析单一来源数据更能获得高效、精确的结果	从网络采集的数据经过整合对复杂的分发系统的表现，如炼油	将来自社会媒体的数据，经过自然语言处理，可以结合实时的销售数据，以确定营销行为对顾客的情绪和购买行为的影响
数据挖掘	结合数据库管理的统计和机器学习方法从大数据集提取模式的技术。包括关联规则学习、聚类分析、分类和回归	挖掘客户数据以确定最可能获得订单的客户群，挖掘人力资源数据以识别最能干的员工，或市场购物篮分析来模拟客户的购买行为	2023 年上半年，我在（公司名称）的数据分析与创新部门担任众包项目经理，专注于利用众包这一高效的数据收集技术
集成学习	通过多个预测模型（均通过使用统计数据或机器学习开发），以取得比任何成分模型更好的预测效果	集成学习	从原始训练集中随机抽取多个子集，为每个子集训练一个模型，然后组合这些模型的预测结果
遗传算法	通过模拟自然进化或适者生存过程的搜索最优解的技术	遗传算法	遗传算法中，个体（即解）的适应度决定了其生存与繁殖的机会

续表

名称	定义	示例	备注
机器学习	有关设计和开发算法的计算机科学（人工智能），允许电脑基于经验数据进化	机器学习	分析与解释大量的输入数据，机器学习算法可以识别数据中的模式与趋势，并生成可以应用于新数据的预测模型
自然语言处理	使用计算机算法来分析自然语言的一组技术	自然语言处理	预测句子中单词与单词间的依存关系，并用树状结构表示整句的句法结构
神经网络	通过生物神经网络的结构和运作（脑细胞和内连接）的启发发现数据模式的计算模型	识别高价值客户离开公司的风险以及识别欺诈性保险理赔	神经网络非常适用于发现非线性模型。它可用来做模式识别和优化。一些神经网络的应用涉及监督式学习和非监督式学习
神经分析	用来描述图中或网络中的离散节点关系的技术	识别最有影响力的营销目标，或识别企业信息流的瓶颈	在社会网络分析中，群体或组织中单个个体之间的关系
优化	用来重新设计复杂的系统和流程，依据一个或多个目标措施（如成本、速度或可靠性）来改善其表现的数值方法组合	改善业务流程，如调度、路由和地板格局，并做出决策，如产品范围策略、挂钩投资分析和研发组合策略	遗传算法就是优化技术的一种
模式识别	依照一种特定的算法给某种产值（标签）分配给定的输入值（实例）的机器学习技术	分类技术属于这种类型	模式识别是一种重要的机器学习技术，其核心在于特定的算法，将输入值（或实例）映射到相应的产值（或标签）上
预测模型	通过建立或选择一个数学模型得出最好预测结果的技术	在客户关系管理中的一个应用：通过预测模型估计客户会流失的可能性或者客户被交叉销售其他产品的可能性	回归就是预测模型中的一种
回归	确定当一个或多个自变量变化时因变量变化的程度的统计技术	基于不同的市场和经济变量或最能影响客户满意度的制造业参数，来预测销售规模	用于数据挖掘，经常用来预测
情绪分析	自然语言处理和其他分析技术的应用，用于从文字材料识别和提取主观信息	企业通过情绪分析来分析社会媒体（如博客、微博和社交网络）确定不同的客户群，以及股东对他们的产品和行为的反应	分析的内容主要包括特征识别或有关表达情感的产品，并确定属于正面或负面或中性的类型以及强度

续表

名称	定义	示例	备注
空间分析	源于分析拓扑、几何、地理数据的统计技术	空间数据的空间回归（如消费者是否愿意购买与位置相关的产品）或模拟（如何将制造业的供应链网络与不同的地理位置结合起来）	空间分析的数据经常源于地理信息系统（GIS），采集的数据包括位置信息，如地址或纬度/经度坐标
统计	收集、组织和说明数据的科学，包括设计调查和实验	通过 A/B 测试判断哪种类型的营销材料会最快增加收入	统计技术经常用于判断变量之间发生关系的概率（"零假设"），以及潜在因果关系推测变量之间的关系（如统计学意义）。统计学技术同样用于降低Ⅰ类型（误报）和Ⅱ类型（假阴性）错误的可能性
监督式学习	从一组训练数据集推断一个函数或关系的机器学习技术	分类和支持向量机	线性回归是最简单的回归形式，它假设输入与输出之间存在线性关系
无监督式学习	用于找到未标记数据中的隐形结构的机器学习技术	聚类分析属于无监督式学习	无监督式学习是一种用于发现未标记数据中隐形结构的机器学习技术
模拟	为复杂系统的行为建模，常用于预测和情境规划	估计不同措施在不确定情况下满足财务目标的可能性	例如，蒙特卡罗模拟是一类随机抽样，其结果是给出一个结果的概率分布的直方图
时间序列分析	来源于统计数据和信号处理的技术，从一组连续的时间值代表的数据点提取有用的信息	股票市场指数的时间价值或每天特定条件下治疗的患者数	计算均值、方差、极值等指标，绘制线图、直方图等，以初步了解数据的分布与趋势
时间序列预测模型	利用过去相同或其他系列的时间序列值来预测未来的模型	预测销售规模或传染性病人就诊的数量	包括结构建模、分解成一系列趋势，季节性和剩余组件，可以用于识别数据的周期性模式

在当今的信息时代，大数据已经成为各个行业和领域的重要资源。档案作为组织机构和个人的历史记录与信息资产，其利用与价值挖掘在大数据分析中具有不可忽视的作用。为了更好地发挥档案的价值，需要借助一系列关键技术。

（1）数据预处理技术

数据预处理是大数据分析的重要环节，包括数据清洗、转换和整合等步骤。在档案利用与价值挖掘中，预处理技术能够去除无效、不准确和重复的数据，将其转化为统一格式和标准，为后续的深度分析和挖掘提供高质量的数据基础。随着信息技术的飞速发展，档案数据呈爆炸性增长，如何高效地利用这些数据并挖掘其潜在价值已成为一个重要议题。数据预处理技术作为整个数据处理流程的基础，其重要性不言而喻。有效的数据预处理可以提高数据质量，为后续的档案利用和价值挖掘工作打下坚实基础。

1）数据清洗

数据清洗是预处理过程中的关键环节，主要任务是处理缺失值、异常值以及重复数据。常见的处理方法包括插值、删除和基于规则的匹配等。数据清洗可以提高数据的准确性和一致性，为后续分析提供可靠依据。

2）特征工程

特征工程旨在从原始数据中提取有意义的特征，以便更好地描述档案数据的内在规律。这包括特征选择、特征构造、特征转换等步骤。特征工程可以更准确地反映数据的内在联系，提高模型的预测性能。

3）数据转换

数据转换是将原始数据转换为适合分析的格式或模型的过程。例如，将非结构化数据转换为结构化数据，或将连续数据离散化。数据转换可以简化数据分析过程，提高数据处理效率。

4）数据归一化

为了消除不同特征量纲对分析结果的影响，需要对数据进行归一化处理。常见的归一化方法包括最小—最大归一化、Z-score 归一化等。归一化处理可以使各特征在同一量纲下进行比较和分析。

数据预处理是档案利用与价值挖掘过程中的重要环节，对于提高数据处理效率和准确性具有重要意义。科学的数据预处理技术可以更好地挖掘档案数据的潜在价值，为组织决策提供有力支持。未来，随着技术的不断发展，数据预处理技术将在档案管理和价值挖掘领域发挥更大的作用。

（2）文本挖掘技术

许多档案以文本形式存在，如文档、信函、报告等。文本挖掘技术能够帮助人们从这些文本档案中提取有价值的信息和知识。例如，利用自然语言处理技术进行关键词提取、情感分析、语义推理等，可以深入挖掘档案中的隐藏信息。随着信息技术的飞速发展，档案利用与价值文本挖掘技术越来越受到关注。档案作为一种重要的信息资源，其在社会发展和经济建设中发挥着重要作用。档案利用与价值文本挖掘技术能够深入挖掘档案中蕴含的信息，为决策提供有力支持。

1）档案利用的价值

档案利用是指将档案作为一种资源，通过各种方式和方法对其进行利用，以实现其价值的最大化。档案利用的价值主要体现在以下几个方面：第一，决策支持。档案中蕴含着大量的历史数据和信息，对这些数据的分析与挖掘可以为决策者提供有力的数据支持，提高决策的科学性和准确性。第二，文化传承。档案是历史的见证和记录，通过对其的利用，可以深入挖掘和传承优秀的文化传统与历史遗产，促进文化的发展和繁荣。第三，知识普及。对档案的整理和挖掘，可以将其中蕴含的知识和信息进行整理与归纳，为公众提供更加丰富的知识和信息，促进知识的普及和发展。

2）文本挖掘技术在档案利用中的应用

文本挖掘技术是一种基于人工智能的数据挖掘技术，它能够通过对文本数据的分析和处理，提取出其中蕴含的有价值的信息。在档案利用中，文本挖掘技术主要应用于以下几个方面。第一，自动分类和聚类。对档案中的文本数据进行自动分类和聚类，可以将大量的档案数据按照一定的规则进行分类和组织，方便用户进行查询和检索。第二，情感分析。对档案中的文本数据进行情感分析，可以了解人们对某一事件或事物的态度和看法，为决策提供更加全面的信息。第三，关联规则挖掘。对档案中的文本数据进行关联规则挖掘，可以发现数据之间的潜在联系和规律，为决策提供更加准确的信息。

档案利用与价值文本挖掘技术对于发挥档案的价值具有重要作用。将文本挖掘技术应用于档案利用中，可以更加深入地挖掘档案中蕴含的信息和知识，为决策提供更加全面和准确的数据支持。未来，随着人工智能技术的不断发展，档案利用与价值文本挖掘技术将会得到更加广泛的应用和发展。

3）数据可视化技术

数据可视化能够将复杂的数据以直观、易于理解的方式呈现出来。在档案分析中，可视化技术有助于快速识别数据模式和趋势，更好地理解档案内容及其价值。例如，利用数据图表、地理信息系统等技术可以直观地展示档案信息的分布和演变。随着信息技术的快速发展，档案数据在各行各业中的作用越来越重要。如何更好地利用这些数据，挖掘其潜在价值，已成为行业关注的焦点。其中，数据可视化技术为档案数据的利用和价值的提升提供了有效的解决方案。数据可视化技术能够将复杂的数据以直观、易懂的形式呈现出来，使人们更好地理解数据背后的规律和趋势。对于档案数据而言，这种技术尤为重要。传统的档案数据往往是静态的、难以理解的，而通过数据可视化，可以将档案数据转化为动态的、交互式的展示方式，从而更好地发现其潜在价值。

在档案利用方面，数据可视化技术可以实现以下几方面的提升。第一，提高查询效率。通过数据可视化技术，用户可以更快速地查询到所需的档案信息，大大提高了查询效率。第二，辅助决策制定。数据可视化技术可以直观地展示档案数据的趋势和规律，为决策者提供有力的决策依据。第三，增强档案宣传效果。数据可视化技术可以将档案数据以生动、形象的方式呈现出来，增强档案的宣传效果，提高人们对档案的认知度。

在档案价值方面，数据可视化技术具有以下几方面的优势。第一，提升数据价值。数据可视化技术可以更好地挖掘档案数据的潜在价值，提高数据的利用率。第二，促进数据共享。数据可视化技术可以将档案数据以易于理解的方式呈现出来，促进数据的共享和交流。第三，增强数据可解释性。数据可视化技术可以使复杂的数据变得易于理解，增强数据的可解释性，从而更好地发挥档案数据的作用。数据可视化技术在档案利用和价值提升方面具有重要作用。未来，随着技术的不断进步和应用场景的不断拓展，相信这种技术在档案领域的应用将会更加广泛和深入。

4）深度学习技术

深度学习在图像、语音和自然语言处理等领域取得了显著成果。在档案分析中，深度学习可以帮助用户更准确地识别和提取档案内容，提高信息检索的准确性和效率。例如，卷积神经网络可以用于识别图像档案中的文字和对象，递归神经网络可以用于文本档案的情感分析和主题建模。随着科技的飞速发展，深度学习技术为档案的利用与价值挖掘开辟了新的道路。下面将深入探讨深度学习技术在档案利用与价值挖掘中的运用，以及其可能带来的影响和未来发展趋势。

①深度学习技术概述

深度学习是机器学习的一种，它模拟人脑神经网络的工作原理，通过建立多层网络结构对数据进行处理和转化。深度学习的出现为数据挖掘和分析提供了强大的工具，尤其是在图像、语音和自然语言处理等领域取得了显著的成果。

②深度学习在档案利用与价值挖掘中的应用

a. 档案分类与检索。深度学习技术可以根据档案的内容、属性等信息，自动进行分类和检索。训练深度神经网络可以快速、准确地识别档案的主题、关键词等信息，提高检索效率和准确性。

b. 档案信息提取。深度学习技术可以从大量的档案信息中自动提取关键内容，如时间、地点、人物等，为档案的利用和价值挖掘提供有力的支持。

c. 档案语义理解。深度学习技术可以理解档案中的语义信息，如文本的情感倾向、语义关系等，从而对档案的内容进行更深入的分析和理解。

d. 档案智能化推荐。基于深度学习的推荐系统可以根据用户的需求和兴趣，自动推荐相关的档案资源，提高档案的利用率和用户体验。

③深度学习在档案利用与价值挖掘中的影响

a. 提高效率。深度学习技术可以大大提高档案处理的自动化程度，减轻人工负担，提高工作效率。

b. 增强准确性。深度学习技术通过大量数据训练，可以更准确地识别和处理档案信息，提高档案的准确性。

c. 拓展应用领域。深度学习技术的发展和应用将推动档案利用与价值挖掘向更广泛的领域拓展，如历史研究、文化传承等。

d. 促进共享和交流。通过深度学习技术，用户可以实现档案资源的共享和交流，促进学术交流和文化传承。

（3）未来发展趋势

1）深度学习算法的优化。随着技术的不断进步，未来将有更多的优化算法出现，提高深度学习的效率和准确性。

2）跨领域应用。随着大数据技术的发展，未来深度学习将在更多的领域得到应用，如医疗、金融等，推动档案工作与其他行业的融合发展。

3）个性化服务。基于深度学习的个性化推荐系统将更加成熟和完善，为用户提供更加个性化、精准的档案服务。

4）数据隐私保护。在利用深度学习技术处理档案数据的过程中，数据隐私保护将成为一个重要的研究方向，推动相关法规和标准的制定与完善。

深度学习技术为档案的利用与价值挖掘带来了革命性的变革。它提高了档案处理的效率和准确性，拓展了应用领域，促进了共享和交流。未来，随着技术的不断进步和应用领域的拓展，深度学习将在档案工作中发挥越来越重要的作用，推动档案事业的发展和创新。

（4）数据安全与隐私保护技术

在档案利用与价值挖掘过程中，数据安全与隐私保护至关重要。用户需要采用加密技术、访问控制和数据脱敏等技术手段来确保档案数据的安全性与隐私权益。同时，建立完善的数据管理制度和法规也是必不可少的。

1）档案利用的背景和意义

档案，作为历史、文化和信息的载体，是人类社会发展的重要组成部分。档案的利用和价值的挖掘，不仅对于学术研究、历史追溯有着重要意义，而且对于政府决策、企业发展也具有不可替代的作用。但随着信息技术的飞速发展，档案数据的安全与隐私保护问题日益凸显。如何在利用档案的同时确保数据安全和隐私权益，已成为当前亟待解决的问题。

2）档案利用的现状与问题

当前，档案的数字化和信息化程度不断提高，为档案的利用提供了便利。但在档案的数字化、网络化过程中，暴露出了一系列问题。一方面，档案数据的泄露和滥用风险加大；另一方面，用户的隐私权益受到威胁。这些问题不仅影响了档案价值的发挥，还给个人和社会带来了潜在的安全隐患。

3）数据安全与隐私保护技术的研究和实践

针对上述问题，数据安全与隐私保护技术的研究和实践显得尤为重要。一方面，通过加密技术、访问控制等手段，可以有效地防止档案数据被非法获取和滥用；另一方面，通过匿名化、去标识化等技术，可以保护用户的隐私权益，避免个人信息被不正当利用。目前，这些技术在国内外已经得到了广泛的应用，并取得了显著的成效。

4）未来展望与挑战

随着技术的不断进步，档案利用与数据安全、隐私保护的平衡将成为未来的重要研究方向。未来的研究将更加注重技术的创新与应用，努力提高档案数据的保密性、完整性和可用性。同时，法律法规的完善、政策的制定与执行、公众的参与和教育等多方面因素也将对档案利用及隐私保护产生重要影响。其所面临的挑战是如何在确保数据安全和隐私权益的同时，更好地发挥档案的价值，服务于社会的发展和进步。

档案的利用和价值挖掘具有深远的社会意义与实际价值。但如何在确保数据安全和隐私权益的同时实现档案的有效利用，是一个亟待解决的难题。应当深入研究数据安全与隐私保护技术，不断完善相关政策和法规，增强公众的隐私保护意识，共同推动档案事业的发展和进步。只有这样，才能更好地发挥档案的价值，服务于社会的可持续发展。大数据分析技术在档案利用与价值挖掘中发挥着关键作用。通过运用数据预处理、文本挖掘、数据可视化、深度学习和数据安全等技术手段，其可以更充分地挖掘档案信息的价值，为组织和个人提供更有针对性的服务与支持。但如何在确保数据安全和隐私的前提下，有效地利用这些技术仍是需要深入探讨和研究的问题。

2. 专门用于处理大数据的关键技术

可专门用于整合、处理、管理和分析大数据的关键技术主要包括 Big Table（分布式数据存储系统）、商业智能、云计算、Cassandra（开源分布式 NoSQL 数据库系统）、数据仓库、数据集市、分布式系统、Dynamo（可独立运行的开源平台）、GFS（可扩展的分布式文件系统）、Hadoop、HBase（分布式的、面相列的开源数据库）、MapReduce（编程模型）、元数据、非关系型数据库、关系型数据库、R 语言、结构化数据、非结构化数据、半结构化数据、SQL、流处理、可视化技术等。随着大数据时代的来临，档案数据呈现出爆发式增长，如何有效利用这些数据并挖掘其内在价值成了一个重要的挑战。档案利用与价值挖掘在大数据处理中起到了至关重要的作用，它不仅能提高档案管理效率，还能为企业与社会创造巨大的经济效益。将重点探讨在大数据环境下，档案利用与价值挖掘所涉及的关键技术。

（1）档案大数据处理流程

1）数据收集。首先需要对海量的档案数据进行收集，包括各类结构化、非结构化数据。

2）数据清洗。对收集到的数据进行预处理，如去重、格式统一等，以提高数据处理效率。

3）数据存储。使用高性能存储设备或云存储技术，对大数据进行分布式存储。

4）数据检索。采用全文检索、图像识别等技术，实现快速、准确的档案数据检索。

5）数据分析。利用数据挖掘、机器学习等技术，深入分析档案数据，挖掘其内在价值。

6）数据可视化。通过数据可视化技术，将分析结果以直观的形式呈现出来，便于用户理解和使用。

（2）关键技术及应用

1）大数据存储技术。针对海量的档案数据，采用分布式存储系统（如Hadoop、Spark）可以有效解决数据存储问题。

2）数据检索技术。利用全文检索、图像识别等技术，实现对档案数据的快速检索和定位。例如，基于深度学习的图像识别技术可以帮助用户快速找到相关的图片档案。

3）数据分析技术。通过数据挖掘和机器学习等技术，深入分析档案数据的内在规律和价值。例如，关联规则挖掘可以用于发现档案数据之间的关联关系，支持决策制定。

4）数据可视化技术。采用数据可视化技术，将分析结果以直观的形式呈现出来，便于用户理解和使用。例如，使用Tableau等工具可以将数据分析结果以图表、仪表板等形式展现出来。

5）数据安全技术。由于档案数据有很高的保密性要求，因此需要采用一系列数据安全技术来保障数据安全。例如，使用加密技术对数据进行加密存储和传输；使用访问控制技术限制用户对数据的访问权限；采用数据脱敏技术对敏感数据进行处理，避免数据泄露。

（3）案例分析

为了更好地说明档案利用与价值挖掘在大数据处理中的关键技术应用，以某大型企业为例进行分析。该企业拥有大量的客户档案数据，通过对这些数据进行处理和分析，我们发现了一些有趣的关联关系和规律。例如，通过对客户的消费行为进行分析，发现了客户的消费习惯和偏好，从而为其提供更加个性化的服务和营销策略。此外，该企业还利用数据可视化技术将分析结果呈现出来，使管理层能够更加直观地了解业务情况和发展趋势。

档案利用与价值挖掘在大数据处理中起到了至关重要的作用。对海量的档案数据进行处理和分析，可以发现其中隐藏的关联关系和规律，从而为企业和社会创造巨大的经济效益。在未来的发展中，随着技术的不断进步和应用场景的不断拓展，档案利用与价值挖掘将在更多领域发挥其重要作用。

3. 可视化技术

可视化技术是大数据应用的重点之一，目前主要包括标签云、历史流、空间信息流等技术与应用。随着大数据时代的来临，档案数据呈现出海量增长的趋势，传统的档案管理形式已经无法满足现代社会的需求。为了更好地利用档案数据，需要开发一种可视化技术，用于对档案数据进行处理、分析与展示，从而挖掘出档案的潜在价值。本方案将提供一种高效、易用的可视化技术，为档案工作者提供有力的工具，实现档案数据的深度利用与价值挖掘。

（1）技术方案

1）数据预处理

为了使可视化技术更好地处理档案数据，需要对数据进行预处理。预处理包括数据清洗、数据转换和数据聚合等步骤。通过数据清洗，去除无效、错误或不完整的数据；通过数据转换，将数据转换为适合可视化展示的格式；通过数据聚合，将大量数据进行分类、分组和总结，以获得更宏观的数据视图。

2）可视化技术选择

可视化技术的选择应根据档案数据的特性和用户需求来确定。常见的可视化技术包括表格、图表、地图、时间序列、空间序列等。根据档案数据的类型和特点，选择最适合的可视化技术。例如，对于地理信息数据，可以选择地图可视化；对于时间序列数据，可以选择时间线可视化；对于表格数据，可以选择表格可视化等。

3）可视化平台开发

为了方便档案工作者使用可视化技术，需要开发一个可视化平台。平台应具备数据导入、数据预处理、可视化展示和交互功能。平台还应支持多种可视化技术的展示和交互，以适应不同类型的数据和用户需求。此外，平台还应具备良好的可扩展性和可定制性，以适应未来的发展和变化。

（2）应用场景

本方案适用于各类档案数据的处理和展示，包括但不限于政府机关、企业、图书馆、博物馆等机构的档案数据。具体应用场景包括以下几个方面。

1）数据分析与决策支持。通过对档案数据进行可视化展示和分析，为决策者提供数据支持和决策依据，提高决策的科学性和准确性。

2）历史研究与文化传承。利用可视化技术将历史档案数据进行整理和展示，为历史研究和文化传承提供有力支持。

3）信息发布与传播。将档案数据以可视化的形式呈现给公众，提高信息的可读性和易理解性，增强信息传播的效果。

4）数据挖掘与知识发现。通过可视化技术对档案数据进行深度挖掘和关联分析，发现隐藏在数据中的规律和知识，为科学研究和社会发展提供支持。

5）数字孪生与虚拟仿真。将档案数据与数字孪生技术和虚拟仿真技术结合，构建数字孪生城市或虚拟仿真场景，为城市规划、建筑设计和历史文化保护等领域提供支持。

随着大数据时代的来临，可视化技术在档案利用和价值挖掘中的作用越来越重要。本方案提供了一种高效、易用的可视化技术方案，适用于各类档案数据的处理和展示。本方案的实施可以更好地实现档案数据的深度利用和价值挖掘，为决策支持、历史研究、信息发布、数据挖掘和数字孪生等领域提供有力支持。同时，本方案还具有良好的可扩展性和可定制性，能够适应未来的发展和变化。因此，本方案具有重要的实际意义和应用价值。

（二）大数据事务处理技术

随着移动互联网的快速发展，智能终端数量呈现爆炸式增长，银行和支付机构传统的柜台式交易模式逐渐被终端直接交易模式替代。以金融场景为例，移动支付以及普惠金融的快速发展，为银行业、支付机构和金融监管机构带来了海量高频的线上小额资金支付行为，生产业务系统面临大规模并发事务处理要求的挑战。

传统事务技术模式以集中式数据库的单点架构为主，通过提高单机的性能上限来适应业务的扩展。随着摩尔定律的失效（底层硬件的变化），单机性能扩展的模式走到了尽头，而数据交易规模的急速增长（上层应用的变化）要求数据库系统具备大规模并发事务处理的能力。大数据分析系统经过 10 多年的实践，积累了丰富的分布式架构的经验，Paxos、Raft 等一致性协议的诞生为事务系统的分布式铺平了道路。新一代分布式数据库技术在这些因素的推动下应运而生。经过多年发展，当前分布式事务架构正处在快速演进的阶段，综合学术界以及产业界的工作成果，目前主要分为三类。

第一类，基于原有单机事务处理关系数据库的分布式架构改造。利用原有单机事务处理数据库的成熟度优势，通过在独立应用层面建立起数据分片和数据路由的规则，建立起一套复合型的分布式事务处理数据库的架构。

第二类，基于新的分布式事务数据库的工程设计思路的突破。通过全新设计关系数据库的核心存储和计算层，将分布式计算和分布式存储的设计思路与架构直接植入数据库的引擎设计，提供对业务透明和非侵入式的数据管理与操作／处理能力。

第三类，基于新的分布式关系数据模型理论的突破。通过设计全新的分布式关系数据管理模型，从数据组织和管理的最核心理论层面，构造出完全不同于传统单机事务数据库的架构，从数据库的数据模型的根源上解决分布式关系数据库的架构。

分布式事务数据库进入各行各业，面临诸多挑战，其一是多种技术路线，目前没有统一的定义和认识；其二是除了互联网公司有大规模使用外，其他行业的实践刚刚开始，需求较为模糊，采购、使用、运维的过程缺少可供参考的经验，需要较长时间的摸索；其三是缺少可行的评价指标、测试方法和测试工具来全方位比较当前的产品，规范市场，促进产品的进步。故应用上述技术进行交易类业务进行服务时，应充分考虑"可持续发展""透明开放""代价可控"三个原则，遵循"知识传递先行""测试评估体系建立""实施阶段规划"三个步骤，并认识到"应用过度适配和改造""可用性管理策略不更新""外围设施不匹配"三个误区。

大数据事务处理类技术体系的快速演进正在消除日益增长的数字社会需求同旧式的信息架构缺陷，未来人类的行为方式、经济格局以及商业模式将会随大数据事务处理类技术体系的成熟而发生重大变革。随着大数据时代的来临，数据已经成为企业决策的重要依据。在档案领域，如何有效利用大数据技术，深入挖掘档案的价值，提高档案的利用效率，是当前面临的重要挑战。

1. 大数据事务处理技术概述

大数据事务处理技术是一种用于处理大规模数据的技术，主要涉及分布式存储、并行计算、事务处理等领域。通过这种技术，企业可以快速、准确地处理海量数据，挖掘出有价值的信息。在档案领域，利用大数据事务处理技术可以大幅提高档案的利用效率和价值。

2. 档案利用与价值挖掘

（1）档案利用。传统的档案利用方式主要是查询、借阅。在大数据时代，利用大数据技术对档案进行深度分析，可以提供更加精准的档案信息服务。例如，通过对档案数据的分析，为企业决策提供有力支持。

（2）档案价值挖掘。档案中蕴含着丰富的信息，但很多信息并没有被充分挖掘。利用大数据事务处理技术，可以对档案进行深度挖掘，发现其中隐藏的价值。例如，通过对企业档案的分析，发现企业的业务发展趋势和市场变化情况。

3. 技术应用与实施

（1）数据采集。通过各种数据采集技术，将分散在各处的档案数据进行集中管理。

（2）数据清洗与整理。对采集的数据进行清洗和整理，确保数据的质量和可用性。

（3）数据分析与挖掘。利用大数据分析工具对数据进行深度分析，挖掘出有价值的信息。

（4）结果呈现与应用。将分析结果以直观的形式呈现给用户，提供决策支持和其他应用。

大数据事务处理技术在档案利用与价值挖掘中具有重要作用。这种技术可以大幅提高档案的利用效率和价值，为企业的发展提供有力支持。未来，随着技术的不断进步和应用领域的拓展，大数据事务处理技术在档案领域的应用将更加广泛和深入。

（三）数据流通技术

数据流通是释放数据价值的关键环节。但数据流通也伴随着权属、质量、合规性、安全性等诸多问题，这些问题成为数据流通的瓶颈。为了解决这些问题，大数据从业者从诸多方面进行了探索。目前来看，从技术角度的探索是卓有成效和富有潜力的。

从概念上讲，基础的数据流通只存在数据供方和数据需方这两类角色，数据从供方通过一定手段传递给需方。但由于数据权属和安全的需要，不能简单地将数据直接进行传送。数据流通的过程中需要完成数据确权、控制信息计算、个性化安全加密等一系列信息生产和再造，形成闭合环路。安全多方计算和区块链是近年来常用的两种技术框架。由于创造价值的往往是对数据进行的加工分析等运算的结果而非数据本身，因此对数据需方来说，本身不触碰数据但可以完成对数据的加工分析操作，也是可以接受的。安全多方计算这个技术框架就实现了这一点。其围绕数据安全计算，通过独特的分布式计算技术和密码技术，有区分地、定制化地提供安全性服务，使得各参与方在无须对外提供原始数据的前提下实现了对与其数据有关的函数的计算，解决了一组互不信任的参与方之间保护隐私的协同计算问题。

区块链技术中多个计算节点共同参与和记录，相互验证信息的有效性，既进行了数据信息防伪，又提供了数据流通的可追溯路径。业务平台中授权和业务流程的解耦使数据流通中的溯源、数据交易、智能合约的引入有了实质性的进展。随着信息技术的飞速发展，档案的数字化和电子化已经成为趋势。档案的数字化和电子化不仅提高了档案的管理效率，而且通过数据流通技术，使档案的利用更加便捷，充分发挥了档案的价值。

1. 数据流通技术的概念

数据流通技术，也称为数据共享技术，是指在不同计算机之间进行数据交换和共享的技术。数据流通技术实现了档案数据的在线查询、检索和利用，提高了档案的利用率和价值。

2. 档案利用的改进

传统的档案利用方式主要是通过实体档案的借阅来实现的，这种方式不仅效率低下，而且容易造成档案的损坏和丢失。

3. 数据流通技术的实现方式

数据流通技术的实现方式主要包括数据交换、数据共享和数据开放等。其中，数据交换是指在两个或多个组织之间进行数据交换，实现数据的共享和整合；数据共享是指在一个组织内部实现数据的共享和利用；数据开放是指将数据对外开放，让更多的人可以利用和挖掘数据的价值。

4. 档案价值的提升

数据流通技术不仅可以提高档案的利用率，还可以提升档案的价值。首先，数字化和电子化的档案更容易进行数据分析，发现数据的内在联系和规律；其次，数据流通技术可以将不同来源、不同载体的数据进行整合和关联，形成更加完整和全面的信息体系；最后，数据开放可以让更多的人了解和使用档案数据，从而发挥更大的社会价值和经济价值。

随着技术的发展和社会的进步，档案的数字化和电子化已经成为不可逆转的趋势。未来，随着数据流通技术的不断完善和应用范围的扩大，相信档案的利用效率和价值将会得到更加充分的发挥。同时，也应该关注数据安全和隐私保护等问题，保证数据流通技术在发挥档案价值的同时不会带来负面影响。

四、大数据的发展趋势

当前大数据规模以及其存储容量正在迅速增长，大数据已经渗透到各个行业和业务职能领域，成为重要的生产因素，大数据的演进将与生产力的提高有着直接的关系。数据量呈现指数级增长。不同机构的研究成果都表明，未来数年全球数据总量将会呈现指数型增长。不同行业的大数据强度和内容各有不同。各个行业都呈现大数据增长的现象，但不同行业数据存储量有所不同，数据产生和存储的类型在不同行业之间也有所区别。证券、投资服务以及银行等金融服务领域拥有最高的平均数字化数据存储量，通信和媒体公司、公共事业公司以及政府等企业和组织也有规模显著的数字化数据存储。这些数据强度高的行业更加具有通过大数据来创造价值的潜力。

现有趋势将继续推动数据的增长。在各部门和地区之间，企业正在加快收集数据的步伐，推动了传统的事务数据库的增长；在医疗卫生等面向消费者的行业中，多媒体的广泛使用刺激了大数据的持续扩张；社交媒体的广泛普及以及物联网中应用的不断创新都进一步推动了大数据不断增长……这些相互交叉的动力刺激了数据的增长，并将继续推动数据池的迅速扩张。大数据是继传统 IT（信息技术）之后下一个提高生产率的技术前沿。只要有适当的政策推动，大数据的使用将成为未来提高竞争力、生产力、创新能力以及创造消费者盈余的关键要素。医疗卫生行业能够利用大数据避免过度治疗、减少错误治疗和重复治疗，从而降低系统成本、提高工作效率，改进和提升治疗质量；公共管理领域能够利用大数据有效推动税收工作开展，提高教育部门和就业部门的服务效率；零售业领域通过在供应链和业务方面使用大数据，能够改善和提高整个行业的效率；市场和营销领域能够利用大数据帮助消费者在更合理的价格范围内找到更合适的产品以满足自身的需求，提高附加值。如今，数据已经成为可以与物质资产和人力资本相提并论的重要的生产要素。伴随着多媒体、社会媒体以及物联网的发展，企业将收集更多的信息，从而带来数据呈现指数级的增长。大数据在同时为商业和消费者创造价值方面具有巨大的发展潜力。

随着大数据时代的到来，人们原有的生活模式和工作模式都发生了巨大的变化，档案事业也将面临新的发展空间。电子档案取代传统纸质档案已成为大势所趋，电子档案的应用直接提高了档案管理工作的效率，使其在保管、维护、开发和利用方面都更加便捷高效。在大数据时代下，我们应对当前电子档案管理工作进行分析论述，探究其未来发展趋势，促进电子档案在企业管理工作中的应用。在新时代信息化快速发展的同时，将产生数量庞大的电子档案，电子档案成为对信息资料收集和储存的主要方式，其对行业的发展具有积极的促进作用。在大数据时代下，对电子档案工作也提出了更高、更严格的要求。由于电子文件档案的出现和发展时间短，暴露的问题较多，网络环境下电子文件档案管理正面临非授权访问、信息泄露或丢失、数据完整性被破坏、利用网络传播病毒等威胁。因此，对电子文件档案的科学管理已成为一个全球面临的亟待解决的重要课题。所以针对大数据时代下档案管理模式进行研究，采用最先进的大数据挖掘技术，可以更好地对档案文化资源进行控制，充分发挥电子档案的价值，达到促进电子档案管理的目的。

（一）当前电子档案管理现状

1. 档案管理的标准化

目前大部分企业在档案管理方面缺乏完善的管理制度，缺乏精通档案管理相关技术和精通计算机相关技术的综合型人才。部分企业还采用传统的管理模式，档案收集及档案管理缺乏规范性，经常出现档案丢失现象或者信息缺失现象，企业在其档案利用及相关评估方面也缺乏合理性，无法体现档案真正的利用价值。档案管理的标准化是对全系统实施计算机管理的前提与基础。

2. 充分利用计算机网络

由于档案管理部门的人力、物力有限，有些档案部门对一些重要的电子档案在传递、承办之后，又辅以纸质档案加以保存，形成两种类型文件共存共用的局面。因电子档案的推广仍处于初级阶段，很多管理人员没有受过关于使用和保存电子档案的系统培训，档案人员尚不能娴熟使用电子档案软件或者在选购软件时带有一定的盲目性，从而不能充分发挥计算机和计算机网络在档案管理中的作用。

3. 电子档案的原始性、真实性容易被破坏

保证电子文件的原始性、真实性、完整性的技术难度较大。纸质文件内容原始性很容易被确认，而电子文件具有可变性和信息载体的可分离性。计算机内存储的电子档案无个人笔迹特征，无书写墨迹和新旧的区别，内容一旦被删除、复制或篡改就很难被识别。

4. 电子档案信息安全问题日益突出

随着全球化、信息化和网络化时代的到来，因特网的全球性、开放性、共享性、动态性发展，使得任何人都可以自由地接入因特网。同时，电子档案在发送、接收、保管、归档时又面临病毒的入侵。以办公自动化和网络作为生存基础的电子文件处于这样一种恶劣的网络环境之中会面临着巨大的风险。接入互联网所遇到的非法访问难以计数，现有的防火墙等技术对黑客高手往往防不胜防，使电子文件档案信息的安全受到严重威胁。因此，应严格遵守档案管理部门的制度要求，确保档案信息的安全性。

（二）大数据背景下完善电子档案管理措施

1. 档案设备与技术投入

基于大数据社会背景，企业要想有效解决其目前的困境，一方面需加大档案管理所需硬件的投入；另一方面需加强软件方面的建设及相关投入力度。在建设相关管理队伍的过程中，不仅要配备档案管理相关专业的人才，还要配备计算机相关专业的人才。如此才能有效提高其工作效率及工作质量。

2. 采取切实可行的信息保护措施

信息安全技术对于维护电子档案数据的原始性和真实性至关重要。电子档案上网必须从入口、传输、使用三个方面采取安全保护措施。为防止电子档案信息被窃取、删除和修改，防止网络"黑客"的进入，常用的技术方法有签署技术、加密技术、身份验证、防写、档案备份、专机专用、设置防火墙、安装杀毒软件等。这些技术措施对于证实电子档案内容的真实、可靠，确保电子文件在存储、传输过程中的安全、保密，防范对电子文件的非法访问和随意删改都具有很好的效果。

3. 重视和提高档案管理人员素质

在电子文件日益发展的今天，伴随大数据的广泛应用，培养和造就一批精通电子技术、懂档案管理的人员是当务之急，提升相关工作者的综合素质，要多渠道引进专业技术和管理人员，任用素质高、责任心强的人员做文书、档案工作，要对现有的档案人员进行专业培训，特别是加大对现代科技知识和电子技术的培训。电子档案管理从起步到逐步取代传统纸质档案还有很长的路要走，其中管理人才向着专业化发展是不可忽略的方向。

4. 加强对电子文件所依赖的计算机软件、硬件设施管理

软件管理上，要积极开辟电子档案存储的新途径。要及时修补管理软件的安全漏洞，对防火墙和防病毒软件实现全天候自动升级，搞好档案上传、下载的安全等级和访问权限。在硬件管理上，要进一步完善电子文件和计算机设备的保管设施与环境，强化防护设施的完善和维护，有条件的应及时升级服务器主机和数据库的硬件设施，确保电子档案信息数据在保存和传输过程中的安全、稳定。

（三）电子档案的发展趋势

随着档案数量和内容的日益增多，利用者对档案的快速准确和便捷的需求日益迫切，要利用现代的科技手段，提高档案管理技术的现代化，从而提高档案的利用率，这必将成为未来档案开发利用的发展趋势。随着计算机普及和电子文件的大量涌现，如何做好电子档案的现代化管理已迫在眉睫，档案管理人员应积极开展对各类档案资料的收集，利用当前的网络技术，实现电子档案信息资源共享。

在大数据时代背景下，电子档案的不断发展是时代进步的必然，确保电子档案的安全是 21 世纪档案工作遇到的新课题。档案管理人员应不断地研究、探索这方面的工作，使档案资源得到安全、可靠的保护。尽管相关的法制还需要完善，相关的技术也需要提升，但在相关部门、档案工作者的共同参与和共同努力下，电子档案必将走向更加良性的发展轨道，为新时代的社会主义建设、为企业改革和发展提供更好的服务。

第二节　大数据技术的特点与应用

一、大数据技术的特点

在当今信息爆炸的时代，大数据技术以其独特的优势，正在改变着人们对档案利用和价值挖掘的认知。本节将探讨大数据技术在档案利用与价值挖掘中的特点，并展望其未来的发展趋势。

（一）大数据技术的特点

1. 海量数据处理

大数据技术可以高效地处理大规模的数据集，包括结构化和非结构化数据，如文字、图片、音频和视频等。利用大数据技术能够全面地分析档案信息，挖掘出更深层次的价值。

随着数字化时代的到来，档案信息的数据量呈指数级增长，传统的数据处理方式已经无法满足现代社会的需求。大数据技术的崛起为档案管理和利用提供了新的解决方案。海量数据处理作为大数据技术的核心特点，对于档案价值的深度挖掘和有效利用具有重要意义。

（1）海量数据处理在档案利用中的重要性

1）提高处理效率。传统的档案管理系统难以应对海量的数据，而大数据技术通过分布式处理等方式，能够快速、准确地处理大量档案信息。

2）深度挖掘价值。通过对海量数据的分析，发现数据之间的潜在联系，进而深入挖掘档案信息的价值。

3）智能化决策。通过对海量数据的处理和分析，为决策者提供智能化的建议和参考，提高决策的科学性和准确性。

（2）大数据技术在档案价值挖掘中的应用

1）数据挖掘技术。利用数据挖掘算法，对档案信息进行分类、聚类和关联分析，发现数据之间的潜在联系，进而深入挖掘档案信息的价值。

2）机器学习技术。通过机器学习算法，让系统自动学习如何处理和分析数据，提高数据处理效率和准确性。

3）语义分析技术。通过自然语言处理等技术，让系统能够理解档案信息的含义，进而提高档案检索和利用的效率。

随着大数据技术的不断发展，其在档案管理和利用领域的应用将越来越广泛。未来，需要进一步研究如何更好地利用大数据技术，提高档案信息的管理效率和利用价值，推动档案管理事业的数字化转型和升级。同时，也需要关注大数据技术应用中的隐私保护问题，确保档案信息的合理利用和安全保护。

2. 高速数据处理

大数据技术利用云计算和分布式处理等技术，实现了数据的快速处理和分析，提高了档案利用的效率。随着大数据时代的来临，档案管理和利用的方式也发生了巨大的变化。传统的档案管理方式已经无法满足现代社会的需求，而大数据技术的应用为档案管理和利用带来了新的机遇与挑战。其中，高速数据处理是大数据技术的一个重要特点，对于档案的利用和价值挖掘具有重要意义。

（1）大数据技术概述

大数据是指数据量巨大、类型多样、处理复杂的数据集合。大数据技术是指通过数据采集、存储、处理、分析和可视化等技术手段，从海量数据中提取有价值的信息和知识，并应用于各个领域的技术。

（2）高速数据处理在档案利用与价值挖掘中的作用

1）提高数据处理效率

传统的档案管理方式数据处理速度较慢，难以满足快速查询和利用的需求；而大数据技术可以通过分布式计算、内存计算等技术手段，实现高速数据处理，提高档案数据处理的效率。

2）发现数据价值

档案中蕴含着丰富的信息和知识，高速数据处理可以更加深入地挖掘档案中的价值，发现隐藏在数据中的规律和趋势，为决策提供更加科学、准确的依据。

3）优化档案管理流程

高速数据处理可以对档案数据进行实时监控和分析，及时发现档案管理中存在的问题和不足，优化档案管理流程，提高档案管理水平。

（3）实现高速数据处理的关键技术

1）分布式计算技术

分布式计算技术是指将一个大型的计算任务分解成多个小的计算任务，并在多个计算节点上并行执行，从而实现高效的数据处理。在档案利用和价值挖掘中，可以采用分布式计算技术对海量档案数据进行分片处理，提高处理效率。

2）内存计算技术

内存计算技术是指将数据存储在内存中，直接在内存中进行计算和分析，避免了磁盘 I/O 的瓶颈。在档案利用和价值挖掘中，可以采用内存计算技术对大规模数据进行快速处理和分析。

3. 数据多样性

大数据技术可以处理各种类型的数据，包括不同来源、不同格式的数据。这使得其可以更全面地分析档案信息，从而挖掘出更多的价值。在当今信息化时代，大数据技术为档案的利用与价值挖掘提供了前所未有的可能性。其显著的特点之一就是数据的多样性。传统的档案数据可能仅限于文本形式，但在大数据环境下，档案数据呈现出了前所未有的多样性。

首先，数据来源的多样性是大数据技术的核心特征。随着物联网、社交媒体、移动应用等技术的快速发展，档案数据的来源不再局限于传统的纸质文档或结构化数据库。现在，图像、音频、视频、网络日志等非结构化数据也成为档案的重要组成部分。这种数据来源的多样性为档案工作者提供了更为丰富和全面的信息。

其次，数据形式的多样性大大提高了档案数据的复杂度。在大数据环境下，相关人员不仅要处理传统的结构化数据，还要处理大量的非结构化数据。例如，社交媒体上的文字、图片、地理位置信息等，这些数据形式多样，需要运用专门的技术和工具进行有效的处理与分析。

最后，数据的时序性也是大数据技术的特点之一。随着时间的推移，档案数据在不断地生成和变化。对这些数据的实时监测和分析，可以及时发现和解决各种问题，从而提高档案管理和利用的效率。

大数据技术在档案利用与价值挖掘中的特点主要体现在数据多样性上。这种多样性不仅增加了数据的复杂度，还提供了更多的机会和可能性，有助于更好地发现和挖掘档案的价值。

4. 数据预测性

大数据分析可以发现数据之间的关联和模式，从而预测未来的趋势和变化。这种预测能力在档案利用和价值挖掘中具有非常重要的意义。在大数据时代，数据预测性被视为其核心特征之一。利用大数据技术，相关人员可以对档案中的信息进行深度分析，进而预测未来的趋势、行为或结果。这种预测能力主要基于以下几个方面。

第一，历史数据的分析。通过对大量历史数据的分析，发现数据背后的模式和趋势。例如，通过对档案中过去几年的人员流动数据进行分析，预测未来的人员流动趋势。

第二，实时数据的监控。通过实时收集并分析档案使用数据，及时了解用户的需求和行为变化，进而调整服务策略或预测未来的使用趋势。

第三，机器学习与人工智能的结合。利用机器学习和人工智能技术，训练模型以自动预测未来的数据趋势。例如，基于用户的历史查询模式，预测用户未来的查询需求。

第四，多维度数据的整合。通过整合多种来源的数据（如档案内容、用户行为、外部环境等），可以更全面地了解情况，从而提高预测的准确性。

第五，模拟与实验。利用大数据技术进行模拟和实验，预测在不同情境下的可能结果，从而为决策提供依据。

在档案利用与价值挖掘中，数据预测性的应用不仅可以提高档案服务的个性化水平和响应速度，还可以帮助用户更好地理解档案内容及其价值，从而更有效地进行档案管理和开发利用。

（二）档案利用与价值挖掘的未来发展趋势

1. 数据可视化

随着大数据技术的发展，数据可视化将成为档案利用和价值挖掘的重要手段。通过数据可视化，用户可以更直观地理解数据，发现数据之间的关联和模式。随着大数据时代的到来，数据已经成为企业和组织最重要的资产。档案作为组织的重要信息资源，其利用和价值挖掘对于组织的决策与可持续发展具有重要意义。大数据技术中的数据可视化，则为档案利用和价值挖掘提供了强大的工具。

（1）数据可视化在档案利用中的特点

1）数据直观呈现。数据可视化可以将档案数据以图形、图像、动画等形式直观呈现，帮助用户更好地理解数据。

2）交互性强。通过数据可视化工具，用户可以与数据进行交互，深入挖掘数据的潜在价值。

3）高效的信息传递。通过视觉元素，数据可视化能够快速传递信息，提高档案的利用效率。

4）强大的数据分析能力。数据可视化结合大数据技术，用户可以快速分析大量档案数据，发现其中的规律和趋势。

（2）数据可视化在档案价值挖掘中的作用

1）帮助发现潜在价值。通过对档案数据的可视化分析，发现隐藏在大量数据中的潜在价值，为组织决策提供支持。

2）辅助做出科学决策。数据可视化能够将档案数据中的规律和趋势呈现出来，帮助组织做出科学、合理的决策。

3）提高数据驱动决策的效率。通过数据可视化，组织可以更快地获取和理解档案数据，从而提高决策效率。

随着大数据技术的不断发展，数据可视化在档案利用和价值挖掘中的作用越来越重要。通过数据可视化，组织可以更好地利用档案资源，发现其潜在价值，从而为组织的决策和可持续发展提供有力支持。因此，加强数据可视化在档案领域的应用，对于提高组织的竞争力和创新力具有重要的意义。

2. 智能化服务

大数据技术和人工智能技术的结合，将为档案利用提供更加智能化的服务。例如，智能推荐、智能问答等，可以大大提高档案利用的效率和用户体验。随着大数据技术的不断发展和普及，档案利用与价值挖掘的方式也在发生深刻变革。大数据技术以其独特的特性，为档案管理和服务带来了全新的机遇与挑战。其中，智能化服务成为大数据技术在档案利用与价值挖掘中的重要特征。

首先，智能化服务提高了档案利用的效率和精准度。传统的档案查询和利用方式往往需要人工操作，效率低下且容易出错；而通过大数据技术的智能化服务，可以快速准确地检索和定位档案信息，为利用者提供更为便捷高效的服务。同时，智能化服务还能根据利用者的需求和习惯，为其提供个性化的档案推荐和定制服务，进一步提高档案的利用率和价值。

其次，智能化服务能够深入挖掘档案的价值。大数据技术可以通过对海量档案数据的分析和挖掘，发现数据之间的潜在联系和规律，进而挖掘出档案中隐藏的价值。例如，通过对某一领域的档案数据进行聚类分析、关联规则挖掘等操作，揭示出该领域的发展趋势、规律和热点，为决策者提供有力的数据支持。

最后，智能化服务能够实现档案管理的现代化和科学化。大数据技术对档案数据的全面采集、存储和分析，可以实现档案管理的自动化和智能化，减少人工干预和误差。同时，其对档案数据的可视化展示和解读，可以帮助用户更好地了解和掌握档案的整体状况与发展趋势，为档案管理的科学化和现代化提供有力支持。

智能化服务是大数据技术在档案利用与价值挖掘中的重要特点。智能化服务的应用，可以进一步提升档案的利用率和价值，深入挖掘档案中的隐藏价值，实现档案管理的现代化和科学化。因此，相关人员应当积极探索和研究大数据技术在档案管理与服务中的应用，推动档案管理与服务水平的不断提升。

3. 个性化服务

对用户行为和需求的深度分析，可以提供更加个性化的档案服务。例如，为用户推荐相关的档案资源、提供定制化的档案信息等。个性化服务是大数据技术的核心特点之一，它通过对海量数据的分析，挖掘出每个用户的需求和喜好，从而为其提供更加精准、个性化的服务。在档案利用与价值挖掘中，个性化服务同样扮演着重要角色。个性化服务可以帮助档案机构更好地满足用户的需求。通过对用户的历史查询、浏览行为等数据进行分析，挖掘出用户的兴趣点和需求，从而为其推荐相关的档案资料、专题或展览。这不仅能够提高用户的满意度，还能够促进档案的利用和价值的挖掘。此外，个性化服务还可以提高档案机构的服务效率。通过对用户的行为数据进行实时分析，及时发现用户的潜在需求和问题，从而为其提供及时的解答或服务。这种智能化的服务方式可以减少人工干预，提高服务效率，同时能够增强用户的黏性和忠诚度。总之，个性化服务在档案利用与价值挖掘中发挥着重要的作用。未来，随着大数据技术的不断发展，个性化服务在档案领域的应用将更加广泛和深入。

随着大数据技术的快速发展，档案利用与价值挖掘正在经历一场深刻的变革。其中，个性化服务成为大数据技术在档案领域应用的一大亮点，对档案工作的发展起到了重要的推动作用。首先，个性化服务体现了大数据技术的数据挖掘优势。对海量档案数据的深度挖掘和分析，可以发现数据之间的潜在联系，从而为档案利用者提供更加精准、个性化的服务。例如，根据用户的查阅历史、搜索关键词等信息，智能推荐相关档案资源，提高用户获取信息的效率。其次，个性化服务体现了大数据技术的实时性特点。传统的档案服务方式往往存在一定的滞后性，而基于大数据技术的个性化服务能够实时分析用户需求，及时提供相应的档案信息。这不仅提高了档案服务的效率，还使用户能够更好地把握信息的时效性。再次，个性化服务符合大数据技术的多样性和包容性特点。通过对不同类型、不同来源的档案数据进行整合和挖掘，能够发现不同档案数据之间的联系和规律，为各类用户提供更加多样化的档案服务。最后，个性化服务充分体现了大数据技术对不同类型数据的包容性和处理能力。个性化服务是大数据技术在档案利用与价值挖掘中的重要应用特点。它不仅提高了档案服务的效率和质量，而且使用户能够更好地获取和利用档案信息。未来，随着大数据技术的不断发展，相信个性化服务在档案领域的应用将更加广泛和深入。

4.跨学科合作

档案学、计算机科学、信息管理等多个学科的交叉融合，将为档案利用和价值挖掘提供更多的思路与方法。例如，计算机科学中的机器学习和数据挖掘技术，可以用于档案信息的自动分类和识别；信息管理中的信息组织和管理理论，可以用于档案资源的整合和优化。随着大数据时代的到来，跨学科合作在档案利用与价值挖掘中扮演着越来越重要的角色。大数据技术以其独特的特性和优势，在档案领域的应用不断深化，使得跨学科合作成为必要。

（1）大数据技术特点

1）数据体量巨大。大数据技术的数据来源广泛，数据量庞大，远远超过传统数据处理能力。这为档案领域提供了丰富的资源，有助于更全面地揭示档案价值。

2）数据种类繁多。大数据技术涵盖了结构化数据、非结构化数据等多种类型，使用户对档案的利用更加多样化，更深入地挖掘档案中的知识、信息和智慧。

3）处理速度快。大数据技术处理速度快，可以实现实时分析，使档案利用更加高效。这种高效性有助于提升档案服务的响应速度和用户体验。

4）价值密度低。虽然大数据具有海量信息，但其中有价值的数据仅占一小部分。因此，其需要具备强大的数据处理能力，有效筛选出有价值的信息。

5）真实性高。大数据技术通过多源数据的交叉验证，提高了数据的真实性和可信度。这有助于提升档案的公信力和利用价值。

（2）跨学科合作的重要性

1）理论支撑。跨学科合作可以引入其他学科的理论和方法，为档案利用和价值挖掘提供理论支撑。例如，引入信息科学、社会学、经济学等领域的知识，可以丰富档案学研究。

2）技术互补。不同学科在技术上各有所长，通过跨学科合作可以实现技术互补。将其他学科的先进技术引入档案领域，可以提高档案利用和价值挖掘的效率与质量。

3）资源共享。跨学科合作有助于实现资源共享，如数据资源、人才资源等。这可以降低研究成本，提高研究效率，加速档案领域的发展。

4）人才培养。跨学科合作可以培养具备综合素质的档案管理人才。这类人才既具备档案学的专业素养，又具备其他相关学科的知识和技能，能够更好地应对大数据时代的挑战。

5）社会认可。跨学科合作可以提升档案领域的社会影响力。通过与其他学科的合作，更深入地参与社会实践，为社会提供更有价值的档案服务。

大数据技术的特点和优势为档案利用与价值挖掘带来了新的机遇及挑战。跨学科合作能够弥补单一学科的局限性，提升档案领域的研究和实践水平。在未来，相关人员应进一步深化跨学科合作，充分挖掘大数据技术在档案领域的潜力，为社会发展提供更多有价值的档案服务。

5. 数据安全与隐私保护

随着大数据技术的应用，数据安全和隐私保护问题也日益突出。在档案利用和价值挖掘过程中，需要采取有效的措施保护用户的隐私和数据安全，避免数据泄露和滥用。

（1）档案利用与价值挖掘大数据技术的特点

1）海量数据处理能力。大数据技术能够处理 TB（太字节）、PB（拍字节）级别的数据，满足档案信息的海量存储需求。

2）实时分析能力。通过对档案数据的实时分析，快速挖掘档案信息的潜在价值，为决策提供即时支持。

3）数据多样性处理。能够处理结构化与非结构化的档案数据，如文本、图片、音频、视频等，实现多元化数据的整合与分析。

4）深度数据挖掘。通过机器学习和数据挖掘算法，深入分析档案数据间的关联与模式，揭示档案信息的深层价值。

5）预测性分析。基于档案数据的分析结果，预测未来的趋势和模式，为决策提供前瞻性支持。

（2）数据安全与隐私保护

1）数据加密技术。采用高级的加密算法，确保档案数据在存储和传输过程中的安全性。

2）访问控制机制。实施严格的访问控制策略，确保只有经过授权的人员才能访问特定的档案信息。

3）数据备份与恢复。定期对档案数据进行备份，确保数据不会因意外情况而丢失。

4）隐私保护策略。通过匿名化、去标识化等技术手段，保护用户隐私，避免敏感信息的泄露。

5）安全审计与监控。建立完善的安全审计机制，实时监控档案系统的安全性，及时发现并应对安全威胁。

通过结合大数据技术，档案的利用和价值挖掘得以深化，同时确保了数据的安全与隐私权益。这种平衡发展为档案管理带来了新的机遇和挑战。大数据技术在档案利用与价值挖掘中具有广阔的应用前景。深入挖掘大数据技术的特点，可以进一步提高档案利用的效率和价值，提供更加智能化、个性化、高效化的服务。同时，也需要关注数据安全和隐私保护问题，确保用户权益得到充分保障。未来，随着技术的不断进步和应用场景的不断拓展，我们有理由相信，大数据技术将在档案领域发挥更加重要的作用。

二、大数据技术的应用

随着大数据时代的来临，档案的利用和价值挖掘方式发生了深刻的变革。其旨在探讨大数据技术在档案利用和价值挖掘中的应用，以及如何通过大数据技术提高档案的利用率和价值。大数据技术的飞速发展，为档案工作带来了前所未有的机遇。传统的档案利用方式已无法满足现代社会的需求，而大数据技术能够实现对海量档案数据的深度挖掘和分析，进而提升档案的利用率和价值。因此，如何将大数据技术应用于档案工作中，成为当前研究的热点问题。

（一）大数据技术在档案利用中的应用

1. 数据挖掘

大数据技术可以对海量档案数据进行深度挖掘，发现数据之间的潜在联系，从而提供更加精准的档案服务。例如，对个人档案的数据挖掘，可以分析出其职业发展的轨迹，为企业的人才招聘提供有力支持。数据挖掘技术在档案利用与价值分析中发挥着越来越重要的作用。档案作为重要的信息资源，具有不可估量的价值，但传统的档案利用方式往往存在着利用率低、价值挖掘不充分等问题。随着大数据技术的不断发展，数据挖掘作为一种强大的分析工具，为档案的深度利用提供了新的途径。

（1）数据挖掘在档案利用中的应用

1）关联规则挖掘。关联规则挖掘可以帮助发现档案之间的潜在联系，从而为档案的分类、组织和管理提供有益的参考。关联规则挖掘可以更好地理解档案的内容和结构，进而优化档案的管理体系。

2）聚类分析。聚类分析可以将具有相似特征的档案归为一类，有助于用户更快速地定位到所需的档案。此外，聚类分析还可以帮助发现档案中的异常值，为用户深入研究提供线索。

3）趋势预测。通过数据挖掘技术可以对档案中的信息进行深入分析，预测未来的发展趋势。这对于决策制定、学术研究等方面具有重要的指导意义。

（2）数据挖掘提升档案价值

1）提升档案利用率。数据挖掘技术有助于发现档案之间的潜在联系，提高档案的检索效率和精度。这将大幅提升档案的利用率，使其更好地服务于各个领域的需求。

2）深入挖掘档案价值。数据挖掘可以帮助用户从海量的档案信息中提取出有价值的信息，进一步揭示档案中所蕴含的知识和智慧。这不仅有助于提升档案的价值，还有助于推动相关领域的发展。

3）促进知识创新。数据挖掘技术可以从档案中获取丰富的知识资源，进一步推动知识创新。这将有助于提升整个社会的知识水平和创新能力。

数据挖掘技术在档案利用与价值提升方面具有重要的应用价值。通过关联规则挖掘、聚类分析和趋势预测等方法，用户可以更好地管理和利用档案资源，深入挖掘其内在价值。未来，随着大数据技术的不断发展和完善，数据挖掘将在档案领域发挥更大的作用，推动档案事业的发展和进步。因此，相关人员应该积极探索数据挖掘技术的应用，为档案事业的创新发展贡献力量。

2. 智能检索

利用大数据技术可以实现档案的智能检索，提高检索效率和准确性。用户只需输入关键词或条件，系统即可快速返回相关档案，大大减少了检索时间。传统的档案管理方式正在逐步被智能化的档案管理方式替代，其中，智能检索技术作为大数据技术在档案利用与价值提升中的重要应用，极大地提升了档案的利用率和价值。

（1）智能检索技术的原理与特点

智能检索技术基于自然语言处理和机器学习技术，能够对海量的档案数据进行高效、准确的检索。其主要特点包括自动化处理、高效检索、精准匹配和用户友好的界面设计。

（2）智能检索技术在档案利用中的应用

1）快速检索。通过关键词或短语，智能检索技术能够在数秒内提供精确的档案资料。

2）关联分析。自动挖掘档案之间的关联性，提供更为全面的信息视图。

3）个性化推荐。根据用户的检索历史和阅读习惯，智能推荐相关档案，提升用户满意度。

4）多维度分析。从时间、空间、主题等多维度揭示档案信息的内在联系。

（3）智能检索技术在提升档案价值中的作用

1）深化档案研究。通过自动化的信息抽取和关联分析，深化对档案内容的理解和研究。

2）增强档案的证据价值。精确的检索结果增强了档案在法律、历史等领域的证据价值。

3）扩大档案的社会影响力。个性化的推荐和多维度的展示使档案更具社会影响力。

4）提升档案的经济价值。通过对档案的深度挖掘和利用，提升其在商业、文化等领域的应用价值。

随着人工智能技术的进一步发展，智能检索技术将在档案管理和利用中发挥更加重要的作用。未来的档案管理将更加智能化、个性化，更好地满足社会对档案信息的需求，提升档案的价值。

3. 个性化服务

通过分析用户的检索行为和利用习惯，大数据技术可以为用户提供个性化的档案服务，满足其多样化的需求。数据已成为推动社会进步的重要资源。档案作为社会活动中产生的原始记录，其利用与价值挖掘受到了越来越多的关注。大数据技术的应用，特别是其强大的数据挖掘和分析能力，为档案的个性化服务提供了可能。

（1）大数据技术在档案利用中的应用

1）数据挖掘和分析。大数据技术可以有效地对海量档案数据进行挖掘和分析，发现数据之间的潜在联系，从而揭示档案中隐藏的价值。对档案数据的深度分析，可以为决策者提供有力支持。

2）个性化检索服务。基于大数据技术的智能检索系统，能够根据用户的检索历史和浏览习惯，为其提供更加精准的检索结果。这种个性化检索服务可以提高检索效率，满足用户的个性化需求。

3）档案知识图谱构建。通过大数据技术，构建档案知识图谱，将档案中的信息以图谱的形式展示出来，便于用户理解和利用。这种知识图谱能够揭示档案之间的内在联系，提高档案的利用率。

（2）大数据技术在档案价值挖掘中的应用

1）预测性分析。利用大数据技术对档案数据进行深度分析，可以预测未来的趋势和可能性。例如，通过对历史数据的分析，预测未来的市场需求和行业发展，为决策者提供决策支持。

2）情感分析。通过对档案中的文本信息进行情感分析，了解公众对某一事件或产品的态度和看法。这种情感分析有助于了解公众的需求和期望，为相关决策提供参考。

3）图像和视频分析。利用图像和视频分析技术，对档案中的图片和视频进行智能识别与分析。例如，通过对历史图片的分析，了解当时的社会风貌和人民生活状况。这种图像和视频分析有助于揭示档案的历史价值与社会价值。

（3）个性化服务在档案利用与价值挖掘中的作用

1）提高档案利用率。通过提供个性化的检索和服务，用户能够更加方便地获取所需档案信息。这种个性化服务可以提高用户的满意度和忠诚度，进而提高档案的利用率。

2）促进档案价值的深度挖掘。通过大数据技术对档案数据进行深度分析和挖掘，结合个性化服务的应用，将档案中的隐藏价值转化为实际的价值。这种价值的转化可以促进档案的更广泛应用和社会影响力的提升。

3）推动档案管理的现代化。大数据技术和个性化服务的应用，有助于推动档案管理向数字化、智能化方向发展。这种现代化档案管理模式可以提高管理效率，优化用户体验，使档案管理更好地服务于社会发展和人民生活的需要。

大数据技术的应用为档案的利用和价值挖掘提供了新的途径与手段。通过大数据技术对档案数据进行深度挖掘和分析，结合个性化服务，可以提高档案的利用率和价值，更好地服务于社会发展和人民生活的需要。未来，随着技术的进步和应用水平的提高，相信档案管理将更加科学化、智能化，为社会的发展提供更加有力的支持。

（二）大数据技术在档案价值挖掘中的作用

1. 提升档案的认知价值

通过对档案数据的深度挖掘和分析，用户可以发现档案中隐藏的信息和知识，提升档案的认知价值。例如，通过对历史档案的数据挖掘，用户可以发现历史事件的内在联系和规律，为学术研究提供新的视角。随着大数据技术的不断发展，其在档案管理和利用方面的应用逐渐受到关注。传统的档案管理方式已经无法满足现代社会的需求，需要借助大数据技术对档案进行更加高效、精确的管理和利用。下面从档案利用与价值大数据技术的角度出发，探讨如何提升档案的认知价值。

（1）大数据技术在档案利用中的应用

1）数据挖掘与知识发现

大数据技术可以对海量的档案数据进行挖掘和分析，发现其中隐藏的知识和规律。使用对档案数据的聚类、分类、关联分析等手段，用户可以深入挖掘档案中蕴含的信息，为决策提供有力的支持。

2）个性化服务与推荐系统

大数据技术可以根据用户的需求和兴趣，为其提供个性化的档案服务。其通过分析用户的查询记录、阅读习惯等信息，为用户推荐相关的档案资料，提高用户的满意度。

3）档案安全管理

大数据技术可以用于提高档案的安全性。通过对档案数据的监测和分析，及时发现异常情况，采取相应的措施防止数据泄露或被攻击。

（2）大数据技术在提升档案认知价值方面的作用

1）拓展档案的利用范围

大数据技术可以将海量的档案数据整合在一起，形成一个完整的档案体系。这不仅可以提高档案的利用率，还可以让更多的人了解和认识档案的价值，进一步拓展档案的利用范围。

2）提高档案的精度和准确度

通过大数据分析技术，用户可以对档案数据进行更加精准的分析和处理，提高档案的精度和准确度。这有助于用户更加深入地了解历史事件和人物，挖掘其中的价值和意义。

3）促进跨学科的研究和创新

大数据技术可以打破传统学科之间的界限，促进跨学科的研究和创新。通过对不同类型、不同领域的档案数据进行整合和分析，用户可以发现其中隐藏的规律和联系，为新的研究领域和方向提供支持。

大数据技术在档案管理和利用方面具有广泛的应用前景与价值。大数据技术对档案数据进行更加高效、精确的管理和利用，可以提高档案的认知价值，拓展档案的利用范围，为人们提供更加个性化的服务。同时，我们也应该注意到大数据技术在档案管理中的挑战和风险，如数据安全、隐私保护等问题，需要在实践中不断探索和完善。

2. 发挥档案决策的支持作用

对档案数据的分析可以为决策者提供科学依据，发挥档案的决策支持作用。例如，通过对政府部门的档案数据分析，用户可以发现政策执行中的问题，为政策制定和调整提供有力支持。随着科技的不断发展，大数据技术在各行各业中得到了广泛应用。在档案管理领域，大数据技术的应用同样具有重要意义。下面探讨如何利用大数据技术提高档案利用价值和发挥档案在决策支持中的作用。

（1）大数据技术在档案利用中的优势

1）数据挖掘与分析。大数据技术可以对海量档案数据进行深度挖掘和分析，发现数据之间的潜在联系，为决策提供有力支持。

2）提高检索效率。大数据技术可以实现档案的快速检索和智能分类，大大提高档案的利用效率。

3）预测与决策支持。对档案数据的分析可以预测未来的发展趋势，为决策提供科学依据。

（2）发挥档案决策支持作用的途径

1）建立完善的档案数据库。利用大数据技术建立档案数据库，实现档案信息的集中管理，提高档案的可用性和可查询性。

2）深度挖掘档案价值。通过数据挖掘和分析，发现档案中的隐藏信息，挖掘档案的价值，为决策提供有力支持。

3）建立智能化的决策支持系统。结合人工智能技术，建立智能化的决策支持系统，根据档案数据自动生成分析报告，为决策提供科学依据。

4）建立动态监测机制。通过对档案数据的实时监测和分析，及时发现和解决潜在问题，为决策提供及时有效的支持。

（3）实践案例分析

以某大型企业为例，该企业通过建立基于大数据技术的档案管理系统，实现了档案的集中管理和高效利用。通过对档案数据的深度挖掘和分析，为企业决策提供了有力支持。同时，该企业还结合人工智能技术，建立了智能化的决策支持系统，实现了对档案数据的自动分析和报告生成，提高了决策的科学性和及时性。

通过以上分析可以得出，大数据技术在提高档案利用价值和发挥档案在决策支持中的作用方面具有重要意义。为了更好地发挥档案的作用，相关人员需要充分利用大数据技术的优势，建立完善的档案数据库和智能化的决策支持系统，深度挖掘档案价值，提高检索效率和预测能力。同时，还需要建立动态监测机制，及时发现和解决潜在问题，为决策提供及时有效的支持。未来，随着科技的不断进步和应用场景的不断拓展，相信大数据技术在档案管理领域将发挥更加重要的作用。

3. 创新档案服务模式

大数据技术的应用将促使档案服务模式不断创新，如云端存储、在线查询、智能推荐等服务模式。这些新型服务模式将进一步提升档案的利用率和价值。随着信息技术的快速发展，大数据技术的应用逐渐成为推动各行业创新和变革的重要力量。在档案管理领域，大数据技术不仅改变了传统的档案管理和服务模式，更在挖掘档案价值、提升档案利用效率等方面发挥了重要作用。

（1）大数据技术在档案利用中的应用

1）数据挖掘和分析。大数据技术能够从海量的档案数据中挖掘出有价值的信息，通过数据分析和可视化，帮助用户更深入地理解档案内容。

2）个性化服务。基于用户行为和需求的大数据分析，可以提供个性化的档案推荐和定制服务，满足用户的特定需求。

3）档案知识发现。通过知识图谱等技术，将档案信息转化为知识网络，便于用户进行知识查询和推理。

（2）大数据技术提升档案价值

1）提升档案认知价值。大数据技术可以将散乱的档案信息整合成有逻辑和体系的知识体系，提升档案的认知价值。

2）实现档案经济价值。通过数据分析和挖掘，发现档案中隐藏的价值，为企业和社会创造经济利益。

3）增强档案凭证价值。大数据技术可以完整、准确地保存和记录档案信息，增强档案的凭证价值。

（3）创新档案服务模式

1）智能服务。利用技术实现智能问答、智能推荐等智能化服务，提升用户使用体验。

2）在线服务。借助互联网和移动设备提供线上查询、下载、浏览等一站式服务，打破时间和空间的限制。

3）知识服务。从提供简单的档案查询到提供知识服务，帮助用户解决实际问题，提升档案服务的知识含量。

大数据技术的引入为档案管理领域带来了巨大的机遇和挑战。大数据技术的应用，可以实现档案服务的创新，提升档案的价值。未来的档案管理将更加注重智能化、个性化和知识化，以满足用户不断增长的需求。同时，我们也需要关注数据安全和隐私保护问题，确保档案服务的健康发展。随着大数据技术的不断发展，其在档案利用和价值挖掘中的应用将越来越广泛。对海量档案数据的深度挖掘和分析，不仅可以提高档案的利用率和价值，还可以为决策者提供科学依据，推动社会的发展。未来，相关人员应进一步深入研究大数据技术在档案工作中的应用，探索更多新型的服务模式和服务手段，以便更好地满足社会对档案的需求。同时，其也需要关注大数据技术应用过程中可能带来的隐私保护、数据安全等问题，以保障档案工作的健康发展。

第三节　大数据技术在档案利用中的应用现状与趋势

一、大数据技术在档案利用中的应用现状

信息化时代下，大数据已经发展成为有效的生产力。在大数据的时代背景下，对档案管理进行探索，能够优化传统档案管理方式，有效提高档案管理水平。纵观管理系统，档案管理是主要构成部分，应用数字形式收集和存储有关的档案资源，对于后期利用和维护档案管理非常有利，从而使电子档案管理质量和效率有效提升。大数据时代下，数字信息技术改变了档案管理的流程、内容和模式，推动了档案管理不断发展和创新。在当前大数据时代背景下，信息化的数据存储形式已成为整个时代发展的必然趋势，为人们查询和共享信息带来了十分便捷的条件。为了提高档案管理质量与管理效率，必须充分发挥大数据分析技术的优势，从而推动档案在网络环境下实现现代化管理，优化当前档案管理系统，对工作流程进行完善，提高工作效率。随着信息技术的快速发展，大数据技术在各个行业中的应用日益增多，档案管理领域也不例外。

大数据技术的应用在档案管理中具有重要的意义，它可以帮助提高档案管理的效率和质量，实现档案管理的数字化和智能化。下面将从大数据技术在档案管理中的应用场景、作用和优势三个方面来进行阐述。第一，档案数字化。传统的档案管理主要依赖纸质档案，档案的检索和管理十分烦琐；而大数据技术可以将纸质档案进行数字化处理，通过将档案进行扫描、建立电子档案库和利用OCR（光学字符识别）技术进行文字识别等方式，将纸质档案转化为可通过电脑进行访问和管理的电子档案。这样既提高了档案管理的效率，也减少了纸质档案的占地空间。第二，档案检索。在传统的档案管理中，档案的检索主要依赖人工操作，需要通过翻阅纸质档案进行查找；而大数据技术可以实现对电子档案的全文检索和自动分类，利用文本挖掘和机器学习算法，将档案进行自动化的标注和分类，快速定位到需要的档案信息。这对于提高档案的检索效率和准确性非常重

要。第三，档案管理决策支持。大数据技术可以对大量的档案数据进行分析和挖掘，找出其中的规律和关联，为决策者提供准确的数据支持。比如，可以通过对历史档案数据的统计分析，发现档案存储和整理中存在的问题与优化方案；可以通过对档案借阅和使用数据的分析，了解用户的需求和使用情况，为档案管理者提供准确的决策依据。

大数据技术在档案管理中起到了巨大的作用，主要体现在以下几个方面。第一，提高了档案管理的效率。通过档案的数字化和智能化处理，实现档案的快速检索和定位，减少了人工操作的时间和工作量，提高了档案管理的效率。通过大数据技术的应用，快速定位到需要的档案信息，帮助用户快速找到所需的档案，提高办公效率。第二，改善档案管理的质量。大数据技术可以对档案数据进行全面和深入的分析，找出其中的问题和不足之处，并提供修复和优化的方案。通过对档案质量的监控和分析，减少档案的遗失和损坏，提高档案管理的质量和可靠性。第三，数据量大。档案管理中的数据量通常非常大，传统的数据处理方式往往难以处理如此大量的数据；而大数据技术可以分布式处理大规模数据，有效地进行数据存储和处理，满足档案管理中大数据量的需求。第四，处理速度快。大数据技术采用并行计算的方式，可以同时处理多个任务，提高了数据处理的速度。这对于档案管理中大量数据的处理是非常重要的，可以缩短数据处理的时间，提高档案管理的效率。

（一）现代信息技术对档案管理的影响

在大数据时代下，信息技术的发展对于数据和资料的处理有以下几个方面的优势。第一，由于现代社会发展得越来越快，传统的工作方式很容易在繁忙中发生失误，而现阶段利用信息技术进行档案管理工作，则会帮助工作人员节省很多精力与时间，提高档案管理的工作效率。第二，传统的档案管理工作在保管上都是由纸质工具来进行储存，在寻找档案时显得极为不便。随着大数据时代的到来，档案管理在以往储存方式的基础上增加了光盘、网络、移动硬盘等多种储存方式，这些储存方式不但占用空间小、携带方便，在安全系数以及找寻工作上也比传统的方式更加优秀。档案管理实现了较好的发展，收录方式、业务流程及服务结构等方面日益优化。同时，档案的电子化建设，使得收录的信息变得更加多元，覆盖了视频、音频等，同时能够通过互联网共享的方法，促进查询、利用等相关服务水平的提高，确保档案资源价值的展现，并促进档案管理工作效率的提高，节省了人力、物力与财力等投入。同时，随着大数据技术的持续发展，相关功能配套日益完善，实现了开发利用可视化、数据挖掘、预测性分析、语义引擎等，为经营管理决策提供了可靠依据，有利于其可持续健康发展。

随着科技的飞速发展，现代信息技术已经深入各个领域，包括档案管理。它为档案管理带来了巨大的影响，从根本上改变了档案管理的传统模式，为档案的保存、查询和使用带来了便利。首先，信息技术改变了档案的存储方式。传统的档案管理主要依赖纸质文档，这种方式不仅占用了大量的物理空间，而且容易损坏和丢失。现代信息技术使档案可以以数字的形式存储，大大节省了空间，而且数据可以轻松备份，降低了丢失的风险。其次，信息技术提高了档案查询和使用的便利性。通过建立电子化的档案管理系统，人们可以快速查询和检索档案，而不需要像过去那样在庞大的文件柜中逐一寻找。这极大地提高了工作效率，满足了快速查询的需求。此外，信息技术还增强了档案的共享和利用。传统的档案管理方式使得档案的共享和利用非常困难，因为需要物理转移档案；而现代信息技术使得档案可以在网络上进行共享，方便了不同地点的人们同时访问和使用档案，促进了信息的流通和知识的传播。但现代信息技术也给档案管理带来了一些挑战。例如，电子档案的安全问题、数据保护问题以及电子档案的真实性问题等。因此，我们在享受信息技术带来的便利的同时，也需要关注这些问题，并采取相应的措施来解决。现代信息技术对档案管理带来了深远的影响。它不仅改变了档案的存储方式，提高了档案查询和使用的便利性，还增强了档案的共享和利用。随着科技的不断发展，期待档案管理在未来能够实现更大的突破和创新。

（二）大数据时代档案管理的发展现状

1. 大数据时代档案管理的发展现状

以文档集成推动数据集成，一直是当今大数据时代档案改革的主要方向。通过综合管理模式提高档案文件信息资源的利用率，进而可以提高档案数据的管理效率和转换效率。如何在档案管理中加强文件数据的整合，将档案信息的所有数据全部导入数据库，设置档案数据共享窗口，是档案与文件整合要开展的主要工作之一；而从平台软件和技术标准上，做好与大数据技术平台的对接，实现档案文件管理与大数据技术的融合，是推动档案管理改革的重点和难点，也是重要的突破口。随着大数据时代的到来，档案管理面临着前所未有的挑战和机遇。大数据技术为档案管理提供了更加高效、智能的方法，也带来了诸多问题。分析大数据时代档案管理的发展现状，能够为相关领域提供参考和借鉴。

（1）大数据技术在档案管理中的应用

大数据技术的应用，使档案管理从传统的纸质档案管理逐渐向数字化、信息化、智能化方向转变。通过大数据技术，档案管理可以实现自动化、智能化处理，提高管理效率和存储安全性。此外，大数据技术还可以对档案信息进行深度挖掘，发现数据之间的关联和规律，为决策提供有力支持。

（2）大数据时代档案管理面临的挑战

虽然大数据技术的应用为档案管理带来了诸多便利，但也存在一些问题和挑战。首先，数据安全问题。在大数据时代，档案数据量巨大，一旦发生数据泄露或被攻击，将会给组织带来巨大损失。其次，数据管理问题。如何对海量数据进行有效管理，保证数据的完整性和准确性，是档案管理面临的重要问题。最后，技术更新问题。随着技术的不断发展，如何及时更新档案管理系统，跟上技术发展的步伐，也是需要解决的问题。

（3）大数据时代档案管理的未来发展趋势

1）智能化管理。随着人工智能技术的发展，未来档案管理将更加智能化。通过智能分类、智能检索等技术手段，提高档案管理效率。

2）云端存储。云端存储技术的发展为档案管理提供了更加安全、高效的存储方式。未来档案数据将逐步迁移至云端存储，实现数据的集中管理和维护。

3）数据挖掘与知识发现。通过对档案数据的深度挖掘和知识发现，为组织提供更加精准、有价值的信息，为决策提供有力支持。

4）标准化与规范化。未来档案管理将更加注重标准化和规范化建设，以保障档案数据的完整性和准确性。同时，档案管理部门也将积极参与相关标准的制定和推广工作。

5）跨界融合。随着信息化技术的不断发展，档案管理将与其他领域进行更广泛的融合和创新，形成更加丰富多样的档案服务模式。

大数据时代的到来为档案管理带来了巨大的机遇和挑战。为了适应时代发展的需要，档案管理部门需要加强技术更新和管理创新，充分利用大数据技术的优势，提高档案管理的效率和质量。同时，档案管理部门还需要加强数据安全保护和标准化建设，确保档案数据的完整性和准确性。通过不断探索和创新，相信档案管理将在大数据时代发挥出更大的价值作用。

2. 档案管理信息化系统发展尚不成熟

我国档案管理工作在信息化建设的推进速度上相对来说较为滞后。档案管理信息化进程在不断推进，但其实这个技术并不成熟，目前还没有一个完整的系统，档案资源的管理和使用都需要一个全面的资源平台。但就目前而言，档案管理信息化系统发展尚不成熟，在实际的使用和服务上都缺乏创新性的突破，造成档案管理工作仅停留在表层，缺乏开发与挖掘的深度，即便做出了相应的规划，也只是对一些模板的照搬照抄，最终确定的信息化建设规划与档案管理实际情况严重脱节。档案管理的信息化建设标准不一，因此在大数据时代，档案管理信息化系统的建设与发展显得尤为重要。

档案管理信息化系统的建设需要充分整合海量数据，实现高效、准确的档案管理。但当前许多系统在数据整合、处理和利用方面仍存在诸多不足。数据的碎片化、不一致性以及安全性问题突出，给档案管理工作带来了极大的困扰。这些问题应从技术和管理两个层面进行改进与完善。技术上，加强数据整合技术的研发与应用，提高数据处理能力和利用效率；管理上，建立健全档案管理制度，规范档案管理流程，确保档案的完整性与安全性。同时，要注重提高档案管理人员的专业素养和技能水平，加强培训与交流，使其能够适应大数据时代档案管理信息化系统的发展需求。此外，还需要加强相关法律法规的建设与完善，为档案管理信息化系统的健康发展提供有力保障。大数据时代档案管理信息化系统的建设与发展是一项复杂而艰巨的任务，需要各方面的共同努力。只有这样，才能推动档案管理信息化系统的不断成熟与完善，更好地服务于社会和经济发展。

3. 档案管理信息技术发展缓慢

综观档案管理工作的全局，未来发展定位与行业技术改造迫在眉睫。尤其是现在，档案管理工作应充分发挥数据信息的价值，突出大数据技术的优势，利用集成技术将有价值的档案与文件按照指定模式进行整合和管理。虽然与国外相比，我国档案与文献集成技术发展缓慢，水平较低，但经过长期的实践和众多学者的研究，档案集成技术已经有了很大的完善和提升，许多信息标准化数据格式业已形成，并广泛应用于电子档案管理中。档案管理数字化的理念也为绝大多数档案管理人员所接受，其内容已基本普及，但档案集成体系的构建在实际应用中对档案管理提出了更高的要求。但当前档案管理信息技术发展缓慢，与大数据时代的步伐不相匹配，给档案管理和利用带来了诸多不便。

一方面，档案管理信息技术的落后导致了档案存储和处理能力的不足。传统的档案管理方式难以应对海量的数据存储需求，数据丢失、损坏的风险增加。同时，数据处理速度慢，难以满足实时查询和分析的需求，制约了档案的利用效率。另一方面，档案管理信息技术的滞后影响了档案的安全性和保密性。随着网络技术的发展，档案信息安全面临着更大的威胁。黑客攻击、病毒传播等安全隐患频发，导致档案信息泄露、篡改等风险增加，给档案管理带来了巨大的挑战。针对这些问题，相关人员需要采取有效的措施来加快档案管理信息技术的发展。首先，加强档案管理信息技术的研发和创新，提高档案存储和处理能力。通过引入先进的存储技术和数据处理算法，优化档案管理系统的性能，满足大数据时代对档案管理的需求。其次，加强档案信息安全管理，提高档案的保密性和安全性。建立完善的信息安全体系，加强网络安全防护，提高档案系统的抗攻击能力。同时，加强档案使用过程中的安全控制，防止档案信息被泄露和滥用。最后，加强档案管理人员的培训和教育，提高档案管理人员的专业素质和技能水平。通过培训和交流，档案管理人员可以掌握先进的档案管理信息技术和方法，提高档案管理工作的效率和质量。大数据时代对档案管理提出了更高的要求，需要加快档案管理信息技术的发展，提高档案存储和处理能力、安全性和保密性。只有通过不断创新和改进档案管理技术与管理方式，才能更好地应对大数据时代的挑战，满足社会对档案管理的需求。

（三）大数据分析技术在档案管理中的有效应用策略

1. 重点建设档案全文数据库

档案数据库在档案查询、检索和表格快速生成方面都具有十分明显的优势，但在具体应用过程中无法满足相关管理人员对档案信息的识别需求。在实践过程中构建全文数据库，对材料进行全面评估，可以从根本上提高档案利用效率，对各类型档案信息进行整合，从而深化档案信息的开发和利用效果，提高整体工作质量，保证档案资料的安全性。与此同时，全文数据库还可以结合咨询需求来进行简化，优化档案网络管理系统，将相关管理权限作为基础，从而实现逐层档案局域网建设，利用局域网将信息高效衔接，提高档案管理的有效性，真正实现档案现代化管理。随着信息化技术的飞速发展，大数据时代的来临对各行各业产生了深远影响。档案管理作为组织管理的重要组成部分，同样面临着大数据带来的挑战和机遇。

（1）大数据分析技术在档案管理中的应用价值

1）数据挖掘与知识发现。通过大数据分析技术，从海量的档案数据中挖掘有价值的信息，为决策提供科学依据。

2）智能化管理。借助机器学习等技术，实现档案的自动分类、检索和推荐，提升管理效率。

3）档案价值再利用。通过对档案数据的深入分析，发现新的应用场景，进一步发挥档案的价值。

（2）重点建设档案全文数据库的策略

1）标准化与规范化。制定统一的档案数据标准与规范，确保数据的准确性与可读性。

2）数据整合与清洗。对各类档案数据进行整合、清洗和去重，提高数据质量。

3）构建全文索引。利用自然语言处理技术，为档案数据建立全文索引，方便快速检索。

4）安全保障。加强档案数据的安全防护，确保数据不被泄露或非法使用。

5）持续优化。根据实际应用情况，不断优化数据库结构与查询算法，提升性能。

（3）实施步骤与建议

1）需求分析。深入了解档案管理工作的实际需求，明确建设目标与预期效果。

2）技术选型。根据需求分析结果，选择合适的大数据技术与工具。

3）团队建设。组建具备大数据技术与档案管理知识的专业团队。

4）方案实施。按照既定策略，逐步推进档案全文数据库的建设工作。

5）效果评估。对实施效果进行评估，总结经验教训，持续改进。

大数据时代为档案管理带来了前所未有的机遇。有效利用大数据分析技术，特别是重点建设档案全文数据库，可以显著提高档案管理的效率与智能化水平。这不仅可以促进档案价值的充分发挥，还可以为企业或组织的决策提供有力支持。未来，随着技术的不断进步，我们有理由相信档案管理将更加智能、高效和便捷。为此，各方应积极拥抱大数据技术，持续探索档案管理的新模式与新方法，以适应时代发展的需要。

2. 实现档案集成管理

在档案与文件的整合中，应强调档案的集成管理，还应进一步完善文件的集成存储平台。在档案信息的采集中，不仅应统一采集流程，还应有数据导入窗口。做好对信息的统一采集和管理，便于后续的数据分类处理和数据信息的筛选。在集中的数据文件管理要求中，数据的使用应更加统一。当文件管理员检查数据时，他们可以快速找出问题所在。此外，档案集中管理整合档案和文件信息处理的多个部门，整合与档案和信息内容相关的多个平台，可最大限度地简化档案处理流程，使档案处理更加有效、方便、简单，突出数字化档案管理的理念和意义。随着信息技术的飞速发展，大数据时代的来临，档案管理面临着前所未有的挑战与机遇。传统的档案管理方式已经无法满足现代社会对于档案信息的处理、分析和利用的需求。因此，将大数据分析技术引入档案管理，实现档案的集成管理，已经成为档案管理的必然趋势。

（1）大数据分析技术在档案管理中的应用

1）数据采集与整合。大数据分析的第一步是数据的采集和整合。在档案管理中，数据采集涉及各类档案的生成、收集、整理与存储。利用大数据技术，可以有效地从海量档案数据中获取有价值的信息，为后续的数据分析提供基础。

2）数据存储与管理。传统的档案管理多采用物理存储方式，这种方式不仅存储容量有限，而且管理效率低下。通过使用大数据存储技术，如分布式存储系统，可以实现海量档案数据的可靠存储和高效管理。

3）数据处理与分析。大数据分析的核心是对采集的数据进行深入处理和分析。通过运用数据挖掘、机器学习等技术，发现档案数据中的隐藏规律和知识，为决策提供有力支持。

4）数据安全与隐私保护。大数据技术的应用带来了数据安全和隐私保护的问题。在档案管理中，相关人员应采取有效的技术和管理措施，确保档案数据的安全性和隐私性。

（2）实现档案集成管理的策略

1）建立统一的数据标准。为实现档案的集成管理，首先需要建立统一的数据标准，确保不同来源、不同格式的档案数据能够相互兼容。

2）优化档案管理流程。运用大数据分析技术，对档案管理流程进行优化，提高档案管理效率。例如，利用自动化技术实现档案的自动分类、编目和检索。

3）强化档案管理人员的培训。大数据分析技术的应用需要档案管理人员具备相应的技能和知识。因此，相关部门应加强对档案管理人员的培训，提高其对大数据技术的应用能力。

4）制定合理的档案管理政策。在引入大数据分析技术的同时，应制定合理的档案管理政策，明确档案数据的收集、存储、处理和利用等方面的规定，确保档案管理的规范化和法治化。

5）建立完善的档案服务体系。利用大数据分析技术，建立完善的档案服务体系，提供个性化的档案服务，满足用户多元化的需求，提高档案的利用率和价值。

大数据分析技术在档案管理中具有广泛的应用前景和巨大的潜力。实现档案的集成管理，可以提高档案管理的效率和质量，更好地满足社会对于档案信息的需求。在未来，随着技术的不断进步和应用领域的拓展，大数据分析技术在档案管理中的应用将更加深入和广泛。

3.档案管理监管系统的建立与健全

因为大数据时代的档案系统面临着档案信息的安全隐患，为了保障整个档案管理和档案信息的安全，必须建立档案管理的监管制度，实现档案信息准确、完整、合理入库，从而加大对各类档案信息的保护力度，降低档案信息的泄露风险，在大数据库档案资源平台改造的基础上，处理资源共享和专业档案资源在不同行业领域的整合问题。作为档案整体资源的重要组成部分，大数据档案管理可以对不同维度的信息内容进行整理和细化，并构建数据立方体，从而对档案数据进行精准预测和分析，全面提高档案利用效率和质量。随着信息化时代的快速发展，大数据已经成为各行业决策的重要依据。档案管理作为企事业单位运营的基础环节，对于数据的处理与监管具有至关重要的作用。

（1）系统建立

1）数据收集。利用大数据技术，全方位、多角度地收集档案数据，包括但不限于文字、图片、音频、视频等各类档案信息。同时，需确保数据来源的可靠性与准确性。

2）数据存储。采用分布式存储架构，将海量档案数据高效、安全地存储在云端或其他大数据存储设备中。考虑到数据的安全性，需建立完善的数据备份与恢复机制。

3）数据处理。利用数据挖掘、机器学习等技术，对档案数据进行分类、整理、分析，提取有价值的信息，为决策提供支持。同时，应保证数据处理过程中的隐私保护与合规性。

4）数据监管。建立全面的数据监管机制，实时监测数据的收集、存储、处理等环节，确保数据的完整性与安全性。同时，应对数据处理结果进行定期审查，以确保其准确性与有效性。

（2）系统健全

1）完善法律法规。政府应出台相关的法律法规，明确大数据分析技术在档案管理中的合法地位与应用规范，为系统的健全提供法律保障。

2）提升技术水平。持续关注大数据技术的最新发展，及时将新技术应用于档案管理，提升系统的数据处理能力与监管效果。

3）加强人才培养。加大人才培养力度，培养一批既懂档案管理又具备大数据分析技术的复合型人才，为系统的运行与维护提供人才保障。

4）强化安全管理。建立健全安全管理体系，加强数据加密、身份认证等安全技术的应用，确保档案数据的安全可控。

5）促进信息共享。在确保数据安全的前提下，推动档案信息在不同部门、不同地区间的共享与交流，提高档案的利用效率。

6）优化用户体验。通过友好的用户界面与便捷的操作流程，提升用户在使用系统时的体验，使档案管理更加人性化。

7）持续改进系统。定期对系统进行评估与优化，根据实际需求与反馈，不断完善系统的各项功能，提高其运行效率与稳定性。

建立健全大数据分析技术档案管理监管系统需要从多个方面着手。通过完善法律法规、提升技术水平、加强人才培养、强化安全管理、促进信息共享以及优化用户体验等措施，有效提高档案管理的效率与质量，为企事业单位的决策提供有力支持。在未来发展中，应持续关注大数据技术的创新与应用，不断推动档案管理行业的进步。

4. 信息资源的管控

大数据技术的运用具有动态性，给档案管理工作带来了机遇与挑战，但实际上，不可能将传统的档案管理形式全盘否定。相反，传统的数据可以为大数据技术的运用提供支撑。因此，档案管理人员仍旧需要加大对传统档案业务的管理力度，最大限度地将电子档案做好归类，进行高效的工作。目前，信息资源管理模式包含一体化管理，以一体化模式为例，以最小的投资建设最合理的资源存储，发挥各种资源的作用，将整合后的资源、档案等资源数字化，利用大数据技术进行高质量的管理，不断开发新的资源，实现资源的最大贡献化。

大数据时代的档案管理需要转变传统的工作模式，档案管理工作者需要充分利用大数据技术的优势和价值，推动档案管理的信息化建设，促使我国档案管理工作提质增效。大数据分析技术逐渐成为各行各业进行信息资源管理和优化的重要工具。档案管理领域也不例外，大数据技术的应用能够帮助档案管理工作者更好地管理、查询和利用档案信息资源，提升档案工作的效率和效果。

（1）大数据分析技术在档案管理中的价值

1）提升档案查询效率。传统的档案管理主要依赖人工，查询档案需要耗费大量时间。利用大数据分析技术，可以通过关键词或其他条件迅速筛选出相关档案，极大地提升了查询效率。

2）挖掘档案价值。大数据分析技术可以深度挖掘档案中有价值的信息，从而更好地为组织或研究提供支持。

3）实现档案风险管理。大数据分析技术可以对档案进行趋势预测，提前发现潜在的风险，并采取相应的措施进行防范。

（2）档案管理信息资源的管控

1）档案信息资源的分类与整合。首先需要对档案信息资源进行分类，明确各类档案的特点和价值。在此基础上，运用大数据技术进行整合，使档案信息资源形成一个有序的体系。

2）保障档案信息安全。利用大数据分析技术可以对档案信息安全风险进行预警和监测，及时发现并处理安全问题。同时，还需要加强档案信息安全管理机制的建设，确保档案信息的安全性和完整性。

3）提高档案工作者的技术能力。随着大数据技术的运用，档案工作者需要不断学习新的技能和知识，提高自身的技术能力和素养。

4）强化法规与标准建设。在利用大数据分析技术进行档案管理的过程中，需要加强相关法规和标准的建设，规范档案管理工作，确保其合法性和规范性。

（3）实施建议

1）制订详细的实施计划。在引入大数据分析技术时，需要制订详细的实施计划，明确目标、步骤和预期效果。

2）选择合适的技术与工具。根据实际需求选择合适的大数据分析技术与工具，确保其功能和性能能够满足档案管理的要求。

3）建立专业的技术团队。为了更好地实施大数据分析技术，需要建立专业的技术团队，负责技术的研发、应用和维护。

4）持续优化与改进。在实施过程中，需要根据实际情况持续优化和改进档案管理系统和技术，提升其效果和效率。

大数据分析技术在档案管理中具有广泛的应用前景和价值。合理运用大数据技术，可以实现档案管理信息资源的有效管控，提高档案工作的效率和效果。

二、大数据技术在档案利用中的应用趋势

随着科技的快速发展，大数据技术正在逐步改变我们的生活和工作方式。在档案利用中，大数据技术也展现出其强大的潜力和价值。

（一）数据挖掘与档案知识发现

传统的档案检索方式主要是基于关键词的搜索，这种方式虽然简便，但在复杂和大规模的档案数据中，很难满足用户对深入分析和知识发现的渴求。大数据技术可以从海量的档案数据中挖掘出有价值的信息和知识，为决策者提供科学依据。

大数据技术为档案利用带来了新的应用趋势，其中最显著的是数据挖掘和档案知识发现。数据挖掘是大数据技术中的一项重要技术，通过对大量数据的分析，用户能够发现数据之间的潜在联系和规律，从而为决策提供依据。在档案利用中，数据挖掘技术可以帮助利用者从海量的档案信息中提取出有价值的信息，为决策提供有力的支持。例如，通过对大量的档案数据进行挖掘，发现某个行业的历史发展规律，从而为企业的战略规划提供依据。档案知识发现是大数据技术在档案利用中的另一重要应用趋势。传统的档案利用方式主要是对档案的简单查询和利用，而档案知识发现是通过大数据技术对档案进行深度分析，从中发现知识、规律和智慧。例如，通过对大量的档案进行分析，发现某个历史时期的社会发展规律，从而为当前的社会发展提供借鉴和启示。大数据技术在档案利用中的应用趋势是数据挖掘和档案知识发现。这两项技术的应用，可以更好地挖掘档案的价值，发挥档案的作用，为社会发展提供有力支持。同时，档案管理人员也需要注意保护档案信息的安全和隐私，避免信息泄露和滥用。

1. 数据挖掘在档案利用中的应用

数据挖掘是指从大量的、不完全的、有噪声的、模糊的、随机的数据中提取隐含在其中的、人们事先不知道的但又是潜在有用的信息和知识的过程。在档案利用中，数据挖掘技术的应用将使档案管理更加高效、智能。一方面，数据挖掘技术可以对档案进行分类、聚类，提高档案检索效率。传统的档案检索方式往往依赖关键词或简单分类，而数据挖掘技术可以根据档案的内容、属性等特征进行更精细化的分类，使用户能够更快地找到所需档案。另一方面，数据挖掘技术还可以发现档案之间的关联关系，为决策提供支持。通过对大量档案数据的分析，数据挖掘技术可以揭示出档案之间的潜在联系，帮助决策者更好地理解档案内容，提高决策的科学性。

2. 档案知识发现的机遇与挑战

随着大数据技术的发展，档案知识发现成为档案管理的新趋势。档案知识发现是指从海量的档案数据中获取有用信息，并在此基础上形成新的知识的整个过程。档案知识发现的实现依赖大数据技术、自然语言处理、机器学习等技术。档案知识发现的机遇在于，对大量档案数据的深度分析，可以发现许多之前被忽略的信息和知识。这些信息和知识可能对组织的发展、决策制定等具有重要价值。同时，通过机器学习等技术，用户可以实现对档案数据的自动分类、聚类和关联分析，提高知识发现的效率。但档案知识发现也面临着一些挑战。首先，海量的档案数据给数据处理带来了巨大挑战，需要具备强大的计算能力和存储能力。其次，如何从非结构化的档案数据中提取有用的信息也是一大难题。最后，隐私保护和信息安全也是需要关注的问题。如何在利用大数据技术提高档案管理效率的同时保护用户隐私和保证信息安全，是档案管理部门需要认真考虑的问题。

大数据技术在档案利用中的应用趋势是数据挖掘和档案知识发现。通过数据挖掘技术，档案管理将更加高效、智能；通过档案知识发现，档案管理人员可以更好地利用档案资源，发现更多有价值的信息和知识。但也需要注意到面临的挑战，如数据处理、隐私保护和信息安全等问题。未来，随着技术的进步和应用实践的深入，相信这些问题会得到更好的解决。同时，期待更多的学者和实践者关注大数据技术在档案利用中的应用研究，共同推动档案管理事业的发展。

（二）智能化档案服务

利用大数据和人工智能技术，可以实现智能化档案服务。例如，自然语言处理技术可以实现档案查询的语音交互；机器学习技术可以预测用户的需求，为用户提供个性化的档案推荐服务。

在档案利用中，大数据技术的应用也展现出巨大的潜力和价值。特别是在智能化档案服务方面，大数据技术发挥着越来越重要的作用。

1. 个性化档案服务

传统的档案服务往往是面向大众的，缺乏针对个体需求的个性化服务；而大数据技术可以收集和分析用户的行为、偏好与需求，提供更加个性化的档案服务。例如，根据用户的搜索历史和浏览习惯，智能推荐相关的档案信息，满足用户的个性化需求。在档案利用领域，大数据技术为个性化档案服务提供了可能，使档案服务更加智能化、高效化。

（1）大数据技术为档案个性化服务提供支持

1）数据挖掘与分析。大数据技术可以对海量的档案数据进行挖掘和分析，发现数据间的潜在联系，从而更好地理解用户需求，提供更精准的个性化服务。

2）智能推荐系统。通过机器学习和人工智能技术，构建智能推荐系统，根据用户的档案利用历史和行为，为用户推荐相关的档案资料，提高档案的利用率。

3）个性化检索。通过自然语言处理和语义分析技术，实现个性化检索。用户可以更自然地表达自己的需求，系统能更准确地理解用户意图，提供更符合用户需求的检索结果。

（2）个性化档案服务的实践与前景

1）个性化定制服务。通过提供定制化的档案服务，满足用户的个性化需求。例如，为用户定制专属的档案推送、提醒和查询服务。

2）社交化分享。利用社交媒体平台，让用户分享自己的档案利用体验，形成社区化的交流互动，增强用户的参与感和黏性。

3）移动化服务。借助移动设备，提供随时随地的档案服务。用户可以在任何时间、任何地点，方便快捷地获取所需的档案信息。

4）智能决策支持。通过对档案数据进行分析，为决策者提供有力的数据支持，使决策更加科学、合理。

5）虚拟现实与增强现实技术的应用。未来，随着虚拟现实（VR）和增强现实（AR）技术的发展，用户将能够以更加沉浸的方式利用档案资源，提高利用体验。

（3）面临的挑战与应对策略

1）数据安全与隐私保护。大数据技术的应用涉及用户隐私和数据安全问题。应建立健全的数据保护政策，保障用户隐私和数据安全。

2）技术更新与维护。随着技术的快速发展，需要持续投入资源进行技术更新和维护，以确保服务的持续性和稳定性。

3）人力资源建设。个性化档案服务需要具备相关专业技能和知识的人员来提供。相关部门应加强人力资源建设，培养具备大数据技能的专业人才。

4）政策法规与标准。大数据技术在档案领域的应用还处于发展阶段，需要关注相关政策法规的制定和标准的建立，以规范和引导技术的健康发展。

大数据技术为档案个性化服务提供了无限的可能性。数据挖掘与分析、智能推荐系统和个性化检索等技术手段，可以更好地满足用户的个性化需求。但我们也需要正视数据安全、隐私保护、技术更新和人力资源建设等挑战。展望未来，随着技术的发展和应用的深入，个性化档案服务将为用户带来更加优质、便捷的服务体验。

2. 智能化检索与查询

利用大数据技术，用户可以实现更加智能化的档案检索和查询。通过对档案数据的深度挖掘和分析，系统能够自动识别和提取关键信息，提高检索的准确性和效率。但我们借助自然语言处理和机器学习技术，用户可以通过自然语言进行查询，进一步提高查询的便利性。未来，大数据技术将更深入地影响档案利用的方式和方法，特别是在智能化检索与查询方面。

（1）智能化检索

传统的档案检索方式往往依赖人工操作，效率低下且容易出错；而大数据技术的引入，使得智能化检索成为可能。利用大数据分析和机器学习技术，系统能够自动识别档案中的信息，并根据用户的需求进行智能化的推荐和筛选。

例如，通过对用户检索历史和浏览行为的深度分析，系统可以预测用户的查询意图，从而自动推荐相关的档案资料。此外，利用自然语言处理技术，用户还可以使用自然语言进行检索，无须特定的关键词或语法，大大提高了检索的便利性。

（2）个性化查询

在大数据技术的支持下，档案查询将更加个性化。系统可以根据用户的兴趣和需求，为用户定制专属的查询界面和结果。例如，用户可以设置自己的查询条件，系统将自动筛选出符合条件的档案信息。同时，系统还可以根据用户的反馈和评价，不断优化查询结果，提高用户的满意度。

（3）实时查询与分析

传统的档案查询往往存在一定的时间延迟，无法满足实时性的需求；而大数据技术的应用，使得实时查询与分析成为可能。通过利用分布式存储和计算技术，系统可以快速处理大量的档案数据，并实时提供查询结果。这不仅提高了查询效率，还有助于用户及时获取最新的档案信息。

（4）可视化查询

可视化是大数据技术的一个重要方向。在档案利用中，可视化查询可以帮助用户更直观地理解档案数据。通过数据可视化技术，系统可以将复杂的档案信息以图形、图表等形式呈现出来，使用户更易于理解和分析。这种可视化查询方式对于数据分析师和决策者来说尤为重要，能够大大提高他们的工作效率和决策质量。

（5）全媒体查询

随着多媒体档案的增多，全媒体查询成为一种新的需求。利用大数据技术，系统可以实现对文字、图片、音频、视频等多种类型的档案进行统一管理、检索和展示。用户可以通过一个统一的界面，轻松查询到各种类型的档案资料，大大提高了查询的便利性和用户体验。

大数据技术在档案利用中的智能化检索与查询方面具有广阔的应用前景。通过大数据技术的不断创新和应用，档案利用的效率和用户体验将得到极大的提高，为社会的进步和发展提供有力的支持。

3. 实时化与动态化服务

大数据技术能够实时收集和分析档案数据，提供实时的档案信息服务。例如，在某些行业中，通过对市场数据的实时分析为用户提供市场动态、趋势预测等实时信息。此外，数据可视化技术可以将复杂的数据以直观、易懂的形式呈现给用户，提高数据的可理解性和可用性。大数据技术已经深入影响到人们生活的方方面面，尤其在档案利用领域。传统的档案管理方式已无法满足当今社会对信息获取和处理的需求，而大数据技术的出现为档案利用带来了新的变革。

（1）实时化服务

实时化服务是指在档案利用中实现快速响应和即时服务。在大数据技术的支持下，档案部门可以迅速处理海量数据，提高检索和查询的速度，为用户提供实时的信息服务。例如，利用大数据分析工具对档案数据进行分析，可以即时生成各类统计报表，帮助决策者快速了解情况并做出决策。此外，通过构建实时的档案查询系统，用户可以在任何时间、任何地点获取所需的档案信息，极大地提高了档案的利用率。

（2）动态化服务

动态化服务是指档案服务能够根据用户的需求变化而变化，提供个性化的、定制化的服务。在大数据时代，档案部门可以利用数据挖掘技术，对用户的行为进行分析，了解其需求和偏好，从而提供更加精准的服务。例如，通过对用户的查询记录、浏览行为等进行分析，预测其潜在的档案需求，为其推荐相关的档案资源。此外，通过实时监测和分析用户的反馈信息，档案部门可以及时调整服务策略，提高服务质量和效率。

大数据技术在档案利用中的应用趋势是实时化和动态化服务。通过大数据技术，档案部门可以实现快速响应和即时服务，提高档案的利用率；同时，档案部门还可以为用户提供个性化的、定制化的服务，满足其多元化的需求。但随着大数据技术的不断发展和应用，出现了一系列数据安全、隐私保护等挑战。因此，在推进大数据技术在档案利用中的应用时，需要加强技术研发和管理创新，以保障档案安全和隐私权益。

4. 深度分析与预测

大数据技术不仅可以帮助用户更好地利用现有档案数据，还可以通过数据挖掘和分析，预测未来的趋势和可能发生的情况。例如，通过对历史销售数据的分析，预测未来的销售趋势和市场变化。这种预测功能可以为决策者提供重要的参考依据。大数据技术以其强大的数据处理能力，为档案利用提供了新的视角和工具。传统的档案利用方式往往基于简单的查询和统计，难以满足现代社会对档案信息的深度挖掘和预测需求；而大数据技术通过对海量数据的处理和分析，能够揭示档案信息之间的潜在联系，预测未来的发展趋势，为决策者提供有力支持。

（1）大数据技术在档案利用中的深度分析

1）数据挖掘。通过数据挖掘技术，从海量档案信息中提取有价值的信息，如关键词、语义分析等，以揭示档案内容之间的关联和规律。

2）文本分析。借助文本分析技术，对档案中的文本信息进行处理，提取关键信息，实现档案内容的结构化，便于快速检索和查询。

3）情感分析。通过情感分析技术，对档案中的评论、意见等进行情感倾向判断，从而了解用户的需求和满意度，为改进档案服务提供依据。

（2）大数据技术在档案利用中的预测功能

1）趋势预测。通过对档案数据的分析和挖掘，预测未来的发展趋势和热点，为决策者提供前瞻性的参考。

2）用户行为预测。通过分析用户的查询、借阅等行为数据，预测用户的兴趣和需求，从而为其推荐合适的档案资料。

3）服务质量预测。根据历史数据和服务效果，预测未来的服务质量，及时发现和解决潜在问题，提高档案服务的稳定性。

大数据技术在档案利用中具有广阔的应用前景。通过深度分析和预测，大数据技术能够提升档案服务的智能化水平，更好地满足用户的需求。未来，随着技术的不断进步，大数据在档案领域的应用将进一步深化，为实现智慧档案提供有力支持。

5. 安全与隐私保护

在享受智能化档案服务的同时，用户也需要关注数据的安全与隐私保护问题。大数据技术可以帮助用户更好地管理和保护档案数据的安全性。例如，通过数据加密、访问控制等手段，确保数据的安全性和完整性。同时，也需要注重用户的隐私保护，避免用户数据的滥用和泄露。随着大数据技术的迅猛发展，其在各个领域的应用也日益广泛。在档案利用中，大数据技术不仅提高了档案的利用效率，还为档案的保存和管理带来了诸多便利。但也带来了安全与隐私保护的问题。

首先，需要明确大数据技术在档案利用中的主要应用。大数据技术可以更有效地进行档案检索、分析和管理。通过数据挖掘和机器学习等技术，用户能够更好地理解档案的内容和价值，从而为决策提供支持。

但大数据技术的应用也带来了数据安全和隐私保护的问题。一方面，大数据的集中存储增加了数据泄露的风险。另一方面，由于大数据的特性，一旦数据被泄露，其影响范围和危害程度都会比传统的小数据时代更为严重。

档案管理人员可以采取一系列措施来解决这些问题。首先，加强数据的安全存储和管理。通过采用加密技术、访问控制等手段，确保数据的安全性和完整性。其次，加强数据的审计和监控。通过实时监测和审计数据的访问与使用情况，及时发现和处理潜在的安全风险。最后，加强对用户隐私的保护。例如，通过匿名化处理、去标识化等技术手段，保护用户的隐私不受侵犯。在具体实施中，档案管理人员需要结合大数据技术的特点和档案利用的需求，制定合适的安全与隐私保护策略。这需要档案管理机构、技术提供商和相关监管部门共同努力，形成一个多方参与、协同合作的机制。

大数据技术在档案利用中具有广泛的应用前景，但也带来了安全与隐私保护的问题。只有制定有效的安全策略、加强技术研发和管理创新，才能确保大数据技术在档案利用中的安全与隐私保护得到有效保障。大数据技术在档案利用中的智能化服务应用是一个重要的趋势。大数据技术的应用，可以提供更加个性化、智能化、实时化、深度化和安全化的档案服务，满足用户不断增长的需求和提高档案服务的水平。在未来，随着技术的不断进步和应用场景的不断拓展，相信大数据技术在档案利用中的应用将更加广泛和深入。

（三）档案安全管理

大数据技术也可以应用于档案安全管理。通过数据挖掘和分析，大数据技术可以实时监控档案系统的安全状况，及时发现和预防潜在的安全风险。此外，大数据技术也可以用于档案数据的加密和备份，确保档案数据的安全。大数据技术已经逐渐渗透到各个行业和领域，其中包括档案利用。在档案利用中，大数据技术为档案安全管理提供了新的解决方案和思路。下面将探讨大数据技术在档案安全管理中的应用趋势。

1. 数据安全保护

在传统的档案管理模式下，由于数据存储和管理的方式较为简单，**数据容易受到各种安全威胁，如黑客攻击、病毒侵害等**；而大数据技术的应用，可以通过数据加密、数据备份、数据隔离等方式，提高档案数据的安全性。例如，采用分布式存储技术，将档案数据分散存储在多个节点上，防止数据被窃取或损坏；采用数据加密技术，保证档案数据在传输和存储过程中的机密性与完整性；等等。

2. 风险预警与防范

大数据技术可以对海量的档案数据进行实时监控和分析，及时发现潜在的安全风险和威胁。通过建立风险预警模型，系统可以对异常数据进行自动识别和报警，实现风险预警和防范。例如，采用异常检测算法，可以及时发现异常登录、异常操作等行为，及时进行处置和防范。

3. 智能化管理

大数据技术还可以通过对档案数据的挖掘和分析，实现档案的智能化管理。例如，采用机器学习算法，对档案数据进行分类、聚类和关联分析，自动发现档案之间的关联关系和规律；采用智能推荐算法，根据用户的需求和兴趣，为用户推荐相关的档案资源和信息。这些智能化管理方式既可以提高档案的利用率和使用效果，又可以提高档案管理的效率和水平。

4. 协同化服务

在大数据时代，档案数据的共享和交换已经成为一种必然趋势。大数据技术可以实现不同部门、不同机构之间的档案数据共享和交换，提高档案服务的协同化程度。例如，采用数据交换和共享平台，可以将不同部门和机构的档案数据进行整合和共享，实现跨部门、跨机构的档案服务。这种协同化服务既可以提高档案服务的效率和质量，又可以促进不同部门和机构之间的合作与交流。

大数据技术在档案安全管理中具有广泛的应用前景和价值。对档案数据的保护、预警、智能化管理和协同化服务等方面的应用，可以有效地提高档案数据的安全性和可靠性，促进档案管理工作的现代化和信息化。未来，随着大数据技术的不断发展和完善，相信其在档案安全管理领域的应用将越来越广泛和深入。

（四）档案数据的长期保存

大数据技术为档案数据的长期保存提供了新的解决方案。传统的档案保存方式可能会因为各种原因（如存储介质的老化、存储环境的恶化等）导致数据丢失。通过大数据技术，用户可以将档案数据保存在各种不同类型的存储介质上，实现数据的多元化保存，提高数据的可靠性和安全性。在档案领域，大数据技术的应用日益广泛。下面将探讨大数据技术在档案利用中的重要应用趋势之一：长期保存档案数据。

1. 长期保存档案数据的挑战

档案数据是组织、机构或个人在各种活动中产生的具有重要价值的信息资源。长期保存这些数据需要克服许多技术和管理的挑战。传统的档案管理方式难以应对数据量的快速增长、数据类型的多样性以及数据存储的长期可靠性等问题。因此，采用先进的大数据技术来管理档案数据已经成为迫切的需求。

2. 大数据技术在档案长期保存中的应用

（1）分布式存储。大数据技术采用分布式存储架构，将海量档案数据分散存储在多个节点上。这种存储方式具有高可用性、高可扩展性和高可靠性等特点，可以有效解决数据存储容量和性能的瓶颈问题。

（2）数据备份与恢复。大数据技术可以对档案数据进行实时备份，确保数据的安全性。同时，该技术还可以快速恢复误删或损坏的档案数据，最大限度地减少数据丢失的风险。

（3）智能管理。大数据技术利用智能管理平台，可以实现档案数据的自动分类、索引和检索等功能，提高档案管理的效率和便捷性。同时，通过数据分析与挖掘，可以深入挖掘档案数据的潜在价值，为组织决策提供有力支持。

（4）云存储。云存储是一种基于云计算的大数据存储模式。通过将档案数据存储在云端，实现数据的集中管理、动态扩展和按需访问，降低档案管理成本和维护难度。

3. 发展趋势与展望

随着技术的不断进步和应用需求的不断提升，大数据技术在档案长期保存中的应用将呈现以下发展趋势。

（1）数据安全与隐私保护。在保护档案数据安全和隐私方面，大数据技术将不断引入更加严密的安全机制和隐私保护措施，确保档案数据的机密性、完整性和可用性。

（2）智能化程度更高。基于人工智能和机器学习等先进技术，未来档案管理系统将更加智能化，能够自动完成数据分类、挖掘和利用等任务，进一步提高档案管理效率。

（3）跨平台整合与共享。随着大数据技术的普及和应用，不同组织、机构之间的档案数据将实现更加便捷的整合与共享，打破信息孤岛，促进档案资源的充分利用和价值最大化。

（4）绿色环保。在可持续发展理念的指导下，未来的档案管理将更加注重绿色环保，通过采用低能耗硬件和高效能数据处理技术，降低档案管理过程中的能源消耗和环境污染。

（5）法规与标准建设。为了规范大数据技术在档案长期保存中的应用，相关法规与标准的建设将不断完善，为档案管理提供更加明确的指导和依据。

大数据技术在档案长期保存中的应用具有广阔的发展前景和重要的现实意义。通过克服技术和管理挑战，充分发挥大数据技术的优势，其可以实现对档案数据的全面保护和高效利用，为组织的发展和社会进步提供有力支持。

（五）跨界合作与共享

在大数据时代，档案部门不再是一个孤立的部门，而是需要与各个领域进行跨界合作。通过共享档案数据，档案部门可以与相关领域进行深入的合作，共同推动各行业的发展。同时，跨界合作也可以提高档案的利用率和使用价值，实现档案的社会价值和经济价值的最大化。

大数据技术已经成为当今世界不可或缺的一部分，在档案利用中，大数据技术也展现出了其巨大的潜力和价值。尤其是在跨界合作与共享方面，大数据技术将引领档案利用进入一个新的时代。

1. 跨界合作：档案利用的新模式

传统的档案利用往往局限于单一的机构或领域，而大数据技术的出现，使得跨界合作成为可能。机构间可以共享数据，深度挖掘档案价值，将原本沉睡的历史信息转变为有价值的资源，服务于各种研究和应用。例如，历史学者可以利用医疗机构的档案数据，研究历史上的疾病流行情况；博物馆可以利用政府档案，还原历史文化事件。这种跨界合作不仅扩大了档案的利用范围，而且提高了档案的利用价值。

2. 共享：大数据时代档案利用的核心

在大数据时代，数据共享已经成为一种趋势。通过数据共享，不同的机构和领域可以更方便地获取与使用档案，进一步扩大档案的利用价值。此外，数据共享可以避免数据的重复收集和存储，节省资源，提高效率。但数据共享也面临着一些挑战，如数据安全和隐私保护等。因此，在推进数据共享的同时，需要建立完善的数据安全保护机制，确保数据的安全和用户的隐私。

3. 智能化：提升档案利用效率的关键

随着大数据技术的发展，智能化技术也在档案利用中发挥着越来越重要的作用。例如，自然语言处理和机器学习等技术，可以自动对大量档案进行分析和处理，快速提取有用的信息。这大大提高了档案的利用效率，使用户可以更加便捷地获取和使用档案。

4. 个性化：满足用户多元化需求的必然趋势

在大数据时代，用户对档案的需求也呈现出多元化和个性化的特点。大数据技术可以对用户的需求进行深度挖掘和分析，为他们提供更加个性化的服务。例如，根据用户的研究兴趣和方向，为其推荐相关的档案资料；根据用户的查询习惯，为其优化检索系统；等等。

大数据技术在档案利用中的应用趋势主要体现在跨界合作、共享、智能化和个性化等方面。这些趋势将引领档案利用进入一个新的时代，使档案的价值得到更充分的发挥。同时，我们也需要关注数据安全和隐私保护等问题，确保大数据技术在档案利用中的健康发展。

（六）大数据面临的机遇与挑战研究

麦肯锡公司的一项报告指出："数据是一种生产工具，而大数据将成为下一个创新、竞争和提高生产力的前沿阵地。"一项来自世界经济论坛的报告认为，大数据是一种新的财富，它的价值和石油一样高。虽然大数据本身的价值很高，但是如果不能充分挖掘它的价值，它仍然是零散的、杂乱无章的，很难进行数据的直接转化。因此，区分有用与无效的信息，并对其进行系统的分析和应用，是一件十分困难的事情。孟小峰等人认为，大数据存在两方面的问题：一是研究领域内各机构之间的数据共享十分重要，但受资料来源的限制；二是不同的社会系统彼此之间具有独立性，导致数据出现闭合或断裂，数据的数量过多导致了规则的缺失和失真，增加了对错误的检测。陶雪娇等人指出，目前的大数据存在五大问题：第一，海量的数据和海量的存储能力；第二，数据的多样性对数据挖掘提出了新的要求；第三，数据更新的速度太快，难以进行数据处理；第四，不同机构间的信息传递对信息安全构成了挑战；第五，大数据时代的来临，给人力资源带来了严峻的考验。聂元铭指出，目前大数据安全问题已成为大数据技术发展的重要瓶颈，受到访问权限、黑客攻击、隐私保护、数据安全存储、持续攻击等诸多因素的制约，因此必须强化大数据安全体系，加快大数据安全技术的研发，构建动态数据安全监测体系。大数据是数字时代的产物，它不仅要面对技术上的壁垒，还要考虑到个人的隐私和法律的适应性问题。

1. 大数据在档案利用中的机遇

大数据已经深入各个行业和领域，为档案利用带来了前所未有的机遇。在档案利用中，大数据的应用不仅可以提高档案管理的效率，还可以提供更丰富的档案利用方式和更准确的数据分析结果，从而更好地满足用户的需求。

（1）提高档案管理效率

大数据技术的应用可以实现档案的数字化和信息化管理，使档案管理更加便捷和高效。大数据分析可以对档案进行分类、整理和归纳，实现档案的自动化管理，减少人工干预，提高档案管理效率。同时，大数据还可以对档案的存储、备份和恢复进行优化，确保档案的安全性和完整性。

（2）提供更丰富的档案利用方式

传统的档案管理方式主要是手工查询和复印等，难以满足用户的需求；而大数据分析可以挖掘出档案中有价值的信息，为用户提供更丰富的档案利用方式。例如，通过大数据分析，用户可以了解某一历史时期的文化背景、经济发展和社会动态等信息，为学术研究和文化传承提供有力支持。

（3）提供更准确的数据分析结果

传统的数据分析方法往往受到数据量小、数据质量差等因素的影响，难以得到准确的分析结果；而大数据技术的应用可以解决这些问题。通过对大量数据的分析和挖掘，其可以得到更加准确和全面的数据分析结果。例如，通过对用户的借阅记录进行分析，大数据可以了解用户的阅读兴趣和偏好，从而为图书馆的资源建设和推荐系统提供有力支持。

大数据在档案利用中具有广阔的应用前景和重要的应用价值。通过大数据技术的应用，用户可以实现档案的数字化和信息化管理，提高档案管理效率；同时可以提供更丰富的档案利用方式和更准确的数据分析结果，更好地满足用户的需求。因此，相关人员应该积极探索和应用大数据技术，推动档案事业的快速发展。

2. 档案利用中的大数据面临的挑战研究

大数据已经在各个领域产生了深远影响。在档案利用中，大数据技术的应用同样具有巨大的潜力和价值。但与此同时，大数据也带来了许多挑战。下面将探讨档案利用中大数据所面临的挑战，并提出应对策略。

（1）档案利用中大数据面临的挑战

1）数据安全与隐私保护。大数据时代，数据的共享和整合变得更为普遍，但同时也带来了数据安全和隐私保护的问题。如何在利用大数据提升档案服务的同时，保障个人隐私和数据安全，是一个亟待解决的问题。

2）数据质量与可信度。大数据环境下，数据来源广泛，数据质量参差不齐，如何确保数据的真实性和可信度，是档案利用中需要面对的挑战。

3）数据处理技术与能力。大数据的特性决定了其处理需要相应的技术和工具。当前许多档案部门在数据处理技术和能力上存在不足。如何提升技术水平和处理能力，是档案部门需要解决的问题。

4）法规与政策滞后。随着大数据技术的发展，现有的法规和政策可能无法满足新的需求。如何制定适应大数据时代的法规和政策，是档案利用中面临的又一挑战。

（2）应对策略

1）加强数据安全与隐私保护。通过技术手段和管理措施，强化数据安全和隐私保护，保障用户权益。

2）提升数据质量与可信度。建立数据质量管理体系，对数据进行清洗和筛选，确保数据的真实性和可信度。

3）提升数据处理技术与能力。加强技术研发和人才培养，提升档案部门的数据处理技术与能力。

4）完善法规与政策。制定适应大数据时代的法规和政策，为档案利用中的大数据应用提供法律保障。

大数据在档案利用中具有巨大的潜力和价值，但也带来了诸多挑战。只有克服这些挑战，才能更好地发挥大数据在档案利用中的作用，提升档案服务的水平和效率。因此，档案部门应积极应对挑战，加强技术研发和管理创新，以适应大数据时代的发展需求。

（七）档案部门应对大数据相关措施研究

它可以对大量的数据进行分析、处理，以达到对客户的全方位管理和服务。由于数据资源数量庞大，数据类型复杂，因此档案部门需要对数据资源进行筛选、整合、分割和合并，形成数据的整体架构。刘卫峰、范钧等人，通过 Hadoop 的分布式存储系统和 XDS（可扩展的服务发现）的跨部门文件共享机制，建立了区域内的数据查询系统，解决了海量的数据存储与检索问题，对海量的数据进行了高效的处理与使用。数据量呈爆炸性增长，这给档案部门的管理和服务带来了前所未有的挑战。为了应对这一挑战，档案部门需要采取一系列措施来有效处理、管理和利用大数据。下面将就档案部门如何应对大数据进行探讨。

1. 加强数据基础设施建设

档案部门应加强数据基础设施建设，提高数据处理能力。这包括建设高速数据存储系统、云计算平台等，以满足大规模数据的存储和计算需求。档案数据作为组织、企业和国家的重要信息资源，其利用与价值挖掘日益重要。为适应这一趋势，加强数据基础设施建设成为提高档案管理和服务效率的关键。下面深入探讨档案利用与价值挖掘的现状、挑战及加强数据基础设施建设的必要性。

（1）档案利用与价值挖掘的现状

当前，档案数据的利用逐渐向多元化、个性化转变，用户对档案数据的需求日益增长。同时，大数据、云计算等技术的发展，使得档案数据价值挖掘成为可能。但现有的数据基础设施难以满足这些需求，制约了档案管理和服务水平的提升。

（2）面临的挑战

在档案利用与价值挖掘过程中，主要面临以下挑战。

1）数据整合难度大。档案数据来源广泛，格式多样，给数据整合带来了很大困难。

2）数据安全与隐私保护。如何在利用档案数据的同时保障个人隐私和信息安全是一大难题。

3）技术更新迅速。随着技术的发展，如何及时更新档案管理和服务技术以适应新的需求也是一大挑战。

（3）加强数据基础设施建设的必要性

为应对上述挑战，加强数据基础设施建设尤为必要。具体来说，应从以下几个方面着手。

1）统一数据标准。制定和推广统一的数据标准，以降低数据整合难度。

2）强化安全保障。通过采用先进的安全技术和管理措施，确保档案数据的安全和隐私保护。

3）建设技术平台。建立和完善大数据、云计算等技术平台，提高数据处理和分析能力。

4）培养专业人才。加强档案管理专业人才的培养，提高档案管理和服务水平。

（4）实施建议

1）制定详细的建设规划。明确数据基础设施建设的目标、任务和时间表，确保建设的顺利进行。

2）强化政策支持。通过制定相关政策，为数据基础设施建设提供有力的政策保障。

3）引导社会参与。鼓励和引导社会各方参与数据基础设施建设，形成共建共享的良好局面。

4）持续优化完善。根据实际应用情况，持续优化和完善数据基础设施，确保其始终处于行业前列。

加强数据基础设施建设对于提高档案利用与价值挖掘水平具有重要意义。通过统一数据标准、强化安全保障、建设技术平台和培养专业人才等方面的努力，可以有效地应对当前面临的挑战，进一步推动档案事业的发展。在未来，随着技术的不断进步和应用场景的不断拓展，数据基础设施建设将在档案管理和服务中发挥更加重要的作用。

2. 建立健全数据管理制度

在数据量激增的情况下，建立健全的数据管理制度至关重要。档案部门应制定详细的数据分类、数据备份、数据安全等方面的规定，确保数据的完整性和安全性。档案行业正面临着前所未有的机遇与挑战。传统的档案管理模式已无法满足现代社会的需求，而基于大数据技术的档案利用与价值挖掘，将有助于提高档案管理效率，充分挖掘档案价值，为企事业单位和社会公众提供更优质的服务。

（1）大数据技术在档案利用与价值挖掘中的应用

1）数据挖掘与分析。利用大数据技术对档案进行深度挖掘与分析，发现档案之间的潜在联系，揭示档案中所蕴含的价值。

2）个性化服务。通过分析用户行为数据，了解用户需求，为用户提供个性化的档案服务。

3）智能化管理。借助人工智能和机器学习技术，实现档案的自动分类、编目和检索，提高档案管理效率。

（2）建立健全数据管理制度的措施

1）制定数据管理政策。明确数据管理的目标、原则、流程和规范，确保数据管理有章可循。

2）数据质量管控。建立数据质量管理体系，对数据进行清洗、去重、校验，确保数据的准确性、完整性和一致性。

3）数据安全保障。加强数据安全防护，制定数据备份、恢复和保密措施，确保数据的安全可控。

4）数据治理与监管。建立数据治理组织架构，明确各部门职责，对数据进行全面监管，确保数据的合规使用。

5）人才培养与引进。加强大数据技术人才的培养和引进，为数据管理制度的落地实施提供人才保障。

6）持续改进与优化。定期评估数据管理制度的实施效果，针对存在的问题进行改进和优化，不断提升数据管理水平。

基于大数据技术的档案利用与价值挖掘是档案管理发展的必然趋势。建立健全数据管理制度可以实现档案的高效管理、精准服务与科学决策，提升档案的社会价值和经济价值。未来，随着大数据技术的不断创新与发展，档案行业将迎来更加广阔的发展空间。

3. 提高数据质量

数据质量是大数据应用的关键。档案部门应采取多种措施提高数据质量，如数据清洗、数据整合等，以保证数据的准确性、一致性和完整性。如何利用大数据技术提高档案利用效率和价值挖掘，已成为业界关注的焦点。基于大数据技术提高档案数据质量，可进一步推动档案的利用和价值挖掘。

（1）大数据技术在档案领域的应用

大数据技术在档案领域的应用主要体现在以下几个方面。

1）数据存储。传统的档案存储方式已无法满足海量数据的存储需求，大数据技术提供了分布式存储解决方案，可有效解决这一问题。

2）数据处理。大数据技术可以对海量档案数据进行快速、高效的处理，为后续的数据分析和挖掘提供支持。

3）数据分析和挖掘。大数据分析技术可以从海量档案数据中挖掘出有价值的信息，为企业决策提供支持。

（2）提高档案数据质量的方法

要实现档案的充分利用和价值挖掘，首先需要提高档案数据质量。以下是几种有效的方法。

1）数据清洗。通过数据清洗技术去除无效、错误和不完整的数据，确保数据的准确性和完整性。

2）数据标注。对重要数据进行标注，方便后续的数据分析和挖掘。

3）数据分类和组织。对档案数据进行分类和组织，使其更加有序和易于查找。

4）数据备份与恢复。定期对档案数据进行备份，确保数据的安全性和可恢复性。

（3）基于大数据技术的档案利用与价值挖掘

大数据技术的应用，可以实现以下档案利用和价值挖掘方式。

1）知识图谱构建。利用知识图谱技术，将档案数据转化为结构化的知识网络，方便用户进行查询和获取。

2）趋势预测。通过对档案数据的分析，预测未来的趋势和走向，为企业决策提供支持。

3）个性化推荐。根据用户的行为和兴趣，为用户推荐相关的档案资料，提高用户的满意度。

4）跨领域合作。将档案数据与其他领域的数据进行整合和关联分析，发现新的知识和价值点，促进跨领域的合作和创新。

基于大数据技术的档案利用与价值挖掘是一个复杂而又具有挑战性的任务。通过提高档案数据质量、运用适当的技术和方法，用户可以充分挖掘档案的价值，为企业和社会的发展提供有力支持。在未来的发展中，相关人员需要进一步探索和创新，不断完善档案大数据技术体系和应用模式，推动档案行业的持续发展。

4.加强数据分析与利用

大数据的价值在于分析和利用。因此，档案部门应加强数据分析技术的研究和应用，挖掘数据的潜在价值，为决策提供有力支持。同时，通过数据可视化等技术手段，提高数据的可读性和可用性。档案数据作为一种重要的信息资源，其利用价值日益凸显。为了更好地发挥档案的价值，档案管理人员需要加强档案的利用与价值挖掘，并加强数据分析与利用。下面将为档案管理工作提供指导，促进档案资源的开发与利用。

（1）档案利用与价值挖掘

1）建立完善的档案分类体系。根据档案的内容、性质和特点，建立科学的分类体系，便于档案的分类管理和检索。

2）优化档案检索方式。提供多种检索方式，如关键词检索、模糊检索、分类检索等，提高检索效率和准确性。

3）加强档案编研工作。对档案进行深度整理、加工和提炼，形成有价值的编研成果，为决策提供支持。

4）开展档案文化教育活动。通过展览、讲座等形式，向社会公众宣传档案文化，提高公众对档案文化的认识和重视程度。

（2）数据分析与利用

1）建立数据分析团队。组建专业的数据分析团队，负责数据采集、清洗、处理和挖掘工作。

2）制定数据分析标准。制定统一的数据分析标准和方法，确保数据分析的准确性和可靠性。

3）利用先进技术手段。运用大数据、云计算等先进技术手段，提高数据处理和分析效率。

4）深化数据分析应用。将数据分析结果应用于决策支持、市场预测、风险评估等领域，发挥档案数据的价值。

（3）保障措施

1）完善制度建设。制定和完善档案管理制度，明确档案管理工作的责任和义务。

2）加强人才队伍建设。提高档案管理人员的专业素质和技能水平，为档案管理工作提供人才保障。

3）强化技术支持。加大技术投入，引进先进的技术手段和设备，提高档案管理工作的信息化水平。

4）推动合作交流。加强与其他相关机构和组织的合作及交流，共享资源，提高档案管理工作的效率和影响力。

5）落实经费保障。将档案管理经费纳入年度预算，确保档案管理工作的正常开展。同时，积极争取各级政府和部门的经费支持，推动档案管理工作的持续发展。

　　加强档案管理和数据分析工作，可以更好地发挥档案的价值，为各项事业的发展提供有力支持。在实际工作中，档案管理人员需要不断总结经验教训，不断完善和优化本方案，推动档案管理工作的可持续发展。

　　5. 提升人员素质

　　为应对大数据挑战，档案部门需要提升人员素质。这包括加强员工的数据素养培训，提高他们的数据处理和分析能力，以及引进具有大数据处理和分析经验的专业人才。档案作为组织、机构、个人活动的重要记录，其价值往往未被充分挖掘。大数据技术可以更好地进行档案的利用和价值挖掘，进一步提升人员素质。大数据技术为档案的存储、检索和分析提供了强大的工具。传统的档案管理方式主要依赖人工分类和索引，效率低下且容易出错；而大数据技术可以通过自动分类、聚类、关联规则等技术，快速有效地对海量档案数据进行处理，提高了档案的利用率。同时，通过大数据分析，用户可以深入挖掘档案的潜在价值。每一份档案都是一个数据点，其中包含了大量的信息。通过数据挖掘和机器学习等技术，用户可以对这些数据进行深入分析，发现其中的规律和趋势，为决策提供有力支持。但大数据技术的应用也对档案管理人员提出了更高的要求。为了更好地进行档案的利用和价值挖掘，人员素质的提升尤为重要。这包括对大数据技术的了解、数据分析能力的提升、创新思维的培育等方面。

　　首先，档案管理人员需要了解大数据的基本概念、技术及应用。他们需要知道如何使用大数据工具进行数据的存储、检索和分析，这是进行档案利用和价值挖掘的基础。

　　其次，数据分析能力的提升也是必不可少的。档案管理人员需要学会如何从海量数据中提取有价值的信息，这需要对数据进行深入的分析和挖掘。此外，他们还需要了解一些基本的统计学和机器学习知识，以便更好地进行数据分析。

　　最后，创新思维的培育同样重要。在大数据时代，传统的思维方式已经无法满足需求。档案管理人员需要敢于创新，尝试新的方法和技术，以便更好地进行档案的利用和价值挖掘。

　　基于大数据技术的档案利用与价值挖掘是提升人员素质的重要途径。深入了解和应用大数据技术，可以更好地进行档案的管理和利用，进一步发挥档案的价值。同时，这也要求档案管理人员不断提升自身素质，以适应快速发展的技术环境。未来，随着大数据技术的进一步发展，我们有理由相信，档案管理将进入一个全新的时代。

6. 加强合作与交流

档案部门应加强与其他部门、企业、研究机构的合作和交流，共同探讨大数据在档案管理中的应用，分享成功案例和经验，推动大数据在档案事业的发展。利用大数据技术提高档案的利用效率和价值，并强调加强合作与交流的重要性。

（1）大数据技术对档案利用与价值挖掘的影响

大数据技术可以对海量的档案数据进行高效、准确的分析和处理，从而更好地满足用户的需求，提高档案的利用率。同时，数据挖掘等技术可以深入挖掘档案中隐藏的价值，为企业、组织和社会带来更多的收益。

（2）加强合作与交流的重要性

1）资源共享。通过合作与交流，不同的档案机构可以共享资源，提高档案的完整性和可靠性。

2）技术创新。各方可以共同研发新技术，提高大数据技术在档案利用和价值挖掘方面的应用水平。

3）人才培养。合作与交流有助于培养具备大数据知识和技能的档案管理人才。

4）互利共赢。通过交流与合作实现互利共赢，推动档案事业的共同发展。

（3）实施策略与建议

1）建立合作机制。政府、企业和学术界应共同参与，建立长期稳定的合作机制，确保各方利益的均衡。

2）标准化建设。制定统一的数据标准和技术规范，促进大数据技术在档案领域的应用和发展。

3）平台建设。建立基于大数据技术的档案管理平台，实现档案信息的共享和高效利用。

4）培训与教育。加大对档案管理人员的培训和教育力度，提高他们的专业素养和技能水平。

5）监督与评估。建立健全监督和评估机制，确保大数据技术在档案利用和价值挖掘中的合理应用。

6）隐私保护。在利用大数据技术的同时，加强对用户隐私的保护，避免信息泄露和滥用。

7）法律法规建设。完善相关法律法规，为大数据技术在档案领域的健康发

展提供法律保障。

　　大数据技术为档案的利用和价值挖掘带来了前所未有的机遇与挑战。为了更好地发挥大数据技术在档案领域的作用，档案管理部门需要加强合作与交流，建立良好的合作机制和标准化体系，培养专业人才，并注重隐私保护和法律法规建设。通过共同努力，实现档案事业的数字化转型和可持续发展。大数据时代的到来对档案部门提出了新的挑战和机遇。为了应对这一挑战，档案部门需要加强基础设施建设、建立健全管理制度、提高数据质量、加强数据分析与利用、提升人员素质并加强合作与交流。通过这些措施的实施，档案部门能够更好地应对大数据的挑战，提高档案管理水平和服务质量。随着技术的不断进步和应用的深入，我们有理由相信，大数据技术将在未来为档案利用带来更多的变革和创新。作为档案工作者，需要紧跟时代的步伐，积极探索和应用大数据技术，推动档案事业的发展。

第二章　档案利用现状分析

第一节　档案利用的意义与价值

一、档案利用的重要性

　　档案作为企业和组织的重要信息资源，其利用与价值挖掘在提高工作效率、辅助决策、提升企业竞争力等方面具有重要意义。本章将探讨基于大数据技术的档案利用与价值挖掘，以及档案利用的意义。

（一）大数据技术对档案利用的影响

　　1. 数据量的增长

　　随着时间的推移，企业和组织产生的档案数据量呈指数级增长，传统的档案管理方式难以应对。大数据技术能够高效地处理海量数据，提高档案的存储和检索效率。随着大数据技术的不断发展，其对档案利用的影响越来越显著。其中，数据量的增长是大数据技术对档案利用的主要影响之一。下面将就此进行探讨。大数据技术的出现使得档案数据量呈现出爆炸式的增长，传统的档案管理方式已经无法应对如此庞大的数据量，因此需要采用更加高效、智能的管理方式。例如，采用分布式存储技术可以将海量数据分散存储在多个节点上，提高存储效率；采用数据挖掘技术可以对海量数据进行深度挖掘，发现其中隐藏的价值。

　　数据量的增长为档案利用带来了更多的可能性。通过对海量数据的分析，用户可以更加全面地了解历史、现状和未来，为决策提供更加科学、准确的数据支持。同时，通过对海量数据的挖掘，用户可以发现其中隐藏的规律和趋势，为创新提供更加广阔的思路和灵感。但数据量的增长也给档案利用带来了一些挑战。首先，数据的安全性和隐私保护成了一个重要的问题。在大数据时代，个人信息、企业机密等敏感信息容易被泄露或滥用，因此需要采取更加严格的安全措施和隐私保护方案。其次，数据的准确性和可靠性也是一个重要的问题。在海量数据中，难免存在一些异常数据或错误信息，因此需要对数据进行清洗和校验，以确保数据的准确性和可靠性。大数据技术对档案利用的影响主要体现在数据量的增长上。随着数据量的不断增加，用户需要采取更加高效、智能的管理方式来应对挑战，同时发挥大数据技术在档案利用中的优势和价值。

2. 数据类型的多样性

传统的档案多为结构化数据，如表格、文档等；而现在，社交媒体、物联网等产生的非结构化数据已经成为档案的重要组成部分。大数据技术能够有效地处理这些非结构化数据，丰富档案的内容和价值。随着大数据技术的迅猛发展，它已经深深地影响了人们生活的方方面面，其中也包括档案利用。档案，作为社会发展的历史记录，其重要性不言而喻；而大数据技术的出现，使得档案的利用方式、效率以及价值得到了前所未有的提升。尤其是在数据类型的多样性方面，大数据技术为档案利用带来了巨大的变革。传统的档案利用主要依赖结构化数据，如文本、数字等。这些数据易于存储、查询和分析，但仅仅是结构化数据并不能完全满足对档案的利用需求。在大数据时代，非结构化数据的重要性逐渐凸显，如图像、音频、视频等，这些数据同样承载着丰富的信息，是档案的重要组成部分。

大数据技术为非结构化数据的处理和分析提供了可能。通过先进的图像识别、语音识别等技术，用户可以从这些非结构化数据中提取出有价值的信息，进一步丰富和深化对档案的利用。例如，通过分析历史影像资料，用户可以更直观地了解历史事件的发展过程；通过分析音频资料，用户可以更准确地理解历史人物的思想和情感。除了结构化和非结构化数据的处理，大数据技术还使得异构数据的整合和分析成为可能。在传统的档案利用中，不同类型、不同来源的数据往往被孤立地存储和管理，难以实现有效的整合和利用；而大数据技术通过数据融合、数据挖掘等技术，实现了不同类型数据的整合和关联分析，从而提供了更全面、更深入的档案利用。大数据技术对档案利用的影响主要体现在数据类型的多样性上。它不仅使得结构化数据的处理和分析更加高效，而且为非结构化数据的利用提供了可能。同时，大数据技术还促进了异构数据的整合和关联分析，使得档案的利用更加全面和深入。在未来，随着大数据技术的进一步发展，我们有理由相信，档案的利用将更加便捷、高效和有价值。

3. 数据价值的深度挖掘

大数据技术通过数据挖掘、机器学习等技术，能够从海量数据中发现隐藏的模式、趋势和关联，进而深度挖掘档案的价值，为企业和组织的决策提供有力支持。传统的档案管理方式正在被大数据技术颠覆，对档案的利用方式也产生了深远的影响。

（1）数据价值的深度挖掘

大数据技术的核心在于对海量数据的处理和分析，进而挖掘出数据的潜在价值。对于档案而言，传统的利用方式往往是基于简单的查询和检索，而大数据技术能够实现对档案信息的深度分析和挖掘，发现其中的隐藏价值和关系。例如，通过对企业档案的深度分析，发现市场趋势、消费者行为等有价值的信息，为企业决策提供有力支持。对于政府机构而言，通过对历史档案的深度挖掘，其可以更好地了解社会历史变迁，为政策制定提供参考。

（2）档案利用方式的转变

大数据技术的应用使得档案利用方式发生了巨大的变化。传统的档案查询和检索方式已经无法满足现代社会的需求，人们更加需要的是对档案信息的深入分析和挖掘。例如，大数据分析技术可以对用户的查询行为进行分析，从而更好地了解用户的需求和兴趣，为用户提供更加精准的档案服务。此外，大数据技术还可以实现档案信息的实时更新和推送，使用户能够及时获取最新的档案信息。

（3）数据安全与隐私保护

在利用大数据技术进行档案利用的同时，数据安全和隐私保护问题也不容忽视。随着数据价值的提升，档案信息的安全和隐私保护尤为重要。因此，在利用大数据技术进行档案利用时，需要建立完善的数据安全和隐私保护机制，确保档案信息的安全和用户的隐私权益不受侵犯。

大数据技术的应用为档案利用带来了新的机遇和挑战。深度挖掘档案数据价值，可以实现更高效的档案管理和利用，为用户提供更加优质的服务。同时，也需要关注数据安全和隐私保护问题，确保档案信息的安全和用户的权益得到保障。在未来，随着大数据技术的不断发展和完善，其在档案利用方面将会发挥更加重要的作用。

（二）档案利用的意义

1.提高工作效率

通过大数据技术对档案进行高效管理和利用，能够快速检索、查询和使用档案信息，减少人工查找的时间和精力，提高工作效率。随着大数据时代的到来，大数据技术在各个领域都得到了广泛的应用。在档案管理方面，大数据技术的应用带来了革命性的变革。档案利用是档案工作的中心任务，是实现档案价值、发挥档案作用、直接服务于各项事业和活动的根本目的。提高档案利用的效率，是大数据技术应用于档案管理工作的核心价值所在。

首先，大数据技术提高了档案利用的效率。传统的档案管理方式往往依赖人工操作，效率低下且容易出错；而大数据技术可以通过自动化、智能化的方式对档案进行管理，减少了人工操作的环节，大大提高了档案利用的效率。例如，利用大数据技术可以对海量的档案数据进行快速分析，快速找到需要的信息，提高了档案的检索速度。

其次，大数据技术扩大了档案利用的范围。传统的档案管理方式往往只针对纸质档案进行管理，而大数据技术可以将各种类型的档案都纳入管理范围，如电子文件、图片、音频、视频等。这使得档案的利用范围得到了极大的扩展，可以满足更多领域的需求。

再次，大数据技术还可以帮助企业或机构预测未来的趋势和风险。通过对大量数据的分析，用户可以发现数据之间的关联和规律，从而预测未来的趋势和风险，为企业或机构的决策提供有力的支持。

最后，大数据技术还可以帮助企业或机构提高服务质量。例如，在公共服务领域，通过对大量数据的分析，相关部门可以了解公众的需求和反馈，从而改进服务质量和提高用户体验。

大数据技术在档案管理工作中的应用，不仅可以提高档案利用的效率，还可以扩大档案利用的范围、预测未来的趋势和风险、提高服务质量等。因此，应当进一步推广大数据技术在档案管理中的应用，为各项事业和活动提供更好的服务。

2.辅助决策

通过对档案数据的深度挖掘和分析，用户可以发现数据背后的规律和趋势，为企业和组织的决策提供有力支持。大数据技术的广泛应用，为企业和组织提供了丰富的数据资源，而这些数据资源的有效利用，对于辅助决策具有重要意义。

（1）提高决策的科学性

大数据技术能够收集、处理和分析海量的数据，使决策者能够更加全面地了解市场、竞争环境和客户需求等方面的信息。通过对这些数据的分析，决策者可以更加准确地把握市场趋势，预测未来发展方向，从而制定出更加科学、合理的战略规划。因此，大数据技术档案利用能够提高决策的科学性，降低决策风险。

（2）优化资源配置

在企业的运营过程中，资源的配置是非常重要的。大数据技术可以通过对历史数据的分析，发现资源配置中存在的问题，并根据市场需求和业务发展需要，优化资源配置。通过对大数据的分析，企业可以更加合理地分配人力、物力和财力等资源，提高资源利用效率，降低运营成本。

（3）辅助风险控制

在企业的经营过程中，风险控制是非常重要的。大数据技术可以通过对历史数据的分析和预测，发现潜在的风险点，并对风险进行评估和预警。通过对大数据的分析，企业可以更加及时地发现和预防潜在的风险，提高风险控制能力，保障企业的稳健发展。

（4）促进创新发展

在激烈的市场竞争中，创新是企业发展的重要驱动力。大数据技术可以通过对客户需求和市场趋势的分析，发现新的商机和创新点。通过对大数据的分析，企业可以更加快速地响应市场变化，推出更具竞争力的新产品和服务，提高市场占有率。同时，大数据技术还可以帮助企业更好地了解客户需求和反馈，优化产品和服务质量，提升客户体验。

3. 提升企业竞争力

对档案的利用和价值挖掘，可以提升企业的知识管理水平、创新能力、客户服务水平等，进而提升企业的竞争力。随着大数据时代的到来，企业面临着海量数据的挑战与机遇。大数据技术的应用，为企业提供了深入洞察市场、提升运营效率、优化决策分析的能力；而大数据技术档案的利用，更是成为提升企业竞争力的关键因素之一。下面将探讨大数据技术档案利用的意义，以及如何通过有效利用大数据技术档案提升企业竞争力。

（1）大数据技术档案利用的意义

1）提升决策质量。大数据技术档案为企业提供了全面的数据支持，通过深入挖掘和分析这些数据，企业能够做出更科学、更精准的决策，从而提高决策质量。

2）优化运营管理。大数据技术档案能够反映出企业的运营状况和市场趋势，帮助企业发现潜在问题、优化管理流程、降低运营成本。

3）提升客户体验。通过对大数据技术档案的分析，企业可以更深入地了解客户需求、优化产品设计、提升服务质量，从而提高客户的满意度。

4）创新商业模式。大数据技术档案的利用有助于企业发现新的商业机会、创新商业模式，从而实现业务的快速增长。

5）增强风险控制能力。大数据技术档案能够帮助企业及时发现潜在风险、评估风险大小、制定应对策略，从而增强企业的风险控制能力。

（2）如何利用大数据技术档案提升企业竞争力

1）建立健全数据治理体系。企业应建立完善的数据治理体系，明确数据所有权、确保数据质量、提高数据安全性，从而为大数据技术档案的利用奠定坚实基础。

2）加强人才培养和引进。企业应重视大数据人才的培养和引进，建立一支具备数据分析、挖掘和应用能力的人才队伍，以推动大数据技术档案的有效利用。

3）深入挖掘数据价值。企业应充分利用大数据技术，对海量数据进行深入挖掘和分析，发现数据背后的潜在价值，为企业决策提供有力支持。

4）创新应用场景。企业应积极探索大数据技术在各个业务领域的应用，创新业务模式、优化产品和服务，从而提升企业竞争力。

5）强化合作与交流。企业应加强与业界和学术界的合作及交流，共同探讨大数据技术档案的利用之道，分享成功经验，促进共同进步。

大数据技术档案的利用对于提升企业竞争力具有重要意义。企业应积极拥抱大数据时代，充分发挥大数据技术的优势，通过建立健全数据治理体系、加强人才培养和引进、深入挖掘数据价值、创新应用场景以及强化合作与交流等措施，不断提升自身的竞争力。只有这样，才能在激烈的市场竞争中立于不败之地。

4.促进组织文化的传承

档案记录了企业和组织的历史和文化，通过对档案的利用和传播，企业可以传承和弘扬组织文化，增强员工的归属感和凝聚力。如何有效地利用这些技术，尤其是在组织文化的传承方面，变得尤为重要。下面将深入探讨大数据技术档案利用在促进组织文化传承中的意义和价值。首先要明确什么是组织文化。组织文化是指一个组织在长期发展过程中形成的，被其成员普遍接受和遵循的价值观、行为准则和思维方式的总和。它是一个组织的灵魂，也是其核心竞争力的重要组成部分。因此，传承优秀的组织文化对于组织的长期发展至关重要。

大数据技术档案的利用，正是传承组织文化的重要手段之一。传统的档案管理方式往往过于僵化，难以满足现代组织对于档案的多样化需求；而大数据技术的应用，使得档案的收集、存储、管理和利用方式都发生了深刻的变化。这些变化为组织文化的传承提供了前所未有的机遇。一方面，大数据技术可以更全面、更深入地收集和整理组织的各类档案信息，包括文字、图片、音频、视频等多种形式。这些珍贵的资料不仅记录了组织的成长历程，还承载了组织的价值观和文化内涵。通过对这些资料的研究和分析，我们可以更好地理解组织文化的本质和内涵，为传承和发展提供有力的支持。另一方面，大数据技术可以通过数据挖掘、文本分析等方法，深入挖掘档案中有价值的信息。这些信息可以为组织的决策提供有力的数据支持，帮助组织更好地把握市场机遇和挑战。同时，对这些信息的传播和分享，可以使更多的人了解和认同组织的文化，从而增强组织的凝聚力和向心力。大数据技术档案的利用在促进组织文化的传承方面具有深远的意义和价值。它不仅有助于更好地理解组织文化的内涵和本质，还可以为组织的决策和发展提供有力的支持。因此，我们应该充分利用大数据技术，不断创新档案管理的方式方法，更好地发挥其在组织文化传承中的作用。

5. 提高档案管理水平

大数据技术的应用，可以改进档案管理的方式和方法，提高档案管理的科学性和规范性，确保档案的安全和完整。大数据技术已广泛应用于各个领域，尤其是档案管理领域。大数据技术可以更有效地管理和利用档案资源，提高档案管理水平。以下将阐述大数据技术档案利用的意义。

（1）提高档案管理效率

传统的档案管理方式往往依赖人工操作，效率低下且容易出错；而大数据技术的应用，可以实现档案的自动化、智能化管理，大大提高了档案管理效率。通过数据挖掘、数据分析等技术，快速准确地找到所需档案，减少了人工查找的时间和精力。

（2）提升档案利用价值

大数据技术能够将海量的档案数据进行整合、分析和挖掘，发现数据之间的潜在联系，为决策提供有力支持。通过对档案数据的分析，用户可以深入了解组织的发展历程、业务状况和市场趋势，为决策者提供科学依据。同时，大数据技术还可以发现档案中的潜在价值，为组织带来更多的商业机会。

（3）增强档案安全性

大数据技术可以实现档案的全面监控和实时预警，有效防止档案的丢失和损坏。例如，通过对档案数据的备份和恢复机制，确保档案数据的完整性。同时，通过对档案数据的加密处理，保证档案数据的安全性，防止信息泄露。

（4）促进档案数字化转型

随着数字化时代的到来，传统的纸质档案管理方式已经无法满足现代社会的需求。大数据技术的应用，可以促进档案数字化转型，实现档案的电子化管理。这不仅可以提高档案管理效率，还可以方便用户远程访问档案资源，提高档案的利用率。

大数据技术档案利用对于提高档案管理水平具有重要意义。在提高档案管理效率、提升档案利用价值、增强档案安全性和促进档案数字化转型等方面，大数据技术为档案管理带来了革命性的变革。未来，随着大数据技术的不断发展，档案管理领域将会取得更大的突破和创新。

（三）档案利用的实践意义

1.提高档案信息检索的效率

大数据技术能够对海量的档案信息进行高效、快速的处理和分析，从而提高档案信息检索的效率。传统的档案检索方式往往需要人工翻阅大量的纸质档案，不仅耗时费力，而且容易出错。借助大数据技术，用户可以通过关键词、主题等条件对档案信息进行快速检索，大幅缩短检索时间，提高档案信息的利用率。随着大数据技术的不断发展，其在档案利用领域的应用也越来越广泛。档案作为记录和存储信息的重要载体，其管理和利用方式对于信息的传递与利用具有至关重要的影响。在大数据技术的支持下，档案信息检索的效率得到了显著提升，这对于档案的利用和价值的发挥具有重要的实践意义。

首先，大数据技术提高了档案信息检索的速度。传统的档案检索方式主要基于人工分类和目录索引，这种方式不仅效率低下，而且容易出错。利用大数据技术，可以对海量的档案信息进行自动化处理和分析，快速地筛选出符合条件的档案信息，极大地提高了检索的速度。

其次，大数据技术提高了档案信息检索的准确性。传统的检索方式由于人工操作的局限性，难以保证检索结果的准确性。大数据技术通过自然语言处理、图像识别等技术手段，可以准确地识别和提取档案中的关键信息，提高了检索的准确性。

再次，大数据技术提高了档案信息检索的全面性。传统的检索方式往往只能检索到档案的某个特定方面或某个特定时间段的信息，难以做到全面的信息检索。大数据技术通过对档案信息的全面分析和处理，可以提供更加全面的检索结果，有助于用户更好地了解档案的整体情况。

最后，大数据技术有助于提高档案的利用率。随着大数据技术的发展，越来越多的企业和组织开始意识到档案的价值，并积极利用档案信息。大数据技术可以提高档案信息检索的效率和准确性，更好地满足用户对档案信息的需求，从而提高档案的利用率。

大数据技术在档案利用中的实践意义重大。通过提高档案信息检索的效率和准确性，其可以更好地发挥档案的价值和作用，为各个领域的发展提供有力的支持。

2. 促进档案信息的共享与交流

在大数据时代，信息的共享和交流尤为重要。大数据技术可以将分散在各个角落的档案信息整合起来，形成一个完整的档案信息体系。这样，不同部门、不同领域之间的档案信息就可以实现共享和交流，从而更好地服务于社会的各个方面。在大数据技术的推动下，档案利用正在发生深刻的变革。传统的档案利用方式往往受到时间、地点和数量的限制，而大数据技术的应用使得档案的存储、处理和利用变得更加高效与便捷。

首先，大数据技术为档案的存储提供了新的解决方案。传统的档案存储方式往往基于物理存储介质，如纸质、录像带等，这种方式不仅占用了大量的物理空间，而且难以实现快速检索和共享。大数据技术可以将海量的档案信息存储在云端，实现档案信息的集中管理和远程访问。这种存储方式不仅可以大大节省存储空间，而且可以实现档案信息的快速检索和共享。

其次，大数据技术也提高了档案的处理效率。传统的档案处理方式往往是基于人工的分类、整理和编目，这种方式不仅耗时费力，而且容易出错。大数据技术可以通过数据挖掘、机器学习等技术手段对海量的档案信息进行自动分类、整理和编目，大大提高了档案的处理效率。

最后，大数据技术还为档案的利用提供了新的途径。传统的档案利用方式往往是基于用户的查询和借阅，这种方式不仅效率低下，而且难以满足用户的多样化需求。大数据技术可以通过数据分析和可视化等技术手段将海量的档案信息以直观、易懂的形式呈现给用户，使用户可以更加方便地获取和使用档案信息。

在大数据技术的推动下，档案信息的共享与交流也得到了前所未有的发展。传统的档案信息共享与交流方式往往基于实体档案的传递和交换，这种方式不仅效率低下，而且容易损坏和丢失。大数据技术可以将档案信息以数字形式进行共享与交流，不仅避免了实体档案的损坏和丢失，而且可以实现快速、便捷的传递和交换。大数据技术的应用正在深刻地改变着档案利用的方式，使档案信息的存储、处理、利用和共享变得更加高效与便捷。

3. 优化档案信息服务方式

传统的档案信息服务方式往往是被动式的，即用户需要什么信息，档案部门就提供什么信息；而在大数据技术的支持下，档案信息服务方式可以变得更加主动和个性化。通过对用户需求的分析，大数据技术可以预测用户可能需要的信息，从而提前进行整理和推送，使用户能够更加方便地获取所需的信息。随着大数据技术的不断发展，传统的档案信息服务方式已经难以满足现代社会的需求。为了提高档案信息服务的效率和质量，优化档案信息服务方式已经成为必要。大数据技术可以通过对海量数据的处理和分析，挖掘出有价值的信息，从而为档案信息服务提供更加精准和个性化的服务。例如，通过对用户行为数据的分析，了解用户的需求和偏好，从而为用户提供更加贴心的服务。同时，大数据技术还可以通过对数据的实时处理，提高档案信息服务的及时性和准确性。在优化档案信息服务方式方面，可以从以下几个方面入手。

（1）个性化服务。利用大数据技术对用户行为进行分析，了解用户的需求和偏好，为用户提供更加贴心的个性化服务。例如，根据用户的兴趣和需求，推荐相关的档案信息或者提供定制化的服务。

（2）智能化服务。利用自然语言处理和机器学习等技术，实现档案信息服务的智能化。例如，通过智能问答系统，用户可以更加方便快捷地获取自己需要的档案信息。

（3）交互式服务。通过社交媒体和在线论坛等方式，加强与用户的互动和交流，了解用户的反馈和意见，不断优化档案信息服务方式。

（4）移动化服务。随着移动互联网的普及，移动化已经成为档案信息服务的重要趋势。通过移动应用程序或者微信公众号等方式，其能够为用户提供更加便捷的档案信息服务。

大数据技术的发展为档案信息服务带来了新的机遇和挑战。相关人员应该充分利用大数据技术的优势，不断优化档案信息服务方式，提高档案信息服务的效率和质量。同时，还要加强数据安全和隐私保护等方面的工作，保障用户的合法权益。

4. 提高档案管理的科学性

大数据技术可以对档案管理的各个环节进行全面分析和评估，从而提高档案管理的科学性。通过对档案管理数据的挖掘和分析，档案管理人员可以发现档案管理中存在的问题和不足，从而有针对性地进行改进和优化。同时，大数据技术还可以对档案管理的发展趋势进行预测，为档案管理的发展提供科学的依据。在大数据技术的背景下，提高档案管理的科学性至关重要。通过对海量数据的处理和分析，档案管理人员可以更好地管理和利用档案资源，提高档案的利用率和价值。以下是一些在大数据技术下提高档案管理科学性的方法。

（1）数据挖掘和分析。利用大数据技术，对档案数据进行挖掘和分析，发现数据之间的关联和规律，为决策提供科学依据。通过聚类、分类、关联分析等方法，发现档案中的隐藏信息和知识，提高档案的利用价值。

（2）数据存储和管理。大数据技术提供了高效、可扩展的数据存储和管理方案。通过分布式存储、云计算等技术，用户可以实现对海量档案数据的存储和管理，提高数据的安全性和可靠性。同时，用户可以降低存储成本，提高管理效率。

（3）数据检索和查询。大数据技术可以实现高效、准确的数据检索和查询。通过自然语言处理、图像识别等技术，用户可以实现对档案的快速检索和查询。同时，可以利用智能推荐等技术，为档案用户提供个性化的服务，提高档案的利用率。

（4）数据安全和隐私保护。大数据技术的应用需要注意数据安全和隐私保护的问题。通过加密、脱敏、访问控制等技术，用户可以保护档案数据的安全和隐私。同时，需要建立完善的数据管理制度和规范，确保数据的安全和合规。

（5）人员培训和管理。大数据技术的应用需要档案管理人员的支持和参与。培训、交流等方式可以提高档案管理人员的技能和能力，使其更好地适应大数据技术的要求。同时，需要建立完善的人员管理制度和规范，确保人员的专业素质和工作效率。

大数据技术的应用为档案管理带来了新的机遇和挑战。通过不断探索和创新，其可以提高档案管理的科学性，更好地管理和利用档案资源，为用户提供更优质的服务。大数据技术在档案利用中具有十分重要的实践意义。它可以提高档案信息检索的效率，促进档案信息的共享与交流，优化档案信息服务方式，提高档案管理的科学性。因此，相关人员应该积极探索大数据技术在档案管理中的应用，努力推动档案管理工作的现代化和智能化。

（四）档案利用的理论意义

基于大数据技术的档案利用与价值挖掘对于企业和组织具有重要意义。对档案的高效管理和深度挖掘，可以在提升工作效率、辅助决策、提升企业竞争力等方面发挥重要作用。未来，随着大数据技术的不断发展，档案的利用和价值挖掘将更加深入与广泛，为企业和组织的发展提供更多可能性。在信息化社会，大数据技术已经成为各行各业挖掘信息价值、提升决策质量的重要工具。档案作为企业和组织的重要信息资产，其利用与价值挖掘在理论上和实践上都具有重要的意义。

1. 提升决策质量

通过对档案的大数据挖掘，用户可以深入了解企业和组织的运行状况，为决策者提供科学、全面的信息支持，进而提升决策质量。基于大数据技术的档案利用的理论意义是提升决策质量。随着科技的快速发展，大数据技术已经深入各个领域，其中包括档案管理和利用。传统的档案管理方法，往往侧重于档案的存储和保护，而在利用方面存在一定的局限性。但基于大数据技术的档案利用，不仅突破了这些局限，更在理论层面为提升决策质量提供了强有力的支持。

首先，大数据技术为档案的深度挖掘和分析提供了可能。传统的档案管理方式，往往只能进行简单的查询和检索，难以进行深入的数据分析和挖掘；而大数据技术可以对海量的档案数据进行高效地处理和分析，从而挖掘出更多的价值信息。这些信息不仅可以用于决策参考，更可以为决策提供数据支持，使决策更加科学、合理。

其次，大数据技术可以提升档案的共享和利用效率。传统的档案管理方式，由于受到存储介质的限制，往往难以实现高效的共享和利用；而大数据技术档案可以存储在云端，通过互联网实现高效的共享和利用。这不仅可以大幅提升档案的利用率，更可以打破地域和时间的限制，使档案的价值得到最大化的发挥。

最后，基于大数据技术的档案利用有助于提升决策的质量和效率。在传统的档案管理方式下，决策者往往需要根据自己的经验和直觉进行决策，这种方式不仅效率低下，而且容易产生偏差；而基于大数据技术的档案利用可以为决策者提供全面的数据支持，使决策更加科学、准确。同时，通过对数据的深度分析和挖掘，可以帮助决策者发现一些潜在的问题和机会，从而提升决策的质量和效率。

基于大数据技术的档案利用在理论层面具有非常重要的意义。它不仅可以提升档案的利用率和价值，更可以为提升决策质量提供强有力的支持。

2. 优化资源配置

大数据分析可以精确地了解档案中反映的资源利用情况，为企业和组织优化资源配置提供依据。随着大数据技术的迅猛发展，其在档案利用领域的应用日益广泛，为档案管理和服务带来了革命性的变革。下面将探讨基于大数据技术的档案利用如何实现优化资源配置的理论意义。

（1）大数据技术为档案利用提供了有力支持

大数据技术以其海量数据的处理能力、高效信息提取和挖掘能力，为档案利用提供了强有力的技术支持。通过对档案数据的深度挖掘和分析，其可以更好地理解档案内容，把握档案利用的规律和趋势，从而更有效地进行资源配置。

（2）优化资源配置是提高档案利用效率的关键

优化资源配置是提高档案利用效率的重要途径。在传统的档案管理模式下，资源配置往往基于经验和直觉，缺乏科学依据。基于大数据技术的档案利用，可以通过对档案利用数据的分析，更精准地掌握用户需求，预测未来的档案利用趋势，从而实现资源的优化配置。

（3）大数据技术有助于提升档案服务的个性化水平

大数据技术通过对用户行为数据的分析，可以深入了解用户的档案需求和利用习惯，为用户提供更加个性化、精准的档案服务。个性化服务的发展有助于提高用户的满意度，增强用户黏性，从而进一步提高档案资源的利用率。

（4）大数据技术有助于推动档案管理的现代化

借助大数据技术，档案管理可以逐步实现数字化、网络化和智能化。现代化的档案管理模式可以极大地提高档案的存储、检索和使用效率，降低管理成本，为档案的长期保存和有效利用提供有力保障。

基于大数据技术的档案利用在优化资源配置方面具有重要的理论意义。通过大数据技术的应用，用户可以更好地掌握档案利用的规律和趋势，提高档案利用效率，推动档案管理的现代化发展。在未来，相关人员应进一步深化大数据技术在档案领域的应用研究，以实现档案资源的更高效管理和利用。

3. 促进知识创新

对档案中知识的挖掘和整理，可以促进知识的传播和创新，推动企业和组织的科技进步与社会发展。随着大数据时代的来临，数据的价值逐渐被挖掘和利用，它已经成为驱动社会进步的重要力量。在这个背景下，基于大数据技术的档案利用具有深远而重要的理论意义，特别是对于促进知识创新这一方面。

首先，大数据技术为档案利用提供了强大的数据处理和分析能力。传统的档案利用方式往往受限于数据量的大小和复杂度，难以对海量数据进行有效的挖掘和分析；而大数据技术可以处理和分析的数据量远超传统方式，使得其对档案信息的提取、整合和利用更为深入与全面。

其次，大数据技术有助于发现档案信息中隐藏的知识和规律。通过对档案数据的深度挖掘和分析，其可以发现数据之间的关联和趋势，揭示出隐藏在档案信息中的知识和规律。这些知识和规律可以成为创新的知识源，为决策者提供决策支持，为研究者提供新的研究视角和思路。

最后，基于大数据技术的档案利用有助于推动知识创新。知识创新是社会发展的核心动力，而档案作为知识的载体，对于知识创新有着至关重要的作用。大数据技术可以从档案中提取出更多有用的信息，促进知识的传播、共享和创新。同时，大数据技术还可以通过对用户行为的分析，了解用户的需求和兴趣，为知识创新提供更有针对性的方向。

基于大数据技术的档案利用对于促进知识创新具有十分重要的理论意义。它不仅提高了档案信息的利用效率，还推动了知识的传播和创新，为社会的发展提供了强大的支持。因此，在未来的研究中，相关人员应该进一步深化对大数据技术在档案利用方面的研究，以便更好地发挥档案在知识创新中的作用。

4. 提高档案管理水平

大数据技术的应用，可以提高档案管理的信息化、智能化水平，提高档案工作效率。随着大数据时代的来临，各行各业都在积极探索如何利用大数据技术提高工作效率和优化服务。档案管理也不例外，大数据技术的应用为档案利用带来了前所未有的机遇。下面将深入探讨基于大数据技术的档案利用的理论意义，以及如何通过大数据技术提高档案管理水平。

（1）大数据技术对档案利用的理论意义

1）数据挖掘与知识发现。传统的档案利用方式往往停留在简单的查询和借阅上，而大数据技术可以通过数据挖掘和知识发现，深入挖掘档案中的潜在价值，为决策者提供更有价值的参考信息。

2）个性化服务。通过对用户查询行为、兴趣偏好等的分析，实现档案服务的个性化推送，满足用户多元化的需求。

3）档案安全保障。通过大数据技术对档案进行实时监控和异常检测，有效预防档案丢失和损坏，提升档案的安全性。

（2）大数据技术提高档案管理水平

1）智能化管理。通过引入智能化档案管理系统，实现档案的自动分类、编目和检索，提高档案管理效率。

2）档案资源共享。打破信息孤岛，实现档案信息资源的共享，提高档案的利用率。

3）决策支持。基于大数据的统计分析，为决策者提供数据支持和决策建议，提升决策的科学性和准确性。

在大数据时代背景下，档案管理工作面临着前所未有的机遇和挑战。深入挖掘大数据技术在档案利用中的理论意义，并积极探索如何利用大数据技术提高档案管理水平，有助于推动档案管理工作的现代化和智能化。相关人员应把握机遇，应对挑战，以大数据技术为支撑，不断提高档案管理的质量和效率。尽管基于大数据技术的档案利用与价值挖掘具有丰富的理论意义，但在实践中仍面临一些挑战，如数据安全、隐私保护、技术瓶颈等。为应对这些挑战，企业和组织需采取一系列对策，如加强数据安全防护、建立隐私保护机制、提升技术能力等。

基于大数据技术的档案利用与价值挖掘对于提升决策质量、优化资源配置、促进知识创新和提高档案管理水平具有深远的影响。但同时，其也需要关注实践中面临的挑战，并采取有效对策应对。只有这样，才能充分发挥大数据技术在档案管理和利用中的潜力，推动档案事业的发展。

二、档案利用的价值

随着大数据技术的不断发展，各行各业的数据存储和分析能力得到了极大的提升。对于档案领域而言，大数据技术的应用为其带来了新的发展机遇。

（一）大数据技术对档案利用的促进作用

1. 数据存储和管理

传统的档案管理方式在数据存储和管理上存在诸多问题，如数据丢失、存储空间不足等；而大数据技术能够实现海量数据的存储和管理，确保档案信息的完整性和持久性。随着大数据技术的飞速发展，其影响力已经渗透到各个行业领域，档案利用也不例外。大数据技术为档案利用带来了诸多益处，尤其是在数据存储和管理方面。

首先，大数据技术可以解决数据存储的难题。传统的档案存储方式常常受到存储介质容量和存储环境的影响，大量有价值的档案信息无法长期保存或者无法有效利用；而大数据技术中的分布式存储系统，如 Hadoop，可以有效解决这一难题。这种分布式存储系统不仅容量大，可扩展性强，而且稳定性高，可以确保档案数据的长期保存。此外，这种存储方式还可以实现数据的自动备份和恢复，大大提高了数据的安全性。

其次，大数据技术对档案数据的管理也起到了很大的促进作用。传统的档案管理方式是人工操作，效率低下且容易出错；而大数据技术可以实现自动化和智能化的档案管理，如使用数据挖掘和机器学习技术对档案数据进行分类、索引与检索，大大提高了档案的查询效率和利用价值。此外，大数据技术还可以对档案数据进行深度分析，挖掘出隐藏在数据中的有价值的信息，为决策提供支持。

大数据技术为档案利用带来了巨大的便利。它不仅改善了档案数据的存储方式，提高了数据的安全性和稳定性，还实现了档案管理的自动化和智能化，提高了档案的利用效率。

（1）数据挖掘和分析

大数据技术可以对档案数据进行深度挖掘和分析，发现数据之间的关联和规律，为决策提供有力支持。对于档案利用而言，大数据技术不仅提供了前所未有的机遇，还带来了新的挑战。

1）提高档案信息检索的效率和精度

传统的档案检索方式往往依赖人工操作，效率低下且容易出错；而大数据技术可以通过数据挖掘，实现对档案信息的智能检索。通过对海量数据的分析，大数据技术可以迅速找出相关档案，并对其进行分类、排序，为用户提供更为精准的档案信息。

2）增强档案信息的分析和利用价值

在传统的档案利用中，由于数据量庞大，很难对档案信息进行全面、深入的分析；而大数据技术可以通过数据挖掘和分析，发现档案信息之间的潜在联系，从而为决策者提供有力的数据支持。

3）提升档案服务的质量和效率

大数据技术可以实现档案服务的个性化、智能化。例如，通过对利用者的行为进行分析，为其推送更加符合需求的档案信息。此外，大数据技术还可以帮助档案部门优化工作流程，提高服务效率。

4）加强档案信息的保护和安全管理

在大数据时代，信息安全和隐私保护成为关注的焦点。大数据技术可以对档案信息进行全方位的安全监测，及时发现和解决安全问题。同时，通过对数据的分析，大数据技术还可以预测潜在的安全风险，为预防工作提供支持。

大数据技术对档案利用具有显著的促进作用。在未来，随着技术的不断发展，相信大数据将在档案领域发挥更大的作用，推动档案事业不断向前发展。

（2）档案信息服务

基于大数据技术的档案信息服务能够实现个性化、智能化，提高档案信息的使用效率。大数据技术已经渗透到各个领域，对档案利用工作也产生了深远影响。大数据技术以其独特的优势，极大地提升了档案信息服务的效率和质量，推动了档案利用的进一步发展。

1）提升档案信息服务的效率

传统的档案信息服务主要依赖手工操作，效率低下，难以满足用户快速获取信息的需求；而大数据技术的应用，使档案信息服务能够实现自动化、智能化，极大地提高了服务效率。通过大数据分析，档案管理人员可以快速地挖掘出有价值的信息，为用户提供更加精准的服务。同时，大数据技术还可以帮助档案管理人员对档案进行分类、编目等操作，减少人工干预，提高工作效率。

2）优化档案信息服务的质量

大数据技术可以实现对海量数据的快速处理和分析，从而帮助档案管理人员更好地理解用户需求，优化服务质量。通过分析用户的查询记录、浏览行为等数据，挖掘出用户的兴趣爱好和需求特点，从而为其提供更加个性化的服务。同时，大数据技术还可以对档案信息进行深度挖掘，发现其中的关联关系和隐藏价值，为用户提供更加全面的信息服务。

3）加强档案信息的安全保障

大数据技术的应用，为档案信息安全保障提供了新的思路和方法。对海量数据的分析和处理，有利于及时发现异常数据和潜在的安全风险，提高安全防范的及时性和准确性。同时，大数据技术还可以对档案数据进行加密和备份处理，确保数据的安全性和完整性。此外，大数据分析还可以帮助档案管理人员及时发现和纠正管理中的漏洞与不足，提高档案管理的规范性和科学性。

4）促进档案信息的共享和交流

大数据技术的应用，为档案信息的共享和交流提供了更加便捷的渠道。通过大数据平台的建设，档案信息可以实现集中管理和共享利用，促进不同领域、不同部门之间的交流和合作。同时，大数据技术还可以帮助档案管理人员更好地了解其他领域的发展动态和趋势，推动档案管理的创新和发展。

大数据技术对档案利用的促进作用主要体现在提高效率、优化质量、保障安全和促进共享等方面。随着大数据技术的不断发展，其在档案管理中的应用也将越来越广泛和深入。未来，相关人员应进一步加强对大数据技术的研究和应用，推动档案管理工作的现代化和创新化发展。

（二）基于大数据技术的档案利用价值体现

1. 提高档案管理水平

大数据技术的应用能够提高档案管理水平，实现档案信息的数字化、电子化，提高档案的利用率。传统的档案管理方式已经无法满足现代社会对信息处理和利用的需求，因此需要借助大数据技术提高档案管理水平。下面将探讨在大数据技术下提高档案管理水平的策略。

（1）建立档案大数据平台

要建立档案大数据平台，实现档案数据的集中存储和管理。将各个部门、各个行业的档案数据整合到一个平台上，可以实现数据的共享和协同利用，提高档案的利用率和价值。同时，大数据技术的分析和处理，可以对档案数据进行深度挖掘，发现数据之间的关联和规律，为决策提供支持。

（2）加强档案数据的安全保护

在大数据时代，档案数据的安全保护至关重要。要加强档案数据的安全保护，需要采取一系列安全措施，如数据加密、访问控制、备份恢复等。同时，要加强档案工作人员的安全意识培训，确保档案数据的安全。

（3）提高档案工作人员的素质

大数据技术的应用对档案工作人员的素质提出了更高的要求。档案工作人员需要具备大数据技术的基本知识和技能，如数据挖掘、数据分析等。同时，还需要了解各个领域的基本知识和规律，能够从海量的档案数据中发现有价值的信息。因此，相关部门需要加强档案工作人员的培训和素质提升。

（4）推动档案服务的智能化

大数据技术可以实现档案服务的智能化。通过分析用户的行为和需求，大数据技术可以为用户提供更加精准和个性化的服务。例如，根据用户的需求和兴趣，智能推荐相关的档案资料；根据用户的查询条件，智能筛选出最相关的档案信息。

（5）建立档案管理的标准和规范

在大数据时代，建立档案管理的标准和规范是提高档案管理水平的重要保障。制定统一的标准和规范，可以实现档案数据的标准化和规范化，促进档案数据的共享和利用。同时，标准和规范也可以提高档案管理工作的效率与准确性。

利用大数据技术提高档案管理水平是当前档案管理工作的必然趋势。建立档案大数据平台、加强安全保护、提高人员素质、推动智能化服务和建立标准与规范等措施的实施，可以有效地提高档案管理工作的效率和价值，更好地服务于社会和经济发展。

（6）促进知识创新

通过对档案数据的深度挖掘和分析，用户可以发现新知识、新规律，为知识创新提供有力支持。随着大数据时代的到来，知识创新档案管理面临着前所未有的机遇和挑战。如何利用大数据技术提升知识创新档案管理的水平，是当前亟待解决的问题。下面将探讨基于大数据技术的知识创新档案管理方法，以期为实际工作提供有益的参考。

1）大数据技术在知识创新档案管理中的作用

①提升档案信息检索效率。大数据分析技术可以快速准确地检索到所需的档案信息，大大提高了档案的利用率。

②促进知识创新。通过对档案信息的深度挖掘，用户可以发现潜在的知识点和创新点，为新知识、新技术的研发提供有力支持。

③提高档案管理水平。大数据技术可以帮助档案管理人员更好地进行档案的分类、整理和保存，提高档案管理工作的规范化和专业化。

2）基于大数据技术的知识创新档案管理策略

①建立完善的档案信息管理系统。通过引入先进的大数据技术，构建一个集数据采集、存储、处理和分析于一体的档案管理系统，实现对各类档案信息的全面管理和高效利用。

②优化档案信息检索服务。利用自然语言处理、机器学习等技术，开发智能化的档案信息检索系统，为用户提供更加便捷、个性化的检索服务。

③加强档案信息的安全保护。在利用大数据技术提高档案管理水平的同时，也要重视档案信息的安全保护。档案管理人员应采取有效的加密、备份等技术措施，确保档案信息的完整性和安全性。

基于大数据技术的知识创新档案管理是提高档案管理水平的有效途径。通过建立完善的档案信息管理系统、优化档案信息检索服务和加强档案信息的安全保护等策略的实施，进一步提高知识创新档案管理的质量和效率，为推动我国档案管理事业的持续发展做出积极贡献。

2. 提高决策的科学性

通过对档案数据的分析，为决策提供科学依据，提高决策的科学性和准确性。各行各业都在积极探索如何利用大数据技术提升工作效率和决策的科学性。在案管领域，传统的案件管理方式已经无法满足当前社会的发展需求。因此，基于大数据技术的案件管理方式逐渐受到关注。

（1）大数据技术在案件管理领域的应用

1）数据收集与分析

大数据技术可以收集大量的案件数据，包括案件类型、案件数量、涉案人员、涉案金额等，通过对这些数据的分析，用户可以深入了解案件的特点和规律，为决策提供科学依据。

2）案件风险评估

大数据技术可以对案件的风险进行评估，包括涉案人员的背景、犯罪动机、作案手法等，通过对这些数据的分析，相关人员可以对案件的风险进行准确的评估，为决策提供依据。

3）案件预测与预防

大数据技术可以对案件的发生趋势进行预测，提前发现可能发生的案件，并采取相应的预防措施，减少案件的发生。

（2）提高案件管理水平与决策科学性的策略

1）建立完善的案件管理数据库

建立完善的案件管理数据库是提高案件管理水平的基础。通过收集大量的案件数据，为后续的数据分析提供基础数据。同时，要保证数据的准确性和完整性，避免因数据质量问题而影响决策的科学性。

2）加强数据分析与挖掘能力

数据分析与挖掘是大数据技术的核心，提高数据分析与挖掘能力，可以从大量的案件数据中提取有用的信息，为决策提供科学依据。同时，要加强数据分析人才的培养，提高数据分析的专业水平。

3）建立科学的风险评估体系

建立科学的风险评估体系可以帮助决策者准确评估案件的风险，避免因风险控制不当而导致的损失。同时，要根据实际情况不断调整和优化风险评估体系，确保其科学性和有效性。

4）实施预测与预防措施

基于大数据技术的预测和预防措施可以帮助决策者提前发现可能发生的案件，并采取相应的预防措施，减少案件的发生。同时，要加强对预测和预防措施的监督与评估，确保其有效性和科学性。

基于大数据技术的案件管理方式可以提高案管水平与决策的科学性。建立完善的数据库、加强数据分析与挖掘能力、建立科学的风险评估体系和实施预测与预防措施等策略，可以提高案管工作的效率和决策的科学性。在未来，随着技术的发展和社会的进步，基于大数据技术的监管方式将会更加成熟和普及。

3. 增强社会影响力

基于大数据技术的档案利用能够更好地服务于社会，增强档案的社会影响力。传统的档案管理方式已经无法满足现代社会的需求，需要借助大数据技术来提高档案管理的效率和价值，进而增强社会影响力。

（1）大数据技术对档案管理的影响

1）提高档案管理效率

大数据技术可以对海量数据进行快速处理和分析，提高了档案管理的效率。传统的档案管理方式需要人工进行分类、整理和查询，效率低下且容易出错；而基于大数据技术的档案管理可以利用自动化手段对档案进行分类、索引和查询，极大地提高了工作效率。

2）丰富档案利用方式

大数据技术可以实现数据的可视化呈现和深度挖掘，丰富了档案的利用方式。通过数据挖掘和分析，用户可以发现档案之间的关联和规律，为决策提供有力支持。同时，数据可视化可以将数据以直观的方式呈现出来，便于用户理解和使用。

3）提升档案服务质量

大数据技术可以帮助档案管理部门更好地了解用户需求，提供更加精准和个性化的服务。通过对用户查询和利用数据的分析，大数据技术可以发现用户的兴趣和需求，进而优化档案服务内容和方式，提高用户满意度。

（2）如何利用大数据技术增强社会影响力

1）扩大档案资源开放共享

档案管理部门可以通过大数据技术将封闭的档案资源向社会开放共享，满足公众的知情权和利用需求。同时，通过数据共享和交换，促进不同部门之间的信息交流和合作，提高社会治理水平。

2）推动档案文化传播

档案管理部门可以利用大数据技术将档案资源转化为易于理解和接受的数字

化产品，如电子书、视频、图片等，向社会传播档案文化。通过这种方式，让更多的人了解和认识档案的价值和意义，增强社会的档案意识。基于大数据技术的档案利用具有重要价值。在未来的发展中，相关人员应进一步深化大数据技术在档案管理领域的应用，充分发挥档案的价值，推动档案管理事业的可持续发展。

第二节 档案利用的现状与问题

一、档案利用的现状

随着大数据技术的不断发展，档案利用的方式和手段也在不断演变，大数据技术的应用为档案利用带来了诸多变革。

（一）大数据技术对档案利用的影响

1. 数据量的快速增长

大数据时代，数据量呈爆炸式增长，档案数据也不例外。传统的档案管理方式难以应对如此庞大的数据量，因此需要借助大数据技术进行存储、分析和利用。大数据技术的应用对各行各业都产生了深远的影响，档案利用领域也不例外。

（1）大数据技术对档案利用的积极影响

1）数据挖掘和分析。大数据技术通过对大量数据的挖掘和分析，可以发现档案信息中隐藏的价值。这有助于提升档案的利用率，为决策提供有力支持。

2）个性化服务。通过对用户行为数据的分析，大数据技术可以提供个性化的档案服务，满足用户的不同需求。

3）提高档案工作效率。大数据技术可以自动化处理大量数据，提高档案工作的效率。

（2）大数据技术对档案利用的挑战

1）数据安全和隐私保护。随着数据量的增长，数据安全和隐私保护成为一大挑战。因此，档案管理人员需要采取有效的措施来保护用户隐私和档案数据的安全。

2）数据质量和准确性。大量数据的涌入可能导致数据质量和准确性的下降。因此，档案管理人员需要建立有效的数据质量控制机制。

3）技术更新和维护。随着数据量的增长，现有的技术和系统可能面临挑战。

因此，档案管理人员需要不断更新和维护相关技术与系统。

（3）应对策略和建议

1）加强数据安全和隐私保护。通过采用加密技术、访问控制等手段，保护用户隐私和数据安全。

2）提升数据质量和准确性。建立完善的数据质量管理体系，提升数据的质量和准确性。

3）持续的技术更新和维护。根据数据量的增长，持续更新和维护相关技术与系统。

4）提升人员素质。加强人员培训，提升相关人员的技能和素质，以应对大数据时代的挑战。

5）推动相关法规和标准的制定。加强档案领域的相关法规和标准的制定，规范大数据技术的应用。

6）加强合作和交流。与其他行业或组织进行合作和交流，共同推动大数据技术在档案利用领域的发展。

大数据技术的应用对档案利用产生了深远的影响，不仅带来了新的机遇，还带来了新的挑战。面对数据量快速增长的挑战，档案管理人员应采取有效的应对策略，以充分发挥大数据技术在档案利用领域的优势，提高档案的利用率和使用价值。

2. 数据类型的多样化

传统的档案数据以结构化数据为主，而现在随着社交媒体、物联网等技术的普及，非结构化数据越来越多，如图片、视频、音频等。这些数据只有进行处理和分析，才能转化为有价值的档案信息。其中，数据类型的多样化是大数据技术带来的一个显著变化，它大大提高了档案的利用效率和价值。传统的档案数据多为结构化数据，如文字、数字等，形式相对单一。但在大数据时代，非结构化数据如图片、音频、视频等在档案中的占比逐渐增加。这些非结构化数据提供了更加丰富的信息，使档案的内容更加生动、形象，提高了档案的吸引力和利用率。数据类型的多样化还使得档案的获取、存储和分析变得更加便捷。例如，通过图像识别技术，用户可以快速地检索和利用大量的图片档案；通过语音识别技术，音频档案可以被转化为文字，方便查询和引用。此外，通过对不同类型数据的综合分析，用户还可以挖掘出更多有价值的信息，为决策提供有力支持。但数据类型的多样化也带来了一些挑战。例如，非结构化数据的处理和分析需要更高级的技术与工具；同时，随着数据量的增长，如何有效地存储和管理这些数据也是一个亟待解决的问题。此外，如何确保不同类型数据的真实性和完整性，防止数据被篡改或破坏，也是大数据时代需要面对的挑战。档案管理人员需要不断改进技术和管理方法，以更好地应对这些挑战，发挥大数据在档案利用中的优势。

3. 数据价值的深度挖掘

大数据技术可以帮助利用者从海量的档案数据中挖掘出有价值的信息，在企业决策、学术研究等方面提供支持。通过数据分析和挖掘，大数据技术可以实现档案价值的最大化。随着大数据技术的飞速发展，其对各行各业都产生了深远的影响，档案利用领域也不例外。传统的档案利用方式往往受限于档案的物理存储和检索方式，而大数据技术的应用为档案利用带来了新的机遇和挑战。下面将探讨大数据技术对档案利用的影响，特别是在数据价值的深度挖掘方面。

首先，大数据技术使得档案数据得以快速、高效地存储和检索。传统的档案存储方式，如纸质、胶卷等，不仅存储空间大，而且检索效率低下；而大数据技术可以将海量档案数据存储在云端或分布式存储系统中，通过索引、搜索引擎等技术实现快速检索，大大提高了档案的利用效率。

其次，大数据技术提升了档案数据的分析能力。传统的档案分析往往需要人工进行，耗时费力，而且难以发现数据之间的深层关系；而大数据分析工具，如数据挖掘、机器学习等，可以自动地对档案数据进行分类、聚类、关联等分析，深入挖掘数据之间的潜在联系，为决策提供有力支持。

再次，大数据技术推动了档案数据的可视化。通过数据可视化技术，将复杂的数据以直观的形式呈现出来，可以帮助用户更好地理解数据，这在档案利用中尤为重要。

最后，大数据技术有助于实现档案数据的共享和开放。在大数据时代，数据已经成为一种重要的资源，而档案数据更是蕴含着丰富的价值。大数据技术可以将档案数据共享给更多的用户，促进数据的流动和利用。同时，开放档案数据也有助于推动学术研究和社会创新。

大数据技术的应用对档案利用产生了深远的影响。深度挖掘档案数据的价值，可以更好地服务于社会和经济发展。在未来，我们期待看到更多的大数据技术和方法应用于档案领域，推动档案事业的进步。

4. 档案利用的现状与问题

（1）档案数字化程度不一

由于历史和技术等方面的原因，不同档案机构的数字化程度存在差异，影响了大数据技术的应用和档案信息的共享。随着大数据技术的迅速发展，档案利用工作正经历着前所未有的变革。但在这个过程中，不可避免地遇到了一些挑战和问题，其中最为突出的是档案数字化程度不一的问题。这一问题不仅影响了档案的利用效率，还制约了大数据技术在档案领域的应用和发展。

1）档案数字化程度不一的现状

目前，许多机构的档案数字化工作仍处于初级阶段，数字化程度不一的问题十分突出。一部分档案已经完成了数字化转换，用户可以方便地进行检索和利用；而另一部分档案仍以纸质形式保存，无法进行数字化处理。这种状况不仅影响了档案的完整性，还影响了档案的利用效率。

2）档案数字化程度不一的原因

档案数字化程度不一的原因主要有以下几个方面：一是缺乏统一的数字化标准和规范，各机构在数字化过程中各自为政，导致数字化程度和效果参差不齐；二是资金和技术支持不足，一些机构受限于人力物力，无法完成全部档案的数字化工作；三是档案管理观念落后，一些机构对档案数字化的重要性认识不足，缺乏主动性和积极性。

3）解决档案数字化程度不一的对策

要解决档案数字化程度不一的问题，可以采取以下对策：一是制定统一的数字化标准和规范，明确数字化工作的要求和目标；二是加大资金和技术支持力度，提高各机构的数字化能力；三是加强宣传教育，增强档案管理人员的数字化意识和素质。

在大数据技术快速发展的背景下，档案数字化的工作已经成为档案管理的重要内容。但目前档案数字化程度不一的问题仍然存在，需要采取有效的措施加以解决。制定统一的标准和规范、加大资金和技术支持力度、增强档案管理人员的数字化意识和素质等，可以有效地推动档案数字化的进程，提高档案的利用效率和管理水平。

（二）数据安全和隐私保护问题

随着档案数据的增多，如何保障数据安全和隐私成为一个重要问题。在利用大数据技术进行档案分析时，需要采取有效的措施保护个人隐私和企业机密。档案的数字化和信息化程度日益提高，档案利用的方式和手段也发生了深刻变化。在大数据技术的支持下，档案信息可以更快速、更准确地被检索、分析和利用，提高了档案的利用效率。同时，大数据技术也使得档案信息在跨区域、跨行业的共享和交流变得更加便捷。

1.在档案利用的实践中出现的问题和挑战

（1）数据泄露风险加大

在大数据环境下，档案数据量庞大且复杂，一旦遭到非授权访问或恶意攻击，很容易导致数据泄露。特别是涉及个人隐私的档案信息，如个人信息、健康档案等，一旦泄露将对个人造成严重后果。

（2）数据安全防护不足

许多档案管理机构的数据安全防护措施尚不完善，难以有效应对网络攻击和数据窃取。同时，部分机构对于员工的数据安全培训不足，导致在日常操作中容易出现误操作或违规操作，引发数据安全问题。

（3）隐私保护法规滞后

目前，隐私保护的相关法律法规尚不完善，对于档案信息的收集、存储、使用和共享等方面的规定不明确，使得档案管理机构在实践中容易触碰法律红线。

（4）针对上述问题的建议

1）加强数据安全防护。档案管理机构应建立完善的数据安全防护体系，包括物理安全、网络安全、应用安全等方面的措施。同时，加强员工的数据安全培训，增强员工的安全意识和操作技能。

2）完善隐私保护法规。政府应加快制定和完善隐私保护的相关法律法规，明确档案信息在收集、存储、使用和共享等方面的规定，为档案管理机构提供明确的法律指引。

3）强化监督与管理。政府应加强对档案管理机构的监督与管理，建立健全考核与评估机制，督促档案管理机构加强数据安全和隐私保护工作。

4）推广使用新技术。鼓励档案管理机构积极探索和应用新的技术手段，如数据加密、区块链等，以提高数据安全和隐私保护的水平。

5）增强公众的隐私保护意识。通过宣传教育等方式，提高公众对档案隐私保护的关注度和自我保护意识，促使档案管理机构更加重视数据安全和隐私保护工作。

2. 数据分析人才缺乏

大数据技术的应用需要专业的数据分析人才，而目前许多档案机构缺乏这方面的人才储备，影响了大数据技术在档案利用中的深入应用。随着大数据技术的快速发展，档案利用工作也正经历着前所未有的变革。但在这个过程中，数据分析人才的缺乏成了一个不可忽视的问题。在大数据时代，档案数据呈现出爆炸性增长，其复杂性和多样性对数据分析提出了更高的要求。目前，具备专业数据分析技能的人才相对较少，这导致了数据分析在档案利用中的滞后。许多档案机构面临着数据分析人才短缺的困境，这严重制约了档案利用的效率和效果。

（1）问题探讨

1）数据挖掘深度不足。由于缺乏专业的数据分析人才，档案机构在数据挖掘方面往往力不从心，难以深入挖掘档案数据的价值。这既导致了档案资源的浪费，也限制了档案服务的创新。

2）数据分析结果解读困难。数据分析的目的是为决策提供依据。但由于数据分析人才匮乏，许多档案机构难以提供明确、直观的数据解读，使得决策者难以理解和利用数据分析结果。

3）难以应对大数据挑战。大数据技术为档案利用带来了诸多机遇，但同时也带来了诸多挑战。例如，数据安全、隐私保护等问题都需要专业的数据分析人才来解决。但目前数据分析人才的缺乏使得这些挑战难以应对。

（2）应对策略

1）加强人才培养。高校和培训机构应加强数据分析相关课程的建设，培养更多的专业人才。同时，档案机构也应加强对员工的培训，提高他们的数据分析能力。

2）引进外部人才。档案机构可以通过引进外部数据分析人才，来解决人才短缺的问题。这不仅可以快速提升机构的数据分析能力，还可以为内部员工提供学习的机会。

3）建立合作机制。档案机构可以与高校、科研机构或其他企业建立合作关系，共享数据分析资源，共同开展研究。这不仅可以解决人才短缺的问题，还可以促进学术交流和知识共享。

（三）对策与建议

1. 推进档案数字化进程

加大投入力度，提高档案数字化程度，为大数据技术的应用提供基础保障。同时，加强不同档案机构之间的合作与交流，实现资源共享。大数据技术推进档案数字化进程。随着大数据技术的不断发展，档案管理领域正面临着前所未有的机遇和挑战。传统的档案管理方式已经无法满足现代社会对档案信息处理和利用的需求，因此，推进档案数字化进程成为当下档案管理的核心任务。下面将探讨如何利用大数据技术推进档案数字化进程。

（1）大数据技术在档案数字化中的作用

大数据技术能够将海量的档案信息进行整合、分析和挖掘，提取出有价值的信息，为决策者提供有力支持。具体来说，大数据技术在档案数字化中的作用包括以下几个方面。

1）数据存储和管理

传统的档案管理方式存在存储空间大、管理效率低等问题，而大数据技术可以将海量的档案信息进行分布式存储，实现高效的数据管理。同时，大数据技术还能够对数据进行备份和容灾，保证数据的安全性和可靠性。

2）数据挖掘和分析

数据挖掘和分析技术可以发现档案信息中的潜在价值与规律，为决策者提供科学依据。例如，利用数据挖掘技术对档案中的文本信息进行关键词提取、情感分析等操作，从而了解某一主题的研究现状和发展趋势。

3）数据检索和利用

大数据技术可以实现快速、准确的数据检索和利用，提高档案的利用率和价值。例如，利用自然语言处理技术对档案中的文本信息进行自动分类和索引，使用户能够更加方便地检索和利用档案信息。

（2）推进档案数字化进程的措施

为了更好地利用大数据技术推进档案数字化进程，需要采取以下措施。

1）建立完善的档案数字化标准体系

标准体系是推进档案数字化进程的基础和保障。相关部门需要制定一系列档案数字化标准和技术规范，包括数据格式、数据交换、数据存储等方面的标准，以保证数字化档案的一致性和互操作性。

2）加强数字化档案的安全保障工作

数字化档案的安全保障工作是推进档案数字化进程的重要环节。相关部门需要采取一系列安全措施和技术手段，如数据加密、数字签名、访问控制等，以确保数字化档案的安全性和保密性。

3）加大数字化档案的资源投入力度

数字化档案的资源投入是推进档案数字化进程的关键因素。相关部门需要加大资金、技术和人才等方面的投入力度，提高数字化档案的建设和管理水平。同时，其还需要积极探索与政府部门、企业和社会组织等各方面的合作机制，共同推进数字化档案的建设和发展。

大数据技术的应用对于推进档案数字化进程具有重要意义。建立完善的标准体系、加强安全保障工作、加大资源投入力度等，可以实现数字化档案的高效管理和利用，为决策者提供有力支持。未来，随着大数据技术的不断发展，数字化档案的建设和管理水平将不断提高，为档案管理领域带来更加广阔的发展前景。

2. 加强数据安全和隐私保护

建立健全数据安全和隐私保护机制，采用加密、脱敏等技术手段保障数据安全。加强相关人员的安全意识培训，提高数据安全防范能力。随着大数据技术的不断发展，档案利用与价值挖掘已经成了一个重要的研究领域。但在大数据技术的应用过程中，数据安全和隐私保护的问题日益突出。因此，如何在大数据技术下加强档案利用与价值挖掘的数据安全和隐私保护，是当前需要重点关注的问题。

（1）加强数据安全和隐私保护的必要性

随着大数据技术的广泛应用，越来越多的企业和组织开始利用大数据技术进行档案管理与价值挖掘。在这个过程中，数据的收集、存储、处理和利用都涉及大量的个人信息与企业机密，一旦发生数据泄露或被非法获取，就会给个人和企业带来巨大的损失。因此，加强数据安全和隐私保护是大数据技术下档案利用与价值挖掘的重要保障。

（2）加强数据安全和隐私保护的措施

1）建立健全数据安全管理制度

相关部门应该建立完善的数据安全管理制度，明确数据的收集、存储、处理和利用等方面的安全规定与操作流程。同时，要加强对档案管理人员的培训和教育，增强他们的数据安全意识和操作技能。

2）加强数据加密和备份

对于敏感数据的存储和处理，相关人员应该采用强有力的加密算法和技术，确保数据的机密性和完整性。同时，要做好数据的备份和容灾工作，防止数据丢失和意外损坏。

3）实施访问控制和身份认证

在数据的访问和使用过程中，相关部门应该建立完善的访问控制和身份认证机制，确保只有经过授权的人员才能访问和使用相关数据。同时，要定期对访问控制和身份认证机制进行审查与更新，确保其有效性和安全性。

4）强化数据安全审计和监控

要建立完善的数据安全审计和监控机制，对数据的操作和使用进行全面的记录与监控。一旦发现异常行为或数据泄露等情况，要及时采取措施进行处理和防范。

大数据技术下的档案利用与价值挖掘是一个充满机遇和挑战的领域。在利用大数据技术进行档案管理和价值挖掘的同时，必须加大数据安全和隐私保护的力度。只有建立了完善的数据安全管理制度、采用强有力的加密算法和技术、实施访问控制和身份认证机制以及强化数据安全审计与监控等措施，才能够确保大数据技术下的档案利用与价值挖掘的数据安全和隐私保护。

3.培养和引进数据分析人才

加强与高校、研究机构的合作，培养具备大数据技术的专业人才。同时，引进外部优秀人才，为档案机构注入新鲜血液。传统的档案管理模式已经无法满足现代社会的需求，因此，引入数据分析人才成为档案行业发展的必然趋势。

（1）档案利用与价值培养的现状

在大数据技术的支持下，档案的存储、检索和利用方式得到了极大的优化。但现有的档案利用方式仍存在一些问题。一方面，档案的数字化程度不够高，导致很多有价值的档案资源无法被有效利用；另一方面，传统的档案价值培养方式过于单一，缺乏对档案潜在价值的挖掘和利用。

（2）数据分析人才在档案行业中的作用

数据分析人才具备数据挖掘、数据分析和数据可视化等方面的专业技能，能够为档案的利用和价值培养提供强有力的支持。通过数据分析，用户可以深入挖掘档案中的有价值信息，为决策提供科学依据；同时，数据分析还可以为档案的价值培养提供新的思路和方法，提高档案的利用率和价值。

（3）引进数据分析人才的建议措施

要更好地引进数据分析人才，可以从以下几个方面入手。

1）加强与高校的合作。与高校合作，开设相关课程，培养具备数据分析技能的专业人才。

2）建立完善的激励机制。通过提供有竞争力的薪资待遇、职业发展机会等方式，吸引数据分析人才加入档案行业。

3）提升行业认知度。通过举办行业交流活动、研讨会等方式，提高数据分析在档案行业中的认知度和地位。

4）建立数据分析团队。鼓励企业或机构建立自己的数据分析团队，为档案的利用和价值培养提供专业支持。

随着大数据技术的不断发展和普及，数据分析在档案行业中的作用越来越重要。为了更好地利用档案资源，提升档案的价值，相关单位需要积极引进数据分析人才，加强数据分析技术在档案行业中的应用。同时，还需要不断完善相关的政策措施，提高数据分析人才的地位和待遇，为档案行业的可持续发展提供有力的人才保障。基于大数据技术的档案利用是未来发展的必然趋势。我们应抓住机遇，迎接挑战，加强技术创新和应用研究，提高档案的利用率和价值，为经济社会发展提供有力支持。同时，应注重数据安全和隐私保护，确保大数据技术在档案利用中的合规性和可持续性。

二、档案利用的问题

档案利用工作面临着前所未有的挑战和机遇，大数据技术的应用给档案利用带来了许多问题，需要认真思考和解决。

（一）数据安全问题

大数据技术的应用使得档案信息更加集中和共享，但也带来了数据安全问题。一旦档案数据被泄露或损坏，就会造成不可挽回的损失。因此，加强档案数据的安全保障措施是十分必要的。随着大数据技术的不断发展，档案利用的数据安全问题逐渐凸显。以下是大数据技术下档案利用存在的几个主要数据安全问题。

第一，数据泄露风险。在档案利用过程中，大数据技术的应用涉及大量敏感信息的处理和存储。如果数据保护措施不到位，就会导致数据泄露，给个人和企业带来损失。

第二，数据安全意识不足。大数据技术的应用使得档案利用变得更加便捷，但同时也带来了新的安全风险。用户在档案利用时，往往忽视了数据安全问题，导致敏感信息的泄露。

第三，恶意攻击风险。随着大数据技术的应用，档案系统面临着来自外部的恶意攻击风险。黑客可能会利用系统漏洞，窃取敏感信息，给企业和个人带来严重损失。

第四，数据完整性问题。大数据技术下的档案利用涉及大量数据的处理和传输。如果数据保护措施不当，就会导致数据损坏或被篡改，影响数据的完整性和准确性。

第五，法规制度不完善。目前，针对大数据技术下档案利用的数据安全问题，相关法规制度还不够完善。这使得企业和个人在处理敏感信息时缺乏有效的法律保障。

为了解决这些问题，需要采取一系列措施。首先，加强数据安全意识教育，提高用户对数据安全的认识。其次，加强技术防范措施，建立完善的数据保护体系，防止数据泄露和恶意攻击。再次，完善相关法规制度，为数据安全提供法律保障。最后，加强合作与交流，共同推动大数据技术在档案利用中的健康发展。

（二）数据质量问题

大数据技术虽然可以处理海量数据，但也存在数据质量参差不齐的问题。数据不准确、不完整、不规范等问题都会影响档案利用的效果。因此，档案管理人员需要对数据进行清洗、去重、分类等处理，提高数据质量。随着大数据技术的迅猛发展，档案利用工作也正经历着前所未有的变革。但在大数据技术为档案利用带来便利的同时，数据质量问题也逐渐凸显出来，成为档案利用服务优化的瓶颈。下面将深入探讨大数据技术下档案利用的数据质量问题及其产生原因，并提出相应的解决策略。

1. 数据质量问题

（1）数据真实性问题。在大数据环境下，数据的来源广泛，复杂程度高，可能存在数据不真实、不准确的情况，如数据造假、错误记录等。

（2）数据完整性问题。由于数据采集、存储和使用的过程可能存在数据丢失、损坏或者不完整的情况，数据的完整性无法得到保障。

（3）数据安全性问题。随着大数据的广泛应用，数据泄露、数据篡改等问题日益严重，数据安全性面临严重挑战。

2. 问题产生原因

（1）数据来源多样化。大数据时代，档案数据来源广泛，既有传统的纸质档案，也有电子档案、社交媒体信息等，数据质量的控制难度加大。

（2）技术手段不足。当前的大数据技术尚未完全成熟，对于数据质量的检测、控制和优化手段有限。

（3）管理制度缺失。缺乏完善的数据质量管理制度和规范，导致数据质量难以得到有效保障。

3. 解决策略

（1）建立数据质量管理体系。制定和完善数据质量管理制度，明确数据质量管理责任，确保数据的真实性和完整性。

（2）提升技术水平。积极研发和引进先进的大数据技术，加强对数据的检测、控制和优化，提高数据质量。

（3）加强安全防护。通过加密技术、防火墙等手段加强数据安全防护，防止数据泄露和被篡改。

（三）技术更新换代问题

大数据技术处于不断发展和变化中，技术更新换代很快。档案利用工作需要适应技术的发展，不断更新技术和设备，以满足不断变化的需求。在大数据技术的背景下，档案的利用面临着诸多问题，其中技术更新换代问题是比较突出的问题之一。随着技术的不断发展，新的技术和工具不断涌现，原有的技术和工具逐渐被淘汰。这不仅给档案管理工作带来了挑战，还给档案的利用带来了很大的影响。

首先，技术更新换代导致了档案数据的迁移和转换问题。在大数据时代，数据量庞大，数据类型多样，不同的数据格式和标准给档案数据的迁移与转换带来了很大的困难。由于新的技术和工具的出现，原有的数据格式可能已经不再适用，需要进行转换和升级。这不仅需要耗费大量的人力和物力，还可能会导致数据的丢失和损坏。

其次，技术更新换代导致了档案数据的安全和隐私问题。随着互联网和移动设备的普及，档案数据的存储和传输面临着越来越多的安全威胁。新的攻击手段和恶意软件不断涌现，给档案数据的安全带来了很大的挑战。同时，随着隐私保护意识的提高，档案数据的利用也需要更加谨慎和规范。如何在技术更新换代的背景下保证档案数据的安全和隐私，是档案管理部门需要重点关注的问题。

针对技术更新换代问题，档案管理部门可以采取以下对策。

第一，制定科学合理的档案管理规划。在大数据时代，档案管理部门需要制定科学合理的规划，明确档案管理的目标和任务，确定档案管理的方式和方法。同时，需要根据技术的发展趋势和档案管理的实际情况，不断调整和完善档案管理规划，以保证档案管理的有效性和可持续性。

第二，加强档案数据的安全和隐私保护。档案管理部门需要采取有效的措施和技术手段，保证档案数据的安全和隐私。例如，采用加密技术、访问控制技术、审计监控技术等手段，加强档案数据的保护和管理。同时，需要加强对用户隐私的保护和管理，规范用户数据的收集、存储和使用行为。

第三，推进档案管理的数字化和智能化。在大数据时代，数字化和智能化是档案管理的重要趋势。档案管理部门需要加强对数字化和智能化技术的应用与研究，推进档案管理的数字化和智能化进程。例如，采用人工智能技术、机器学习技术等手段，实现对档案数据的自动分类、自动索引和自动分析等操作，提高档案管理的效率和智能化水平。

第四，加强档案管理的培训和教育。档案管理是一项专业性和技术性都很强的工作，需要加强培训和教育。档案管理部门需要加强对档案管理人员的培训和教育，提高其专业素质和技术水平。同时，也需要加强对用户的教育和培训，提升其档案意识和利用水平。

技术更新换代问题是大数据时代档案利用面临的重要挑战之一。档案管理部门需要采取有效的措施和技术手段，加强档案管理的规划、安全和隐私保护、数字化和智能化进程以及培训与教育等方面的工作，以保证档案管理的有效性和可持续性。

（四）法律与伦理问题

大数据技术的应用涉及个人隐私、商业机密等敏感信息，需要遵守相关法律法规和伦理规范。在档案利用中，要尊重个人隐私和商业机密，遵守相关法律法规和伦理规范，避免产生法律纠纷和伦理风险。在大数据技术的影响下，档案利用已经得到了巨大的改善和优化，但仍面临着一系列法律和伦理问题。

首先，法律问题主要体现在隐私权保护方面。在大数据环境下，档案的收集、存储和使用往往涉及大量的个人信息，这就引发了隐私权保护的问题。例如，未经授权的档案信息收集、不合理的档案信息使用等行为都可能侵犯个人隐私权。因此，在大数据技术下，档案管理部门需要建立健全法律法规体系，明确档案利用中个人隐私权的保护标准和保护措施。

其次，伦理问题主要体现在公正性和透明度两方面。在大数据技术背景下，档案利用的决策可能受到数据偏见的影响，导致不公正的结果。例如，基于历史数据的预测可能导致对某些群体的歧视和不公正的待遇。同时，缺乏透明度的档案利用决策也难以得到社会的认可和信任。因此，在大数据技术背景下，档案管理部门需要遵守公正性和透明度的伦理原则，确保档案利用的决策符合社会公正和公共利益。大数据技术下的档案利用面临着一系列法律和伦理问题，需要从法律法规和伦理原则两个方面入手，加强管理和规范，确保档案利用的合法、合理和有效。

（五）人才缺乏问题

大数据技术的应用需要专业的技术人才和管理人才，而档案利用工作需要具备档案管理、数据分析、信息技术等多方面的知识和技能的人才。因此，档案管理部门需要加强人才培养和引进，提高档案利用工作的专业水平。在大数据环境下，档案利用需要具备数据挖掘、分析、处理等方面的技能，而目前很多档案工作者并不具备这些技能，导致档案利用的效率和质量受到限制。

1. 人才缺乏的表现

（1）技能不足。许多档案工作者缺乏数据处理和分析方面的技能，难以从海量数据中提取有价值的信息。

（2）知识结构老化。一些档案工作者的知识结构与大数据技术不匹配，难以适应新技术环境下的档案利用需求。

（3）人才流失严重。由于档案工作的待遇和发展前景等因素，一些具备大数据技能的优秀人才不愿意从事档案工作，人才流失严重。

2. 人才缺乏的原因

（1）人才培养不足。高校和培训机构在大数据技术方面的课程设置与培养体系不够完善，导致相关人才的培养不足。

（2）行业吸引力不足。档案工作在一些人眼中被视为枯燥无味的工作，缺乏吸引力，难以吸引优秀人才的加入。

（3）人才流失问题。一些企业为了追求短期利益，忽视了员工的职业发展，导致了优秀人才的流失。

3. 解决人才缺乏问题的对策

（1）加强人才培养。高校和培训机构应加强大数据技术方面的课程设置与培养体系，提高相关人才的素质和技能水平。

（2）提高行业吸引力。通过提高待遇和发展前景等措施，增强档案工作的吸引力，吸引更多优秀人才的加入。

（3）优化人才结构。通过引进外部优秀人才和内部培养等方式，优化档案工作的人才结构，提高整体水平。

第三节　档案利用的需求分析

大数据技术已经深入各个领域，为档案管理带来了新的机遇和挑战。大数据技术能够对档案利用的需求进行分析，为档案管理的优化提供参考。大数据技术的崛起，使得数据的处理和分析能力得到了极大的提升。对于档案管理而言，如何运用大数据技术满足多元化的利用需求，提高档案服务的效率和精准度，是当前面临的重要问题。

一、档案利用需求的变化

（一）利用目的多样化

随着社会的发展，档案的利用目的已经从传统的以学术研究为主，扩展到了法律纠纷、历史研究、文化传承等多个领域。随着大数据技术的飞速发展，档案利用需求也在发生深刻变化。利用目的多样化，是这一变化的显著特点。传统的档案利用目的相对单一，主要满足查询、核实和证明等需求。但在大数据时代，档案的利用目的呈现出多样化的趋势。人们不仅关注档案的凭证价值，还对其数据分析和决策支持功能提出了更高要求。例如，通过大数据分析，企业可以更好地了解市场趋势，政府可以更精准地制定政策。

1. 个性化需求的崛起

大数据技术使得档案服务更加个性化。用户可以根据自己的需求定制档案服务，如定制查询条件、定制数据报告等。这种个性化服务满足了用户的差异化需求，提高了档案的利用效率。大数据技术可以更好地理解用户的需求，提供更加精准的服务。首先，大数据技术可以分析用户的行为和偏好，从而更好地理解用户的需求。通过对用户行为的分析，大数据技术可以发现用户的搜索关键词、浏览习惯等数据，这些数据可以用来识别用户的兴趣和需求，并以此为基础向用户提供更加个性化的服务。其次，大数据技术还可以通过机器学习算法对用户的行为和偏好进行预测。通过预测用户的需求，可以提前为用户提供所需的服务，提高用户的满意度和忠诚度。此外，大数据技术还可以帮助档案部门更好地管理档案资源，如通过对档案资源的分析，发现哪些档案资源比较受欢迎，哪些资源比较少人使用。这样可以帮助档案部门更加合理地配置资源，提高服务效率和质量。大数据技术可以更好地理解用户的需求，提供更加精准的服务，还可以帮助档案部门更好地管理档案资源。

2. 数据挖掘与分析的普及

大数据技术的核心是数据挖掘与分析。数据挖掘可以发现档案中隐藏的价值，从而为决策提供有力支持。例如，通过对企业档案的分析，发现企业的运营规律和市场趋势；通过对政府档案的分析，预测政策变化和社会发展。随着大数据技术的不断发展，越来越多的领域开始利用大数据进行数据挖掘与分析，以提高工作效率，优化决策。在档案管理领域，利用大数据技术对档案利用需求进行数据挖掘与分析，有助于更好地满足用户需求，提升档案的利用价值。

（1）大数据技术对档案利用需求分析的重要性

传统的档案利用需求分析主要依靠人工统计和简单数据分析，难以全面、准确地反映用户需求；而大数据技术可以对海量的档案利用数据进行全面、深入的分析，挖掘出更多有价值的信息，为档案管理和服务提供更精准的决策依据。

（2）基于大数据技术的档案利用需求数据挖掘与分析方法

1）数据收集。收集所有相关的档案利用数据，包括用户访问记录、查询内容、借阅记录等。

2）数据清洗。对收集到的数据进行清洗和去重，确保数据的准确性和完整性。

3）数据分析。利用大数据分析工具，对清洗后的数据进行深入分析，包括用户行为分析、内容分析等。

4）模式挖掘。通过数据挖掘算法，挖掘出用户的行为模式和兴趣偏好。

5）结果呈现。将分析结果以图表、报告等形式呈现出来，便于理解和管理。

（3）基于大数据技术的档案利用需求数据挖掘与分析的应用

1）优化档案服务。根据用户的行为模式和兴趣偏好，为用户提供更加个性化的服务，提高用户满意度。

2）提高档案管理水平。通过对档案利用数据的分析，发现档案管理中存在的问题和不足，及时改进和优化。

3）辅助决策。通过对档案利用数据的分析，为决策者提供更全面的数据支持，帮助决策者做出更科学、合理的决策。

4）推动档案数字化转型。通过大数据技术对档案利用需求的分析，更好地了解用户需求和市场变化，推动档案数字化转型和发展。

基于大数据技术的档案利用需求数据挖掘与分析已经成为档案管理领域的一个重要趋势。通过大数据技术的应用，相关部门可以更好地了解用户需求和市场变化，提高档案管理水平和服务质量，推动档案事业的持续发展。未来，随着大数据技术的不断发展和完善，相信基于大数据技术的档案利用需求数据挖掘与分析将发挥更加重要的作用。

3. 智能化服务的涌现

大数据技术为档案服务提供了智能化可能。自然语言处理、机器学习等技术，可以实现档案服务的智能化。例如，智能问答系统可以根据用户的问题提供准确的答案；智能推荐系统可以根据用户的兴趣和需求推荐相关档案。档案利用需求也在不断升级，传统的档案管理方式已无法满足现代社会的需求，因此需要引入大数据技术，实现档案利用需求的智能化服务。下面将探讨如何利用大数据技术，提高档案的利用效率和服务质量。

（1）大数据技术对档案利用需求的影响

1）数据采集与存储。大数据技术可以对海量的档案数据进行高效采集和存储，为后续的数据分析提供基础。

2）数据挖掘与分析。对档案数据的挖掘和分析可以深入了解用户的利用需求，为智能化服务的涌现提供依据。

3）个性化服务。对用户行为的跟踪和分析可以为用户提供个性化的档案利用服务，提高服务质量和效率。

（2）基于大数据技术的档案利用需求智能化服务

1）智能化检索。基于自然语言处理和机器学习技术，实现档案信息的智能化检索，提高检索效率和准确性。

2）智能化推荐。根据用户的使用历史和行为偏好，为用户推荐相关的档案信息，提升用户体验。

3）智能化分类与整理。利用数据挖掘和机器学习技术，对档案进行自动分类和整理，提高档案管理效率。

4）智能化安全控制。通过大数据技术对档案信息的安全性进行监控和管理，保障档案信息的安全和隐私。

基于大数据技术的档案智能化服务是未来档案管理的重要趋势。引入大数据技术可以提高档案的利用效率和服务质量，满足用户多元化的利用需求。同时，也需要加强对大数据技术的研发和应用，为档案管理事业的持续发展提供有力支持。

4. 社交化利用的趋势

在大数据时代，社交化利用成为一种新趋势。人们不仅可以将档案用于个人事务，还可以将其用于社交活动。例如，在社交媒体上分享家族历史，在学术交流中引用档案资料等。这种社交化利用方式拓宽了档案的应用范围，提高了档案的社会影响力。随着大数据技术的迅速发展，档案社交化利用的趋势正在逐渐加强。基于大数据技术的档案社交化利用的趋势，包括个性化推荐、数据分析、跨界合作和用户体验等方面。

（1）个性化推荐

基于大数据技术的个性化推荐是档案社交化利用的重要趋势之一。通过对用户行为、兴趣和需求的深入分析，档案机构可以为用户提供更加精准、个性化的服务。例如，根据用户的浏览历史和兴趣偏好，向用户推荐相关的档案资料、专题展览和活动等。这种个性化推荐的方式可以提高用户的满意度和参与度，同时有助于提升档案机构的影响力和知名度。

（2）数据分析

大数据技术可以帮助档案机构对海量的档案数据进行深度分析和挖掘，从而更好地了解用户需求和市场趋势。通过对数据的分析，档案机构可以发现隐藏在数据中的规律和趋势，为未来的工作提供更加科学、可靠的依据。同时，数据分析还可以帮助档案机构优化工作流程、提高工作效率，进一步提升服务质量。

（3）跨界合作

跨界合作是档案社交化利用的另一个重要趋势。档案机构可以与博物馆、图书馆、旅游景点等机构进行合作，共同开发数字化产品和服务，为用户提供更加丰富、多元的体验。通过跨界合作，档案机构可以扩大自身的影响力和覆盖面，也可以借助合作伙伴的优势资源，提升自身的服务水平和竞争力。

（4）用户体验

用户体验是档案社交化利用的核心问题之一。在数字化时代，用户对档案服务的需求已经不仅仅局限于简单的查询和借阅，而是更加注重服务的便捷性、互动性和个性化。因此，档案机构需要不断优化服务流程，提高服务质量，为用户提供更加优质、高效的体验。例如，通过建立用户反馈机制、开发移动应用程序等方式，提高用户的满意度和忠诚度。

基于大数据技术的档案社交化利用已经成为一种趋势。通过个性化推荐、数据分析、跨界合作和用户体验等方面的优化与创新，档案机构可以更好地满足用户需求，提升自身的服务水平和竞争力。同时，这也需要档案机构不断探索新的服务模式和手段，以适应数字化时代的发展要求。

5. 安全与隐私保护的重要性

在大数据技术的支持下，档案的利用更加便捷。但同时，安全与隐私保护问题也越发突出。因此，加强档案的安全管理，保护用户隐私，成为大数据时代档案工作的重要任务。例如，通过数据加密、权限控制等技术手段，确保档案数据的安全与隐私不受侵犯。档案信息安全与隐私保护面临着前所未有的挑战，传统的档案安全与隐私保护手段已无法满足日益复杂的数据环境需求，因此，基于大数据技术的档案安全与隐私保护尤为重要。

首先，基于大数据技术的档案安全与隐私保护能够提高档案管理的效率。大数据技术通过数据挖掘和分析，能够实现对海量档案信息的快速处理和高效管理。通过自动化和智能化的档案管理流程，其可以大大提高档案管理的工作效率，减少人工操作的错误和疏漏，保障档案信息的完整性和准确性。

其次，基于大数据技术的档案安全与隐私保护能够增强档案信息的安全性。大数据技术能够对海量的档案信息进行全面的安全监测和风险评估，及时发现并解决潜在的安全隐患。同时，通过对数据的加密和权限控制等手段，其可以有效防止档案信息的泄露和非法访问，保障档案信息的安全性和保密性。

最后，基于大数据技术的档案安全与隐私保护能够保护用户的个人隐私。档案管理往往涉及大量的个人隐私信息。通过大数据技术，档案管理部门可以对这些信息进行有效的脱敏处理和匿名化操作，避免对个人隐私的侵犯。同时，建立完善的隐私保护政策和流程，可以确保个人隐私信息得到充分的尊重和保护。

基于大数据技术的档案安全与隐私保护在提高档案管理效率、保障档案信息安全以及保护用户个人隐私等方面具有重要意义。在未来，随着大数据技术的进一步发展和应用，档案安全与隐私保护的需求将会更加迫切。因此，相关部门应加强对大数据技术在档案安全与隐私保护领域的研究和应用，以应对新时代的挑战和需求。

6. 对技术支持的依赖性增强

大数据技术的应用离不开先进的技术支持。为了满足档案利用的多样化需求，档案管理部门需要不断更新技术手段，提高技术支持能力。例如，引进先进的存储设备、开发高效的数据处理软件等。只有这样，才能确保大数据技术在档案领域的应用效果。档案工作对技术手段的依赖性不断增强，大数据技术以其强大的数据处理能力、高效的信息检索能力和精准的分析预测能力，为档案工作带来了前所未有的机遇与挑战。下面从档案数据存储、档案信息检索、档案价值挖掘三个方面，分析基于大数据技术的档案对技术支持的依赖性。

（1）档案数据存储

传统的档案数据存储方式主要依赖实体介质，如纸质、光盘等，这种方式不仅占用大量物理空间，而且容易损坏、丢失；而基于大数据技术的档案数据存储，利用云计算、分布式存储等技术，将档案数据存储在云端，实现了数据的高效、安全存储。通过这种方式，档案工作者可以更加便捷地获取、存储、管理档案数据，提高了工作效率。

（2）档案信息检索

在传统的档案信息检索中，用户需要逐一查找、筛选所需信息，效率低下；而基于大数据技术的档案信息检索，利用自然语言处理、智能推荐等技术，实现了档案信息的智能化检索。用户只需输入关键词或需求描述，系统即可自动匹配相关档案信息，为用户提供精准、个性化的检索结果。这种方式极大地提高了信息检索的效率和准确性，满足了用户对档案信息的快速获取和个性化需求。

（3）档案价值挖掘

传统的档案价值挖掘主要依赖人工分析、解读，效率低下且容易遗漏；而基于大数据技术的档案价值挖掘，利用数据挖掘、机器学习等技术，对海量档案数据进行深度挖掘和分析，能够揭示出其中隐藏的价值和规律。这种方式能够更加全面、深入地挖掘出档案信息的潜在价值，为决策者提供有力的数据支持。

基于大数据技术的档案管理对技术支持的依赖性不断增强。通过利用大数据技术，档案管理从传统模式向数字化、智能化方向转变，提高了工作效率和信息检索的精准度。同时，对海量数据的深度挖掘和分析，能够更加全面地揭示出档案信息的潜在价值。但随着大数据技术的不断发展，档案管理面临着新的挑战和机遇。如何更好地利用大数据技术提高档案管理水平，仍需不断探索与实践。基于大数据技术的档案利用需求变化是一个复杂而多元的过程。为了更好地满足这些需求变化，需要不断创新和完善档案工作，以适应时代发展的需要。

（二）利用方式网络化

传统的档案利用主要依赖实体档案馆，而现在用户更倾向于通过网络进行档案查询和利用。因此，基于大数据技术的档案利用与价值挖掘，成了一个重要的研究课题。下面重点探讨如何利用大数据技术实现档案利用方式的网络化，进而提升档案的价值和利用效率。

1. 档案利用方式的网络化

传统的档案利用方式主要是实体借阅和人工查询，这种方式不仅效率低下，而且无法满足远程用户的需求。因此，基于大数据技术的档案利用方式需要实现网络化。通过网络化利用，用户可以更加方便快捷地获取档案信息，提高档案的利用率和价值。

2. 基于大数据技术的档案价值挖掘

档案价值的挖掘是档案管理的重要环节。大数据技术可以从海量档案数据中挖掘出有价值的信息和知识，为企业和社会提供更好的服务。具体来说，基于大数据技术的档案价值挖掘主要包括以下几个方面。

（1）主题分类与聚类分析。根据档案的内容和特点，利用分类和聚类算法对档案进行主题分类与聚类，以便更好地组织和展示档案信息。

（2）文本挖掘与知识发现。通过文本挖掘和知识发现技术，从档案文本中提取有用的信息和知识，为用户提供更加准确和深入的档案内容。

（3）数据可视化与信息可视化。通过数据可视化和信息可视化技术，将海量档案数据以直观、生动的方式呈现给用户，提高用户对档案内容的理解和认知。

（4）个性化推荐与智能检索。根据用户的兴趣和需求，利用个性化推荐和智能检索技术为用户提供定制化的档案服务，提高用户满意度和忠诚度。

基于大数据技术的档案利用与价值挖掘是档案管理领域的重要发展方向。实现档案利用方式的网络化和基于大数据技术的档案价值挖掘，可以更好地满足用户对档案信息的需求，提高档案的利用率和价值。未来，随着大数据技术的不断发展和完善，相信基于大数据技术的档案管理将会有更加广泛的应用前景。同时，大数据技术在档案管理中的应用需要充分考虑数据安全和隐私保护等问题，以确保档案信息的安全性和可靠性。

（三）利用需求个性化

用户对于档案的需求越来越个性化，他们希望得到更加精准、个性化的服务。随着大数据技术的飞速发展，其对海量数据的处理和分析能力得到了显著提升。档案利用是档案工作的核心，如何更好地满足用户的个性化需求成为当前面临的重要问题。利用大数据技术对档案利用需求进行个性化分析，可以为档案工作提供有力支持，提高档案服务的质量和效率。

1. 大数据技术在档案利用需求个性化分析中的应用

（1）数据采集与存储

利用大数据技术，档案管理人员可以对各类档案利用数据进行全面、高效的采集。这些数据包括用户访问行为、查询记录、利用效果等，对这些数据进行采集，可以建立起完整的档案利用数据库。同时，采用分布式存储技术，可以实现海量数据的快速存储和高效管理。

（2）数据处理与分析

大数据技术可以对采集到的档案利用数据进行处理和分析。通过数据挖掘、机器学习等技术，档案管理人员可以发现用户利用档案的行为特征和规律，进而对用户的利用需求进行个性化预测。此外，对用户反馈信息的处理和分析，可以进一步优化档案服务，提升用户体验。

2. 实施步骤与效果

（1）数据采集与存储

首先，需要建立起全面的档案利用数据采集机制，包括数据来源、采集方式、采集频率等。同时，采用高性能的分布式存储系统，确保数据的存储速度和稳定性。

（2）数据处理与分析

对采集到的数据进行处理和分析是关键步骤。运用数据挖掘、机器学习等技术，可以深入挖掘用户利用档案的行为特征和规律，进而为用户提供个性化的服务。此外，对用户反馈信息的处理和分析，可以进一步优化档案服务，提升用户体验。

（3）个性化服务推荐

基于大数据技术的分析结果，相关部门可以为用户提供个性化的档案服务。例如，根据用户的兴趣和需求，为其推荐相关的档案资源；根据用户的查询习惯，为其优化查询条件，提高查询效率；根据用户的利用历史，为其提供定制化的档案信息服务；等等。个性化服务推荐可以提高用户的满意度和使用率。同时，持续优化推荐算法，可以提升个性化服务的准确性和效果。

基于大数据技术的档案利用需求个性化分析可以提高档案服务的针对性和有效性，更好地满足用户的需求，提升用户体验。在未来的工作中，档案管理部应进一步优化数据采集、处理和分析的技术手段，提高个性化服务的准确性和效果。同时，也要注重保护用户的隐私和数据安全，确保档案服务的合规性和可靠性。

二、基于大数据技术的档案利用需求分析

（一）数据挖掘和分析

数据挖掘和分析技术可以深入挖掘档案中的有价值信息，为多元化的利用需求提供支持。传统的档案利用需求分析方法已经无法满足当前的需求，因此需要借助大数据技术，通过数据挖掘和分析，对档案利用需求进行深入研究。下面介绍基于大数据技术的档案利用需求分析的方法和步骤，以期为相关领域的研究提供参考和借鉴。

大数据技术是指利用先进的信息技术，对海量数据进行处理、分析和挖掘，从而揭示数据背后的规律和趋势。大数据技术包括数据采集、数据存储、数据清洗、数据挖掘和分析等多个环节。在档案利用需求分析中，大数据技术可以提供以下支持。第一，数据采集。通过爬虫等技术，收集各类档案利用的相关数据。第二，数据存储。使用分布式存储技术，实现对海量数据的存储和管理。第三，数据清洗。对数据进行预处理，去除无效和异常数据，保证数据的质量。第四，数据挖掘和分析。利用机器学习、数据挖掘等技术，对档案利用数据进行深入的分析和挖掘，发现数据背后的规律和趋势。

基于大数据技术的档案利用需求分析主要包括以下几个步骤。第一，数据采集。通过爬虫等技术，收集各类档案利用的相关数据。具体包括档案的访问量、

访问时间、访问地点、访问方式等信息。第二，数据预处理。对采集的数据进行清洗和整理，去除无效和异常数据，保证数据的质量。同时，对数据进行分类和标签化，以便后续的挖掘和分析。第三，特征提取。从数据中提取有用的特征，这些特征可以反映档案利用的规律和趋势。例如，可以提取访问时间、访问频率、访问方式等特征。第四，模型训练。利用提取的特征，训练分类器或聚类模型，对档案利用需求进行分类或聚类。可以使用决策树、随机森林、K-means 等算法。第五，结果评估。对模型进行评估和优化，确保模型的准确性和可靠性。可以使用准确率、召回率、F1 值（综合评估分类模型性能的指标）等指标进行评估。第六，需求预测。根据训练好的模型，对未来的档案利用需求进行预测。这可以为档案管理者提供决策依据，更好地满足用户的需求。

（二）用户行为分析

分析用户的查询、浏览等行为，可以了解用户的使用偏好和习惯，为个性化服务提供依据。通过对海量数据的挖掘和分析，档案管理人员可以更深入地理解档案利用需求和用户行为模式，进而优化档案服务，提高档案资源的利用效率。下面探讨如何利用大数据技术进行档案利用需求分析，特别是对用户行为的深度分析。

1. 大数据与档案利用需求分析

大数据技术的应用为档案领域带来了革命性的变化。对大量数据的采集、存储、处理和分析，可以更准确地把握档案利用的热点和趋势，预测未来的利用需求。例如，分析用户检索关键词、访问路径、下载量等数据，可以了解用户对哪些档案内容更感兴趣，为后续的档案编研和开发提供有力依据。

2. 用户行为分析

用户行为分析是大数据技术在档案领域的重要应用。对用户行为的深度挖掘，可以洞察用户的真实需求和偏好，进而为用户提供个性化的档案服务。例如，分析用户的访问频率、访问时间、访问路径等信息，可以了解用户的利用习惯和兴趣点，从而为其推荐更适合的档案资源。同时，聚类分析等技术可以对用户群体进行细分，为不同的用户群体提供更具针对性的服务。

3. 案例分析

以某大型企业为例，对该企业员工在档案系统中的检索记录、浏览记录等数据进行分析，可以发现员工对哪些档案内容更感兴趣，如技术文档、市场报告、公司历史等。基于这些分析结果，档案管理部门可以进行针对性的档案开发和编研工作，提高档案资源的利用价值。同时，持续的用户行为分析可以不断完善和优化档案服务，提高用户满意度。

大数据技术为档案管理和服务带来了前所未有的机遇。对档案利用需求和用户行为的深度分析，可以更好地满足用户需求，提高档案资源的利用效率。未来，随着大数据技术的进一步发展，档案领域将实现更加智能化、个性化的服务模式，推动档案管理事业的持续发展。同时，也需要注意保护用户隐私和数据安全，确保在利用大数据技术的过程中的合规性和伦理问题。

三、对策与建议

（一）加强技术应用

档案管理部门应积极引入大数据技术，提升数据处理和分析的能力。传统的档案管理方式已经无法满足当前社会的需求，因此，需要加强大数据技术在档案利用中的应用，以提高档案管理的效率和准确性。首先，大数据技术可以帮助档案管理员更好地管理和分类档案。通过数据挖掘和机器学习技术，对档案进行分类、聚类和关联分析，以便更好地了解档案之间的关系和关联。这不仅可以提高档案管理的效率，还可以提高档案的利用率和价值。其次，大数据技术可以帮助档案管理员更好地保护档案。通过数据加密、数据备份和数据恢复等技术，确保档案的安全性和完整性。同时，通过实时监测和预警系统，及时发现和处理潜在的安全风险与威胁。最后，大数据技术可以帮助档案管理员更好地提供服务。通过数据分析、数据可视化和数据挖掘等技术，为档案利用者提供更加精准和个性化的服务。同时，通过云计算和移动互联网等技术，为档案利用者提供更加便捷和高效的服务。加强大数据技术在档案利用中的应用可以提高档案管理的效率和准确性，保护档案的安全性和完整性，同时提供更加精准和个性化的服务。因此，档案管理部门应该积极探索和应用大数据技术，以适应当前社会的发展需求。

（二）完善数据资源

完善数据资源，提高数据的质量，为档案利用提供更好的基础。随着大数据时代的到来，数据已经成为重要的生产要素。档案作为组织、社会和个人活动的重要记录，其价值在大数据技术的帮助下得到了更大的发挥。基于大数据技术的档案利用可以深入挖掘档案中的潜在价值，为社会、组织和个人提供更为丰富和深入的信息服务。

1. 大数据技术对档案利用的影响

（1）数据量的快速增长。传统的档案管理方式难以应对如此庞大的数据量，而大数据技术可以有效地处理海量数据，提高档案管理的效率。

（2）数据类型的多样化。传统的档案管理主要集中于结构化数据，而大数据技术可以处理包括文本、图片、音频、视频等多种类型的非结构化数据，极大地丰富了档案内容。

（3）数据价值的深度挖掘。大数据技术可以从海量的档案数据中挖掘出有价值的信息，为社会、组织和个人的决策提供有力支持。

2. 基于大数据技术的档案利用策略

（1）建立全面的数据资源体系。在大数据时代，档案的收集、整理和存储需要更加全面与细致，以确保数据的完整性和准确性。

（2）创新数据管理方式。采用大数据技术，如云计算、分布式存储等，提高数据管理的效率和安全性。

（3）强化数据分析能力。通过利用大数据分析工具，对档案数据进行深度挖掘，提取有价值的信息，为决策提供支持。

（4）提升数据服务水平。利用大数据技术，提供更加个性化和智能化的数据服务，满足社会、组织和个人的多样化需求。

基于大数据技术的档案利用是完善数据资源的重要途径。创新档案管理方式，提高数据分析能力，提升数据服务水平，可以更好地发挥档案的价值，为社会、组织和个人的发展提供有力支持。未来，随着大数据技术的不断发展和完善，档案管理和利用将进入一个新的阶段。

3. 提升服务水平

根据用户的需求变化，不断提升服务水平，提高档案的利用率。大数据技术对提升档案利用服务水平具有重要作用。以下是一个可能的基于大数据技术的档案利用服务提升方案。

（1）数据收集。利用大数据技术，从各种来源收集档案数据，包括但不限于数字档案、社交媒体、网页、图片、视频等。

（2）数据处理。对收集到的海量数据进行处理，包括数据清洗、数据转换、数据整合等，以便后续的数据分析和利用。

（3）数据分析。利用大数据分析工具对处理后的数据进行深入挖掘和分析，包括数据关联性分析、趋势预测、情感分析等，以发现数据之间的潜在联系和规律。

（4）数据呈现。将分析结果以可视化方式呈现，如数据可视化图表、报告等，以便用户更好地理解和利用数据。

（5）数据服务。根据用户需求，提供定制化的数据服务和解决方案，如数据挖掘、数据报告、数据咨询服务等，以帮助用户更好地利用档案数据，提高服务水平。

基于以上方案，以下是一些可能的实施步骤。

（1）确定目标。明确档案利用服务提升的目标，如提高档案利用率、提高用户满意度等。

（2）数据采集。通过多种渠道收集档案数据，确保数据的全面性和准确性。

（3）数据处理。对收集到的数据进行清洗、分类、整合等处理，以提高数据质量。

（4）数据分析。利用大数据分析工具对处理后的数据进行深入挖掘和分析，发现数据之间的潜在联系和规律。

（5）数据呈现。将分析结果以可视化方式呈现，并生成相应的报告和图表。

（6）数据服务。根据用户需求，提供定制化的数据服务和解决方案，帮助用户更好地利用档案数据。

（7）反馈优化。根据用户反馈和实际效果，不断优化和改进档案利用服务方案，提高服务水平。

以上方案和实施步骤可以根据实际情况进行调整与优化。在实际应用中，需要注意以下几个关键问题。

（1）数据安全。确保档案数据的安全性和隐私保护，防止数据泄露和滥用。

（2）技术选型。根据实际情况选择合适的大数据技术和工具，以确保方案的可实施性和效果。

（3）人才建设。加强大数据人才的培养和管理，提高团队的技术水平和专业素养。

（4）合作与沟通。加强与其他部门的合作和沟通，确保方案的顺利实施和效果的评估与反馈。

4. 强化人才培养

加强档案管理人员的技能培训，培养一支既懂档案管理又懂大数据技术的专业队伍。随着大数据技术的快速发展，档案利用已经进入一个全新的时代。大数据技术的应用为档案利用提供了更高效、更便捷的方式，但也对档案工作者的技能和素质提出了更高的要求。因此，强化人才培养成为档案工作的重要任务。

（1）大数据技术在档案利用中的优势

1）数据挖掘和分析

大数据技术可以对海量的档案数据进行挖掘和分析，帮助档案工作者更好地了解档案信息的特点和规律，为档案的利用提供更加精准的服务。

2）提高档案利用效率

大数据技术可以实现档案信息的快速检索和筛选，缩短了档案利用的时间，提高了档案的利用效率。

3）提升档案服务质量

大数据技术可以实现个性化、差异化的档案服务，提高档案服务的针对性和满意度，提升了档案服务质量。

（2）强化人才培养的措施

1）建立完善的人才培养机制

要建立完善的人才培养机制，通过定期培训、技能提升、学术交流等方式，提高档案工作者的技能和素质。

2）加强实践经验的积累

实践经验是提高技能和素质的重要途径。档案工作者应该通过实际工作，不断积累实践经验，提高自己的业务水平。

3）引进高素质人才

引进高素质人才是提高团队整体水平的有效途径。引进具有丰富经验和专业技能的人才，可以带动整个团队的发展。

4）加强学术研究

学术研究是提高技能和素质的重要手段。档案工作者应该积极参与学术研究，了解最新的学术动态和技术进展，提高自己的学术水平。

基于大数据技术的档案利用是未来的发展趋势，而强化人才培养是实现这一目标的关键。只有不断提高档案工作者的技能和素质，才能更好地适应大数据时代的需求，为档案事业的发展做出更大的贡献。

5. 建立安全保障体系

在充分利用大数据技术的同时，要重视档案信息安全，建立完善的安全保障体系。随着大数据技术的不断发展，档案利用已经进入一个全新的时代。但随之而来的是安全问题，如何保障档案在利用过程中的安全，成为档案管理部门必须面对的挑战。下面探讨如何基于大数据技术，建立档案利用的安全保障体系。

（1）大数据技术在档案利用中的应用

1）数据挖掘。通过数据挖掘技术，从海量的档案数据中发现潜在的价值，为决策提供支持。

2）数据分析。通过对档案数据的深度分析，更好地理解用户的需求，优化档案服务。

3）数据存储。大数据技术可以有效地解决海量档案数据的存储问题，同时保证数据的安全性和完整性。

（2）档案利用安全保障体系的建立

1）制度保障。建立完善的档案管理制度，明确各方的职责和权限，规范档案的利用流程。

2）技术保障。采用先进的安全技术，如加密技术、身份认证技术等，确保档案数据的安全。

3）人员保障。加强档案管理人员的培训和教育，增强他们的安全意识和技能。

4）应急响应。建立完善的应急响应机制，以应对可能出现的各种安全问题。

（3）案例分析

以某大型企业为例，他们通过建立基于大数据技术的档案利用安全保障体系，有效地提高了档案的利用率和安全性。具体做法包括采用数据加密技术对档案数据进行加密，确保数据的安全；建立完善的用户权限管理机制，确保只有授权用户才能访问档案；定期对档案系统进行安全检查和漏洞扫描，及时发现和修复安全问题。

基于大数据技术的档案利用为档案管理工作带来了便利，但也带来了安全挑战。只有建立完善的安全保障体系，才能确保档案数据的安全。因此，相关部门应该从制度、技术、人员和应急响应等多个方面入手，全面提升档案利用的安

全性。

6. 推进合作共享

加强与其他机构和组织的合作，实现数据资源的共享，提高档案的利用效率。随着大数据技术的不断发展，档案利用工作也正在经历着深刻的变革。传统的档案管理模式已经难以满足现代社会对信息利用的需求。因此，档案管理部门需要借助大数据技术，推进档案利用的合作共享。

（1）大数据技术对档案利用的影响

1）数据量巨大。大数据技术可以处理海量的数据，使档案利用的范围和深度得到极大的拓展。

2）处理速度快。大数据技术可以对数据进行快速处理和分析，提高了档案的利用效率。

3）智能化程度高。大数据可以对档案数据进行智能化分析，挖掘出更深层次的信息，为决策提供有力支持。

（2）推进合作共享的必要性

1）资源整合。合作共享可以将分散的档案资源进行整合，形成一个完整的档案体系。

2）信息互通。合作共享可以促进信息互通，提高信息的利用价值。

3）降低成本。合作共享可以降低档案管理的成本，提高管理效率。

（3）实现合作共享的途径

1）建立统一的档案管理平台。建立统一的档案管理平台可以实现档案数据的集中管理和共享。

2）加强数据安全保护。在推进合作共享的过程中，需要加强数据安全保护，确保档案数据的安全性和保密性。

3）完善法律法规。完善相关法律法规，为档案合作共享提供法律保障和支持。

4）强化培训和教育。加强档案管理人员的培训和教育，提高他们的专业素养和技术水平。

基于大数据技术的档案利用是推进合作共享的重要手段。建立统一的档案管理平台、加强数据安全保护、完善法律法规和强化培训教育等途径，可以促进档案合作共享的实现。这将有助于提高档案的利用效率和价值，为经济社会的发展提供更好的服务。

（三）完善法规制度

制定和完善相关法规制度，确保大数据技术在档案管理中的应用有法可依。随着大数据技术的迅猛发展，档案的存储、处理和利用方式发生了深刻变化。为了适应这一变革，完善法规制度是档案利用领域亟待解决的问题。下面将探讨如何利用大数据技术完善档案利用的法规制度。

1. 大数据技术对档案利用法规制度的影响

（1）数据安全与隐私保护。大数据技术的应用使得档案信息更容易被获取、处理和使用，但同时也带来了数据安全和隐私保护的挑战。相关部门需要制定更为严格的法规制度，确保档案信息的安全与隐私。

（2）信息利用的合法性。大数据技术提高了档案信息的利用效率，但同时可能引发信息滥用的风险。因此，相关部门需要明确档案信息利用的合法性边界，防止滥用。

（3）知识产权保护。在大数据环境下，档案信息的复制、传播变得更加便捷，对知识产权保护提出了更高的要求。相关部门应加强对档案信息知识产权的保护，防止侵权行为的发生。

2. 完善档案利用法规制度的建议

（1）制定严格的档案信息安全与隐私保护法规。明确档案信息的安全标准，规定档案信息的收集、存储、处理和利用过程中的隐私保护措施，加大对违法行为的处罚力度。

（2）明确档案信息利用的合法性边界。在确保国家安全和社会公共利益的前提下，制定档案信息分类管理规定，明确各类档案信息的开放范围和使用权限。

（3）完善知识产权保护法规。加大对档案信息知识产权的保护力度，规定知识产权侵权行为的认定标准和处罚措施，建立知识产权纠纷调解机制。

（4）建立大数据环境下档案管理的监管机制。加强对大数据环境下档案管理的监管，建立档案管理机构的市场准入制度，确保档案管理机构具备相应的技术和管理能力。

（5）推广基于大数据技术的档案管理标准化。制定基于大数据技术的档案管理标准，规范档案管理流程，提高档案管理效率，降低档案管理风险。

（6）加强宣传教育，提高公众对档案利用法规的认识。通过各种渠道宣传档案利用法规制度，增强公众的法律意识和自我保护意识，引导公众正确合理地利用档案信息。

（7）建立档案利用违法行为的投诉举报机制。鼓励社会公众参与对档案利用违法行为的监督，建立投诉举报渠道，对违法行为进行及时处理和公示。

基于大数据技术的档案利用法规制度是当前亟待完善的重要议题。相关部门应从数据安全与隐私保护、信息利用的合法性、知识产权保护等方面出发，制定严格的法规制度，并建立相应的监管机制。同时，加强宣传教育，提高公众对档案利用法规的认识，引导公众正确合理地利用档案信息。这些措施的实施，可以更好地促进大数据技术在档案利用领域的健康发展。随着大数据技术的不断发展，其在档案管理中的应用将更加广泛和深入。为了更好地满足多元化的利用需求，档案管理部门应积极应对挑战，加强技术应用和创新，不断提升服务水平，为用户提供更加高效、精准、个性化的档案服务。同时，要重视档案信息安全和隐私保护，确保大数据技术在档案管理中的合法、合规应用。

第三章　基于大数据技术的档案利用模式探讨

第一节　大数据技术对档案利用的影响

随着科技的不断发展，大数据技术已经深入各个领域，其中包括档案利用。大数据技术的应用对档案利用产生了深远的影响，下面将对其影响进行探讨。

一、大数据技术提升档案信息检索的效率

在传统的档案利用中，检索档案信息需要花费大量时间和人力；而大数据技术的应用，通过强大的数据处理能力，能够快速、准确地检索档案信息，提高了档案信息的利用效率。同时，通过大数据分析，还可以对检索结果进行深度挖掘，为用户提供更加全面的档案信息。在这样的背景下，如何快速、准确地检索档案信息成了一个重要的问题。大数据技术的应用，为提升档案信息检索的效率提供了新的解决方案。

（一）大数据技术对档案信息检索的影响

1. 数据量的提升

传统的档案信息检索方式在处理大规模数据时存在明显的性能瓶颈；而大数据技术可以有效地处理 PB 级别的数据，使档案信息检索在数据量上得到质的飞跃。随着大数据技术的快速发展，其对于档案信息检索的影响日益显现。其中，最为显著的影响便是数据量的提升。传统的档案信息检索主要依赖纸质文档或小型数据库，数据量相对较小，检索效率较高。但随着信息化、数字化进

程的加速，档案信息的数据量呈爆炸式增长，给信息检索带来了极大的挑战。

首先，大数据技术的应用使得档案信息的数据量大幅提升。通过数字化、网络化等技术手段，大量的档案信息被集中存储于数据中心或云端，形成了海量的数据资源。这不仅使得档案信息的存储方式发生了深刻变化，更使得数据的规模和复杂度得到了极大的扩展。

其次，数据量的提升对档案信息检索的效率提出了更高的要求。传统的检索方式在面对海量数据时，往往显得力不从心，难以快速、准确地定位到所需信息；而大数据技术通过先进的分布式存储和计算技术，能够实现对海量数据的快速处理和分析，从而提高了信息检索的效率。

最后，大数据技术还为档案信息检索提供了更为丰富的数据来源和分析手段。传统的档案信息主要依赖关键词、分类等简单方式进行检索。大数据技术则可以通过文本挖掘、数据挖掘、机器学习等技术手段，对档案信息进行深度分析，从而发现隐藏在数据背后的有价值的信息。

大数据技术的应用对档案信息检索产生了深远的影响，其中最为显著的是数据量的提升。为了应对这一挑战，档案管理部门需要不断探索和应用新的技术手段，提高档案信息检索的效率和准确性，以便更好地服务于社会和经济的发展。

2. 数据多样性的处理

传统的档案信息检索方式对于非结构化数据的处理能力有限；而大数据技术可以有效地处理图片、视频、音频等多种类型的档案信息，大大丰富了档案信息的检索内容。随着信息化时代的到来，大数据技术的应用已经深入各个领域，其中包括档案信息检索。大数据技术对档案信息检索带来了许多变革，其中最显著的是对数据多样性的处理。

（1）数据多样性的挑战

传统的档案信息检索主要依赖人工分类和关键词搜索，对于数据多样性的处理能力有限。但在大数据时代，数据多样性大大增加，包括结构化数据、非结构化数据、图像、视频、音频等多种形式。这给档案信息检索带来了新的挑战。随着大数据技术的快速发展，数据多样性已成为档案信息检索的重要特征之一。但这也给档案信息检索带来了许多挑战。

1）数据多样性的挑战

①数据量巨大。随着大数据技术的普及，档案数据量呈现出爆炸式增长，这

给信息检索带来了巨大的挑战。传统的检索方式无法有效地处理如此庞大的数据量，需要采用更加高效的技术和算法。

②数据类型多样。大数据时代，档案数据的类型不仅包括文本、图片、音频、视频等多种形式，还包括结构化数据和非结构化数据。如何处理这些不同类型的数据，实现有效的信息检索，是大数据技术面临的又一挑战。

③数据质量参差不齐。大数据环境下，档案数据来源广泛，质量参差不齐。这给信息检索带来了困难，需要采取有效的方法对数据进行清洗、去重、分类等预处理，以提高检索的准确性和效率。

④数据时效性要求高。在许多应用场景中，档案信息检索需要快速响应。如何在保证检索准确性的前提下提高响应速度，是大数据技术在档案信息检索中需要解决的问题。

2）应对策略

针对上述挑战，提出以下应对策略。

①利用高效的数据处理技术和算法，如分布式计算、云计算等，提高数据处理的效率。

②结合多源数据挖掘和机器学习技术，对不同类型的数据进行深入分析，实现智能化检索。

③建立完善的数据质量评估体系，对数据进行清洗和预处理，提高数据质量。

④利用缓存技术、负载均衡等手段优化系统架构，提高检索的响应速度。

大数据技术给档案信息检索的数据多样性带来了巨大挑战，但同时也为档案信息检索带来了前所未有的机遇。采用高效的数据处理技术和算法、结合多源数据挖掘和机器学习技术、建立完善的数据质量评估体系以及优化系统架构等手段，可以有效应对这些挑战，提高档案信息检索的准确性和效率。

（2）大数据技术的优势

大数据技术为处理数据多样性提供了有效的解决方案。首先，大数据技术可以通过数据挖掘和机器学习技术，自动对数据进行分类和标签化，大大提高了处理效率。其次，大数据技术可以处理非结构化数据，如图像、视频和音频，使得这些类型的数据也能被有效检索。最后，大数据技术还可以通过数据关联分析，发现数据之间的潜在联系，进一步丰富档案信息的检索结果。随着大数据时代的来临，大数据技术正在逐步改变生活方式和工作方式。尤其是在档案信息检索方面，大数据技术的应用带来了前所未有的便利。以下是大数据技术在档案信息检索中的主要优势。

1）海量数据处理能力。随着企业信息系统的增加，其所产生的告警、日志等安全数据也呈爆发式增长。传统技术已经无法满足这些海量数据的实时处理与存储需求；而大数据技术通过分布式架构，将每秒数据处理效率提高了 15 倍以上。这种强大的处理能力使企业能够快速、准确地处理大量档案信息，极大地提高了检索效率。

2）数据存储优势。传统关系型数据库在数据量增大时，扩容成本会显著提高；而大数据技术采用分布式存储，可以灵活地扩展，解决了这一问题。这为企业节省了大量成本，使它们能够更好地管理和存储档案信息。

3）数据检索能力。传统数据库检索系统在面对大量数据时，很难提供精确的检索结果；而大数据技术通过建立索引、分析数据关系等方式，提高了检索的准确性和效率。用户只需输入关键词或条件，系统就能够快速地为其提供所需的信息。

4）高级数据分析。大数据技术不仅能够处理和存储大量数据，还能够对这些数据进行高级分析。通过数据挖掘、机器学习等技术，从海量档案信息中提取出有价值的信息，为企业决策提供支持。

5）数据安全保障。在大数据技术的支持下，企业可以更加有效地保障档案信息的安全。例如，通过数据加密、权限控制等方式，确保只有授权人员才能访问相关档案，防止信息泄露和被篡改。

6）自动化与智能化。借助机器学习等技术，大数据技术能够实现档案信息检索的自动化与智能化。系统可以根据用户的需求，自动为其筛选和推荐相关信息，大大降低了人工干预的成本和时间。

大数据技术在档案信息检索中的应用，不仅提高了检索效率、降低了成本、保障了信息安全，还能提供高级的数据分析和智能化服务。在未来，随着技术的进一步发展，相信大数据技术将在档案信息检索领域发挥出更大的价值。

（3）应用案例

许多机构已经开始利用大数据技术处理档案信息检索的数据多样性。例如，一些图书馆利用大数据技术对古籍进行数字化处理和检索，一些医疗机构利用大数据技术对医学影像数据进行检索和分析，还有一些政府机构利用大数据技术对历史档案进行挖掘和分析。这些案例都证明了大数据技术在处理数据多样性方面的强大能力。

大数据技术为档案信息检索的数据多样性处理带来了巨大的变革。它不仅提高了数据处理效率，还使得非结构化数据得以有效利用。未来，随着技术的进一步发展，期待大数据技术在档案信息检索领域发挥更大的作用，为人们提供更加全面、准确的信息检索服务。

3. 检索效率的提高

通过分布式计算、内业计算等技术，大数据技术可以显著提高档案信息检索的速度，实现实时检索。随着大数据技术的不断发展，其对档案信息检索的影响日益显著。尤其是检索效率的提升，为档案信息管理和利用带来了革命性的变革。

首先，大数据技术提升了档案信息检索的速度。传统的档案信息检索主要依赖人工或简单的计算机搜索，速度较慢，难以满足大量数据的快速查询需求；而大数据技术利用先进的分布式存储和计算技术，能够快速处理和分析海量数据，大幅缩短了检索时间。

其次，大数据技术提高了档案信息检索的准确性。传统的检索方式容易受到人为因素和系统限制的影响，导致检索结果不准确；而大数据技术通过自然语言处理、机器学习等算法，能够自动识别和匹配档案信息中的关键词与语义，提高了检索的准确率。

最后，大数据技术还为档案信息检索提供了更多的可能性。传统的检索方式通常只能提供简单的关键词匹配，难以满足用户复杂的信息需求；而大数据技术能够利用数据挖掘、关联分析等技术，深入挖掘档案信息中的关联和规律，为用户提供更加丰富的检索结果。大数据技术对档案信息检索的影响主要体现在提高检索速度、准确性和丰富性等方面。随着大数据技术的不断发展和完善，相信未来的档案信息检索将会更加高效、智能和便捷。

（二）如何应用大数据技术提升档案信息检索的效率

1. 数据预处理

大数据技术的应用首先需要对档案数据进行预处理，包括数据清洗、格式转换等步骤，以保证数据的准确性和一致性。数据预处理在提升档案信息检索效率中扮演着关键角色，下面探讨如何利用大数据技术对档案信息进行预处理，以优化信息检索过程，提高检索效率。

（1）数据清洗

数据清洗是预处理的第一步，其目标在于消除错误、异常或不完整的数据。在档案信息检索中，数据清晰尤为重要，因为档案数据可能存在多种形式的异常，如格式错误、遗漏值、重复记录等。大数据技术可以快速识别并修正这些异常，确保后续信息检索的准确性。

（2）数据转换与整合

数据转换是将原始数据转换为易于分析的格式，如将非结构化数据转换为结构化数据。数据整合则是将不同来源的数据进行整合，以形成一个统一的数据集。大数据技术可以实现高效的数据转换与整合，进一步增强档案数据的可读性和可用性。

（3）特征提取

特征提取是从原始数据中提取关键特征的过程，这些特征能够准确反映数据的核心属性。在档案信息检索中，特征提取有助于提高信息检索的准确性和效率。大数据分析工具可以快速识别并提取档案数据的核心特征，为后续的信息检索提供有力支持。

（4）数据降维

数据降维是通过减少数据的维度来降低数据的复杂性。在档案信息检索中，数据降维有助于提高检索速度和准确性。大数据技术可以实现高效的数据降维，进一步优化信息检索过程。

数据预处理是应用大数据技术提升档案信息检索效率的关键环节。数据清洗、转换与整合、特征提取以及数据降维等步骤，可以优化信息检索过程，提高检索效率。未来，随着大数据技术的不断发展，数据预处理在档案信息检索中的应用将更加广泛和深入。

2.建立索引

利用大数据的分布式存储和计算能力，建立高效、准确的索引是提升档案信息检索效率的关键，如采用倒排索引、B树索引等多种方式。传统的档案信息检索方式已经无法满足现代社会的需求，为了提高档案信息检索的效率，需要借助大数据技术来建立一个高效的索引。

（1）大数据技术对档案信息检索的重要性

1）提高检索速度。大数据技术可以快速处理和分析大量数据，从而大幅缩短检索时间。

2）优化索引质量。大数据技术可以对档案信息进行更深入的分析和挖掘，从而建立更加精确的索引。

3）提升用户体验。用户可以更快地获取所需信息，提高满意度。

（2）建立高效索引的方法

1）数据预处理。对原始数据进行清洗、去重、分类等操作，使其满足建立索引的需求。

2）选择合适的索引算法。根据数据特点和查询需求，选择合适的索引算法，如 B-树索引、哈希表等。

3）特征提取。对档案信息进行特征提取，以便更好地进行分类和匹配。

4）建立倒排索引。利用倒排索引技术，将关键词与文档建立关联，方便快速检索。

5）优化存储。采用分布式存储技术，将索引数据存储在多个节点上，提高查询效率。

6）动态更新。定期对索引进行更新，以保证其准确性。

（3）案例分析

以某大型图书馆为例，通过引入大数据技术，对馆藏图书进行高效索引。具体实施方案包括使用 Hadoop 框架进行分布式处理，采用 Elasticsearch（搜索服务器）建立倒排索引，结合图书分类体系进行特征提取，等等。经过一段时间的运行，该图书馆的检索速度和准确性得到了显著提升。

大数据技术的应用，可以有效提升档案信息检索的效率。建立高效的索引是其中的关键环节，需要从数据预处理、算法选择、特征提取、存储优化等多个方面进行考虑和实施。随着技术的不断发展，相信未来档案信息检索的效率会得到进一步提升。

3. 优化查询算法

针对大规模数据的查询算法需要进行优化，以提高检索效率，如采用近似算法、分布式计算等技术手段。随着信息化进程的加速，各类档案数据呈爆炸性增长，传统的档案信息检索方式已经无法满足用户的需求。因此，如何利用大数据技术提升档案信息检索效率成了一个亟待解决的问题。下面将探讨如何应用大数据技术优化档案信息检索的查询算法，提高检索效率。

（1）相关技术概述

1）大数据技术。大数据技术是指利用大规模数据集进行数据挖掘和分析的技术，包括数据采集、存储、处理、分析等环节。

2）查询算法。查询算法是指对大规模数据进行快速检索和查询的算法，常见的有 B-树、哈希表等。

（2）优化查询算法的策略

1）索引建立。建立合适的索引，可以大大提高查询速度。对于档案信息检索，可以建立倒排索引、B-树索引等，根据实际数据特点选择合适的索引方式。

2）数据预处理。对档案数据进行预处理，如去重、格式化等，可以提高查询效率。预处理过程可以通过数据清洗、数据转换等方式实现。

3）查询语句优化。合理设计查询语句，避免全表扫描，减少不必要的计算和操作，如优化 SQL 语句、使用合适的查询条件等。

4）并行处理。利用并行处理技术，将查询任务分解为多个子任务同时进行，可以大幅提高查询速度。并行处理可以通过分布式计算等技术实现。

（3）实现方案

1）数据采集。利用大数据技术采集各类档案数据，包括结构化数据和非结构化数据。

2）数据存储。采用分布式存储系统，如 Hadoop 分布式文件系统（HDFS），将大规模数据分散存储在多台服务器上，提高存储和检索效率。

3）查询算法优化。根据实际需求选择合适的查询算法，并进行优化。例如，可以采用倒排索引结合分布式计算的方式，提高查询效率。

4. 智能推荐

结合机器学习和人工智能技术，可以根据用户的查询历史、兴趣爱好等信息，为用户推荐相关的档案信息，提高检索的精准度。随着大数据时代的来临，档案信息检索的效率和准确性成为重要的挑战。传统的档案信息检索方式已无法满足现代社会的需求，因此，利用大数据技术提升档案信息检索的效率成为必要。智能推荐系统作为大数据技术的一种，可以为档案信息检索带来革命性的变革。

（1）智能推荐系统的基本原理

智能推荐系统基于用户的行为和兴趣，通过分析大量的数据，预测用户可能感兴趣的内容，并进行个性化推荐。这种系统主要依赖大数据技术，包括数据挖掘、机器学习、自然语言处理等。

（2）智能推荐系统在档案信息检索中的应用

1）个性化检索。智能推荐系统可以分析用户的历史检索记录，了解用户的兴趣和需求，为用户提供个性化的检索结果。

2）实时推荐。系统可以实时分析最新的档案信息，并根据用户的兴趣进行推荐。这不仅可以提高检索效率，还可以让用户及时获取最新的档案信息。

3）语义推荐。通过自然语言处理技术，系统可以理解用户的检索语义，提供更精确的检索结果。

4）社交推荐。结合社交媒体数据，系统可以分析用户的朋友或同事的兴趣，为用户推荐可能感兴趣的档案信息。

（3）智能推荐系统的优势

1）提高效率。智能推荐系统可以大幅提高档案信息检索的效率，让用户更快地找到需要的信息。

2）提升准确性。通过个性化推荐和语义理解，系统可以提供更准确的检索结果。

3）增强用户体验。实时推荐和社交推荐等功能可以增强用户的体验，使用户更愿意使用档案信息检索服务。

在大数据技术的支持下，智能推荐系统为档案信息检索带来了革命性的变革。通过个性化检索、实时推荐、语义推荐和社交推荐等功能，智能推荐系统不仅可以提高检索效率，还可以提升准确性，增强用户体验。在未来，随着大数据技术的不断发展和完善，智能推荐系统在档案信息检索中的应用将更加广泛和深入。

（三）实践案例分析

以某大型档案管理系统为例，该系统采用 Hadoop 分布式计算框架，对海量的档案数据进行处理和分析。通过建立分布式索引和优化查询算法，该系统实现了高效、准确的档案信息检索，同时为用户提供了个性化的推荐服务。此外，利用大数据技术对档案数据进行挖掘和分析，还可以发现数据之间的潜在联系和规律，为决策提供有力支持。

大数据技术的应用为提升档案信息检索的效率提供了新的思路和方法。数据预处理、建立索引、优化查询算法和智能推荐等手段，可以显著提高档案信息检索的速度和精准度。未来，随着技术的不断发展，大数据将在档案信息检索中发挥更大的作用，推动档案管理工作的现代化和智能化。同时，也需要注意数据安全和隐私保护等问题，确保档案信息的安全性和合规性。

二、大数据技术增强档案信息的安全性

档案信息是非常重要的资源，其安全性至关重要。大数据技术的应用可以加强档案信息的安全性。数据加密、数据备份等技术手段，可以有效防止档案信息的泄露与丢失。同时，大数据技术还可以对异常数据进行分析，及时发现与解决安全问题。信息技术的每一次进步，都促进了档案管理模式的极大变革。以云计算、物联网、社交网络、移动互联网等 IT 新技术广泛应用为标志的"大数据"时代的来临，推动档案管理朝着小空间、低成本、高效率、可循环、智能化的方向快速进展，档案管理变得更加简捷。但由此带来的一系列问题也渐渐显现，如档案信息易被篡改、伪造与窃取等，信息丢失、泄密及病毒侵害等问题也给档案信息带来了不容忽视的隐患。如何提高档案信息的安全性，成为大数据背景下一个值得探讨的问题。

（一）大数据背景下档案信息管理的优势

基于云计算的巨大数据处理力量，"大数据"完全颠覆了传统的档案管理模式，使得档案数据的高质量应用成为现实。

1. 大数据的应用，实现了档案管理信息的智能化及人性化

档案管理工作中，利用大数据技术，通过信息采集、数据压缩、远程传递、自动翻译等手段收集档案信息资源，通过云技术进行巨量的信息储存，能建立起结构有序的档案信息资源库。工作人员简捷操作档案数据库系统，便可达到智能计算检索、分析、查询、处理、存储数据的目的，使档案资源的开发利用数字化和智能化。在大数据技术的支持下，用户可依据自身需求，充分挖掘和利用档案信息资源，实现档案管理的"私人定制"，凸显人性化特点。随着大数据技术的飞速发展，其在各个领域的应用也越来越广泛。在档案管理领域，大数据技术的应用为档案管理带来了前所未有的智能化和人性化变革。

（1）智能化变革

1）数据存储与检索。传统的档案管理模式中，数据存储主要依赖纸质文档或有限的电子文档；而大数据技术可以实现海量数据的存储和管理，通过关键

词、标签等元数据快速检索所需档案，大大提高了数据检索的效率和准确性。

2）数据挖掘与分析。大数据技术可以对档案数据进行深入挖掘，发现数据之间的潜在联系，预测未来趋势。例如，通过对企业档案数据的挖掘，分析企业业务发展情况、客户需求变化等信息，为企业决策提供有力支持。

3）自动化分类与归档。利用机器学习等技术，可以实现档案的自动分类和归档。通过训练分类器，机器可以自动识别档案的主题、类别等信息，并将其归类到相应的文件夹中，大大提高了档案管理的工作效率。

（2）人性化变革

1）个性化服务。大数据技术可以根据用户的需求和习惯，为其提供个性化的档案服务。例如，用户可以根据自己的兴趣定制档案推送、档案查询等服务，使档案管理更加贴心、便利。

2）实时化服务。大数据技术可以实现档案信息的实时更新和动态管理。用户可以随时获取最新的档案信息，了解最新动态，提高了档案服务的时效性。

3）互动化服务。大数据技术可以实现档案信息的共享和交流。用户可以在线浏览、下载档案信息，与其他用户进行交流和讨论，提高了档案服务的互动性和参与性。

大数据技术在档案管理中的应用为档案管理带来了智能化和人性化的变革。通过实现档案信息的智能化存储、检索、挖掘和分析，以及提供个性化、实时化和互动化的服务，大数据技术使档案管理更加高效、便捷、贴心，为企业的决策和发展提供了有力支持。

2.大数据的应用，实现了档案管理信息的高效化

原始的档案管理，管理人员要面对的是整个库房、数排档案柜架以及数不清的纸质档案资料。手工翻阅查找又存在着工作量大、效率低下、精确率低的问题，对档案资源的利用造成极大束缚。大数据技术介入后，查阅者只要具有一定的查阅权限，遵守档案保密要求，就能使用查询终端，对目标档案信息资源库进行智能查找、检索，以及必要的扫描、分析和使用，查询速度远非传统档案管理技术可比，档案检索和使用的速度也大大提高。

随着大数据时代的来临，各行各业都开始关注如何利用大数据技术提升业务效率和质量。档案管理领域也不例外。传统的档案管理方式由于信息量大、更新速度快等特点，往往面临许多挑战，如信息检索不便、存储空间不足、管理效率

低下等；而大数据技术的应用，为解决这些问题提供了新的思路和手段。

（1）信息存储与检索的优化

大数据技术可以实现档案信息的分布式存储，将海量数据分散存储在多个节点上，提高了存储空间的利用率。同时，数据挖掘和机器学习技术可以快速准确地检索到所需信息，大大提高了档案的查询效率。

（2）档案价值挖掘

大数据分析可以对档案中的信息进行深度挖掘，发现其中隐藏的价值。例如，通过对某企业多年的销售数据进行挖掘，发现其市场趋势、客户需求变化等信息，为企业决策提供有力支持。

（3）档案安全管理

大数据技术可以实时监控档案的访问和使用情况，及时发现异常行为，提高档案的安全性。同时，利用数据加密技术，可以有效保护档案信息不被非法获取和篡改。

（4）个性化服务

通过分析用户的行为和需求，大数据可以帮助档案管理部门提供更加个性化的服务。例如，根据用户的查阅习惯和兴趣，为其推荐相关的档案资料。

（5）提高管理效率

大数据技术可以自动完成许多传统需要人工完成的任务，如数据整理、分类、备份等，大大减轻了档案管理员的工作负担，提高了管理效率。

大数据技术的应用对档案管理信息的高效化起到了积极的推动作用。未来，随着技术的不断发展，期待大数据在档案管理领域发挥更大的作用，为社会的发展和进步做出更大的贡献。

3. 大数据的应用，实现了档案管理和利用水平的整体提升

全球经济社会的快速进展，经济活动交往的日益频繁，新技术、新手段的应用不断推陈出新，促使数据信息量和档案数量都呈爆发式增长，给档案管理带来了前所未有的挑战。大数据技术自应用以来，不仅使档案信息的查询变得便捷快速，还转变了传统的档案管理模式，档案信息的运行效率大幅提升。基于信息技术平台建设，更多的档案管理信息系统被开发出来，档案信息识别系统的应用、档案信息数据的改良，使数据信息的处理能力进一步加强，档案数据库的结构进一步优化，促进了档案信息管理和利用水平的极大提升。随着大数据时代的到来，档案管理与

利用面临着前所未有的机遇和挑战。传统的档案管理方式已经无法满足现代社会的需求，需要借助大数据技术来实现档案管理的数字化、智能化和个性化。

（1）大数据技术在档案管理中的应用

1）数据存储和管理

传统的档案管理方式主要以纸质档案为主，这种方式不仅存储成本高，而且查询和利用效率低下；而大数据技术可以实现海量数据的存储和管理，使档案管理更加便捷、高效。同时，大数据技术还可以对数据进行分类、索引和备份，保证档案数据的完整性和安全性。

2）数据挖掘和分析

大数据技术可以对海量数据进行深入挖掘和分析，发现数据之间的关联和规律，为档案管理和利用提供有力支持。例如，通过对档案数据的挖掘和分析，发现档案数据的分类、归档和利用等方面的规律，提高档案管理的效率和质量。

3）数据可视化展示

大数据技术可以实现数据可视化展示，将复杂的数据以直观、易理解的方式呈现出来。在档案管理中，档案管理人员可以通过数据可视化展示来帮助用户更好地理解档案数据，提高档案的利用率和效果。

（2）如何实现档案管理和利用水平的整体提升

1）建立完善的档案管理制度

要实现档案管理和利用水平的整体提升，首先需要建立完善的档案管理制度。管理制度应该包括档案的收集、整理、保管、利用等方面的规定，并明确各方的职责和权利。同时，管理制度还应该根据实际情况不断进行调整和完善，以适应时代发展的需要。

2）加强档案管理人才队伍建设

档案管理工作需要专业化的人才队伍来支撑。因此，相关部门要加强档案管理人才队伍建设，提高档案管理人员的素质和能力。同时，还要加强档案管理人员的培训和学习，使他们能够更好地掌握和应用大数据技术，提高档案管理的效率和质量。

3）推进数字化档案管理

数字化是档案管理的发展趋势。相关部门要推进数字化档案管理，将传统的纸质档案转化为数字档案，实现档案的数字化存储和管理。同时，还需要加强数字化档案的安全保护，保证数字化档案的完整性和安全性。

4）加强档案信息资源的开发利用

相关部门要加强档案信息资源的开发利用，提高档案的利用率和利用效果。例如，通过建立档案信息服务平台、开展专题研究和展览等方式来促进档案信息资源的开发利用。同时，还需要加强与其他相关机构的合作和交流，实现资源共享和优势互补。

要实现档案管理和利用水平的整体提升，需要借助大数据技术建立完善的档案管理制度、加强档案管理人才队伍建设、推进数字化档案管理、加强档案信息资源的开发利用等方面的措施。只有这样，才能更好地适应时代发展的需要，为经济社会发展提供有力支持。

（二）大数据背景下档案管理信息安全所面临的问题

大数据技术的广泛应用对档案管理信息安全来说是一把双刃剑。档案管理在充满机遇的同时也面临着极大的挑战。档案信息收集环节、档案信息管理环节和档案信息利用环节存在一系列风险。

1. 档案信息收集环节风险

档案信息收集，主要有电子文档和纸质档案的数字化收集。在此过程中，纸质档案的载体、存储空间和表现形式都发生了转变，载体被更替，存储空间被任意压缩或扩大，表现形式被任意更改，这都会对档案的原始性和真实性产生影响。此外，档案信息量的爆炸式增长，纸质档案种类繁多、数量巨大的数字化处理，档案管理的难度可想而知，信息在收集过程中漏收或错收的现象，无形中增加了信息安全风险。在海量的数据中，如何有效地收集、整理、分类和存储档案信息成为一项重要的任务。但这一过程中也存在诸多风险，需要认真对待和防范。

（1）数据泄露风险

在大数据背景下，档案信息的数量和种类急剧增加，同时带来了更高的数据泄露风险。一旦数据泄露，就会给企业和个人带来严重损失。因此，在档案信息收集环节，必须采取严格的数据加密和安全存储措施，确保数据的安全性和保密性。

（2）数据质量风险

大数据背景下，档案信息的来源更加广泛、复杂，数据的真实性和准确性难以保证。虚假、错误的信息一旦被收集和存储，将会对后续的数据分析、利用造成影响，甚至会导致错误的决策。因此，在档案信息收集环节，必须建立严格的数据质量管理体系，对数据进行清洗、去重、校验等处理，确保数据的真实性和准确性。

（3）数据孤岛风险

大数据背景下，各个组织、部门之间的数据交换和共享越来越频繁。但由于数据格式、标准不统一，数据孤岛现象仍然存在。这会导致数据的重复收集、存储和使用，增加了数据管理和维护的成本。因此，在档案信息收集环节，需要建立统一的数据标准和交换格式，促进数据的共享和流通。

（4）知识产权风险

大数据背景下，知识产权保护成为一个重要问题。在档案信息收集过程中，如果不经过授权擅自使用他人的知识产权，将会面临法律风险。因此，在档案信息收集环节，需要建立严格的知识产权保护机制，对涉及知识产权的信息进行审查和授权。

2. 档案信息管理环节风险

数字化档案的管理，对存储系统有较大的依赖性。档案信息转移时，要经过不同系统的多次读取与录入，数据冗余、丢失、替换、改写等，档案的原始真实性难以保证。用于存储和管理档案数据的计算机软硬件系统故障、计算机病毒、黑客攻击等都可能造成档案数据被恶意使用或篡改，导致档案数据的丢失或损坏。随着大数据时代的来临，档案信息管理也面临着前所未有的挑战和风险。在大数据背景下，档案信息管理主要面临以下环节的风险。

（1）数据安全风险。大数据环境下，档案信息数量庞大，种类繁多，管理复杂度增加，容易受到黑客攻击、病毒入侵等威胁，数据丢失或泄露的风险加大。

（2）信息孤岛风险。在大数据环境下，各部门间的档案信息分散存储，相互之间缺乏有效的共享和互通机制，容易导致信息孤岛现象，影响信息利用效率。

（3）技术更新风险。大数据技术的不断发展，使得档案管理技术和标准也在不断更新和升级，如果不能及时跟进技术更新，将影响档案信息的完整性和可用性。

（4）隐私泄露风险。随着大数据技术的应用，档案管理中涉及越来越多的个人隐私信息，如何保障个人隐私不被泄露，也是档案管理中需要重点关注的风险。

（5）管理规范缺失风险。在大数据背景下，档案管理需要更加完善的管理制度和规范，如果管理规范缺失或不完善，就会导致档案信息管理的混乱和无序。

针对以上风险，相关部门应采取相应的应对措施，如加强数据安全防护、建立信息共享机制、跟进技术更新、加强隐私保护、完善管理制度和规范等，以保障档案信息管理的安全、有序和高效。

3. 档案信息利用环节风险

如何利用适当的检索方式和检索载体从海量数据中提取信息，并保证检索结果的真实精确，也是大数据背景下档案管理信息安全的一个待破解难题。档案信息利用过程中，检索结果有算法错误风险，加之监督缺位也时有发生，"访问"数据库时的有效监督空位、访问权限混乱等会造成信息泄露，数据保密与数据开放之间的平衡关系难以维持。随着大数据时代的来临，档案信息利用工作面临着前所未有的机遇和挑战。大数据技术为档案信息利用提供了强大的技术支持，使得档案信息利用更加便捷、高效，但大数据技术的应用也给档案信息利用带来了新的风险和问题。如何应对这些风险，提高档案信息利用的安全性和可靠性，成了一个亟待解决的问题。

首先，需要识别和评估档案信息利用环节的风险因素。这包括但不限于数据泄露、数据损坏、数据不完整、数据失真、数据安全等方面。针对这些风险因素，相关部门需要采取相应的措施进行预防和控制。针对数据泄露风险，加强档案信息的安全管理，建立完善的安全管理制度和流程，确保档案信息的保密性。同时，加强用户权限管理，对不同用户设置不同的访问权限，避免未经授权的用户访问档案信息。针对数据损坏和数据不完整风险，加强数据备份和恢复工作，建立完善的数据备份和恢复机制，确保数据的可靠性和完整性。同时，加强数据质量管理，对数据进行清洗、去重、校验等处理，确保数据的准确性和可信度。针对数据失真和数据安全风险，加强数据的审计和监控工作，建立完善的数据审计和监控机制，对数据进行实时监测和分析，及时发现和处理异常情况。同时，加强数据加密和解密工作，采用先进的加密算法和技术，确保数据的机密性和完整性。大数据背景下档案信息利用环节的风险多种多样，需要采取多种措施进行预防和控制。只有建立完善的风险管理体系和技术防护体系，才能确保档案信息的安全性和可靠性，为大数据技术的应用和发展提供坚实的保障。

（三）加强大数据背景下档案信息安全管理的对策

1. 推动档案信息的结构化和标准化

大数据背景下，数据结构化是一个基础性工作，它可以更好地保障档案信息数据安全，提高档案管理效率。面对信息数据简单、量大、进展快速的趋势，保证档案信息数据的安全性是格外必要的。在具体工作中，档案数据的结构化处理是一项基础工作，结构化处理后的档案数据对于档案信息数据的分类和使用有很大的促进作用，更便于档案信息数据的有效管理和加密。经过档案信息数据的结构化处理之后，数据被标准化，能大幅提高档案管理的安全性。

随着科技的不断发展，大数据技术已经深入影响各个行业领域，档案信息管理也不例外。在大数据背景下，档案信息的结构化和标准化成为提升档案信息利用价值与促进档案事业发展的重要途径。下面从几个方面对大数据背景下如何推动档案信息的结构化和标准化进行探讨。

（1）档案信息结构化的必要性

在大数据时代，数据呈现出爆炸式增长，档案信息也不例外。但传统的档案信息管理方式存在着数据分散、格式不统一等问题，这给档案信息的利用带来了很大的不便。因此，对档案信息进行结构化处理尤为重要。对档案信息进行分类、标签化等处理，可以使其更加有序、易于检索和利用，从而提升档案信息的价值。

（2）档案信息标准化的重要性

除了结构化外，标准化也是提升档案信息管理水平的重要手段。制定统一的档案信息管理标准，可以确保不同部门、不同领域的档案信息具有一致性、规范性和互操作性。这不仅能够提高档案信息的可读性和易用性，还能够为跨部门、跨领域的档案信息共享和交流提供便利。

（3）大数据技术在档案信息结构化和标准化中的应用

1）数据挖掘技术。运用数据挖掘技术，可以对海量的档案信息进行深度分析，从而发现其中有价值的信息。这不仅有助于提升档案信息的结构化程度，还可以为标准化工作提供参考。

2）自然语言处理技术。利用自然语言处理技术，可以将非结构化的档案信息转化为结构化的数据，从而便于存储和检索。此外，该技术还可以用于提升档案信息的可读性和易用性。

3）云计算技术。云计算技术可以为档案信息的存储和管理提供强大的支持。将档案信息存储在云端，可以实现数据的集中管理和维护，从而为标准化工作提供便利。

（4）具体实施策略

1）完善法规制度。政府应出台相关法规和政策，明确档案信息结构化和标准化的要求，为相关工作的开展提供法律保障。

2）强化技术研发。鼓励相关企业和研究机构加强技术研发，不断提升档案信息管理技术的水平。

3）推动跨界合作。鼓励不同领域的企业和机构开展跨界合作，共同推动档案信息的结构化和标准化进程。

4）加强人才培养。加大对档案管理专业人才的培养力度，为档案信息管理工作的开展提供人才保障。

在大数据背景下，推动档案信息的结构化和标准化具有重要的现实意义与长远的发展价值。完善法规制度、强化技术研发、推动跨界合作以及加强人才培养等措施的实施，可以有效提升档案信息的管理水平，使档案管理更好地服务于社会发展和人们的需求。

2. 推动档案数据安全体系化

大数据背景下，传统的安全因素依旧存在，但数据在信息时代的安全因素不容忽视。不能头痛医头、脚痛医脚，要有统筹支配，建立一个档案数据安全体系。相关部门应努力构建安全的电子档案存放的物理环境和安全的电子档案运行的硬软件环境，给档案信息织密安全网。具体来说，就是构建好数字档案信息资源安全管理体系、安全技术体系和安全运行维护体系。这些体系既独立又有紧密联系，能够从根本上确保档案数据的安全。在大数据背景下，档案数据安全体系化是一个重要的议题。随着大数据技术的广泛应用，档案数据量呈现爆炸性增长，同时面临着诸多安全风险。因此，需要采取一系列措施来保障档案数据的安全性。

首先，应加强档案数据的安全存储和管理。通过采用高性能的存储设备和安全可靠的数据管理软件，确保档案数据的完整性和可靠性。同时，应定期对档案数据进行备份和恢复，以防止数据丢失或损坏。

其次，应加强档案数据的加密和保护。采用加密技术对档案数据进行加密处理，确保档案数据在传输和存储过程中的安全性。同时，应加强访问控制和权限管理，限制对档案数据的访问和使用权限，防止未经授权的访问和泄露。

再次，应加强档案数据的监控和审计。通过采用监控和审计工具，对档案数据的访问和使用进行实时监控与记录，及时发现和处理安全事件。同时，应定期对档案数据进行安全漏洞扫描和风险评估，及时发现和修复潜在的安全隐患。

最后，应加强档案数据的安全意识和培训。增强档案工作人员的安全意识和技能水平，使其能够正确地处理和保护档案数据。同时，应加强对用户的教育和培训，提高用户对档案数据安全的重视程度和自我保护能力。在大数据背景下推动档案数据安全体系化需要从多个方面入手，包括加强数据存储和管理、加密和保护、监控和审计以及安全意识和培训等方面。只有综合施策、多管齐下，才能有效地保障档案数据的安全性，促进大数据技术在档案管理领域的健康发展。

3. 推动档案安全管理制度规范化

与传统的档案管理比较，现代档案管理进展空间宽敞，但是档案数据信息的安全保障不是一劳永逸的事情。大数据背景下的档案管理工作以全新的形式开展，规章制度的建立与完善跟不上进展的步伐，档案管理的效率达不到应有的预期，档案信息的安全也不能完全保证。所以，档案安全管理制度的建立健全成为档案管理工作进展的一个重要环节。在档案管理过程中，档案信息准入制度以及监督管理制度是应当优先考虑的方面，相关部门应以制度为标准、规范，实行严格的分级管理。监督管理制度可起到防微杜渐的作用，减少不作为或失职行为，爱护档案数据，提升档案管理水平，可发挥积极的作用。随着大数据时代的来临，档案管理面临着前所未有的挑战与机遇。尤其是在档案的管理方面，传统的档案管理方式已无法满足当前的需求。下面将探讨在大数据背景下，如何推动档案安全管理制度的规范化，确保档案的完整与安全。

（1）大数据对档案安全管理的影响

大数据技术的应用给档案管理带来了海量的数据存储和处理能力，但也增加了数据泄露和丢失的风险。传统的档案管理方式已无法应对这些挑战，需要建立更加规范的安全管理制度。

（2）档案安全管理制度规范化的必要性

1）确保档案的完整与安全

规范的档案安全管理制度能够有效地防止档案的丢失、篡改和非法访问，从而确保档案的完整与安全。

2）提高档案管理效率

规范化的管理流程可以减少档案管理中的人为错误，提高管理效率。同时，大数据技术的应用也可以进一步优化档案管理流程。

3）适应信息化发展趋势

随着信息化的发展，档案的数量和种类都在不断增加。规范化的档案安全管理制度能够更好地适应这一发展趋势，满足不断增长的数据存储和处理需求。

（3）如何推动档案安全管理制度的规范化

1）完善法律法规体系

政府应出台相关法律法规，明确档案管理的责任和义务，为档案安全管理制度的规范化提供法律保障。

2）制定统一的管理标准

行业应制定统一的档案管理标准，规范档案的存储、备份、恢复等各个环节，确保档案管理的质量和效率。

3）加强人员培训和管理

档案管理人员的素质直接关系到档案管理的质量。因此，应加强档案管理人员的培训和管理，提高其专业素养和责任心。

4）强化技术手段的应用

利用大数据、云计算等技术手段，建立完善的档案管理体系，提高档案管理的效率和安全性。同时，应加强技术防范措施，防止黑客攻击和数据泄露。

5）建立完善的监督机制

政府和行业应建立完善的监督机制，对档案管理过程进行全程监督，确保档案管理的规范化和安全性。同时，应鼓励社会各界对档案管理进行监督，提高档案管理的透明度。

在大数据背景下，推动档案安全管理制度的规范化至关重要。完善法律法规体系、制定统一的管理标准、加强人员培训和管理、强化技术手段的应用以及建立完善的监督机制等措施，可以有效提高档案管理的效率和安全性，确保档案的完整与安全。同时，这也有助于提高档案管理的社会认可度，促进档案管理事业的健康发展。

4. 建立一支高素养的档案管理人力资源队伍

人是第一位的，档案管理安全保障领域也不例外。建立一支高素养的档案管理人力资源队伍，无论是对提高档案管理的运行效率，还是确保档案管理信息安全，都有重要意义。相关部门应从如何选人、如何育人、如何用人、如何激励人、如何爱护人这几个环节出发，建立一套切实可行的人力资源管理机制，既要加大内部培育力度，也要引进优秀的外部人才，促进人才合理流动。强化激励机制，鼓舞优秀人才。针对档案信息管理的特点，加强对年轻人的选拔和培育。加强社会舆论引导，培育年轻一代对档案管理工作的爱好。在大数据背景下，随着信息技术的快速发展，档案管理面临着诸多挑战和机遇。为了应对这些挑战，提高档案管理工作的效率和质量，建立一支高素养的档案管理人力资源队伍尤为重要。

（1）加强人才培养

在大数据背景下，档案管理需要具备数字化、信息化、智能化等方面的知识和技能。因此，需要加强人才培养，提高档案管理人员的专业素养和技能水平。例如，通过组织培训、学术交流、专题讲座等方式，让档案管理人员不断更新知识结构，提高专业水平。

（2）引进优秀人才

除了加强人才培养外，引进优秀人才也是建立高素养档案管理人力资源队伍的重要途径。例如，通过招聘、引进等方式，吸引具备数字化、信息化、智能化等方面知识和技能的优秀人才加入档案管理队伍，提升整体水平。

（3）建立激励机制

建立有效的激励机制是激发档案管理人员积极性和创造性的重要手段。例如，通过制定奖励政策、晋升机制等方式，激励档案管理人员不断进步，提高工作质量和效率。同时，还要关注档案管理人员的职业发展，提供更多的发展机会和空间。

（4）加强团队建设

团队建设是建立高素养档案管理人力资源队伍的重要环节。例如，通过组织团队活动、加强团队协作等方式，增强团队凝聚力和向心力，提高团队整体水平。同时，还要注重团队内部的知识共享和经验交流，促进团队成员的共同成长。

（5）推进信息化建设

推进信息化建设是提高档案管理效率和质量的必要手段。建立数字化档案管理系统，实现档案信息的数字化存储、查询和使用，可以大大提高档案管理的效率和准确性。同时，还要注重档案信息的安全保护和管理，确保档案信息的安全可靠。

建立一支高素养的档案管理人力资源队伍是提高档案管理效率和质量的必要条件。加强人才培养、引进优秀人才、建立激励机制、加强团队建设和推进信息化建设等方面的措施，可以不断提高档案管理人员的能力和素质，为档案管理工作的开展提供有力保障。

三、大数据技术促进档案信息的共享和交流

在传统的档案利用中，由于受到各种因素的限制，档案信息很难实现共享和交流，而大数据技术的应用可以打破这种限制。大数据平台可以将分散的档案信息整合在一起，实现资源的共享和交流。这不仅可以提高档案信息的利用率，还可以促进各领域之间的交流和合作。大数据时代，数据已经成为最有价值的资源。为了加快公共数据资源的共享，国家推出了相应的管理办法，可见数据资源共享已经成为当前一个值得关注的问题。大数据时代档案资源共享的意义，探究了大数据时代档案资源共享的实现路径，有助于提升我国信息资源共享水平，并在此基础上促进我国各个行业的快速发展。随着大数据技术的不断发展，数据资源共享已经成为当前我国社会亟待解决的一个问题。大数据技术的应用以大量的数据资源为基础，而当前我国的现实情况是，大部分的数据仍旧掌握在各个企事业单位以及政府等机构的手中，想要从公共渠道获得大量有价值的数据仍有一定的难度。基于此，为了推动大数据时代各行各业的发展，促进我国各行各业的数据资源共享工作的开展，国家出台了相关的文件，加速推进政府政务信息的数据资源共享工作，并以此为基础推动其他机构数据资源共享工作的开展。对于笔者所在的疾控中心档案管理部门来说，其管理着大量极具价值的疾控档案，这些档案在生物科研、医学研究、疾病预防等方面都起着非常重要的作用，因此推动疾控中心档案资源的共享是促进相关领域快速发展的一个基础条件，必须对其加以重视。

（一）大数据时代档案资源共享的意义

大数据时代，实现档案资源的共享具有非常重要的意义，尤其是疾控中心的档案资源。疾控中心的档案资料涉及疾病的传播、预防控制等内容，还包含一些具有代表性的案例，对我国的疾病预防和控制工作有着非常重要的指导作用。其不仅能够促进地区疾控部门对本区域内经常发生的一些传染病有一个正确的了解和认识，并从中寻找合适的预防控制方法，而且是各地疾控部门相互之间进行交流学习以及经验借鉴的重要资料，疾控中心档案资源的共享可以促进全国疾控水平的进一步提升。另外，疾控中心的档案资源还能为我国的医疗科研机构提供重要的参考资料，从而促进我国医疗水平的提升。由此可见，大数据时代，疾控中心档案资源的共享具有非常重要的意义。它不仅有助于提高档案管理效率，还有利于优化资源配置，促进信息流通，从而为各行业的发展提供有力支持。

首先，档案资源共享能够提高档案管理效率。传统的档案管理方式费时费力，而通过大数据技术，可以实现档案信息的快速检索、整理和分析，大大提高了档案管理效率。同时，通过共享档案资源，各单位、各部门之间的档案信息可以相互补充，避免了重复建设和浪费。

其次，档案资源共享有助于优化资源配置。在大数据时代，信息成为重要的资源。通过共享档案资源，各单位、各部门之间的信息流通可以更加顺畅，有助于发现和解决存在的问题，实现资源的优化配置。

再次，档案资源共享能够促进信息流通。在传统的档案管理方式中，档案信息往往被束之高阁，难以发挥其应有的价值；而通过共享，档案信息可以被更多人利用，发挥其更大的价值。同时，通过共享档案资源，还可以促进各单位、各部门之间的交流与合作，推动各行业的发展。

最后，档案资源共享还有助于提升社会治理水平。档案信息中蕴含着大量的历史数据和经验，共享和利用这些数据，可以为政策制定、决策支持提供有力支持，提升社会治理水平。大数据时代档案资源共享具有重大的意义。相关部门应该积极推动档案资源的共享，充分发挥其价值，为各行业的发展和社会进步做出更大的贡献。

（二）大数据时代档案资源共享的实现路径

大数据时代，想要实现疾控中心的档案资源共享，应当做到以下几点。

1. 档案资源标准化处理

档案资源的标准化处理是影响数据共享的一个重要问题。疾控中心只有将自身拥有的档案资源按照统一的数据处理标准进行处理后，才能保证数据传输、交换工作的顺利进行。针对这一问题，国家疾控中心应当制定统一的档案资源数据处理标准，并且促使下级疾控部门按照规定的标准进行档案资源的整合和处理，使各地区疾控部门的档案资源能够在一个共同的数据平台上实现共享。各地区疾控部门应当严格遵照相关要求进行档案资源的标准化处理，这样才能实现疾控中心档案资源的全国共享。数据已经成为驱动社会进步的重要引擎，档案资源作为社会信息的重要组成部分，其管理和利用方式也要与时俱进。标准化处理作为实现档案资源共享的关键环节，对于提高档案资源的利用效率和价值具有重要意义。

（1）档案资源标准化处理的必要性

1）数据量的爆炸式增长。大数据时代的特点之一是数据量巨大，传统的档案管理方式难以应对。标准化处理可以提高档案资源的存储、检索和管理效率，满足不断增长的数据处理需求。

2）信息孤岛问题。缺乏统一的标准和规范导致档案资源分散，形成信息孤岛，难以实现资源共享。标准化处理能够促进档案资源的整合和互通，打破信息孤岛。

3）安全性与可靠性。标准化处理能够统一档案资源的存储、传输和利用标准，提高档案资源的安全性和可靠性，降低信息泄露和损坏的风险。

（2）档案资源标准化处理的主要内容

1）格式统一。对档案资源的存储格式进行统一，确保不同来源的档案数据能够相互兼容，方便数据的交换和共享。

2）分类与编码。建立科学的分类体系和编码规则，对档案资源进行合理分类和编码，便于检索和利用。

3）元数据标准。制定元数据标准，规范档案资源的描述信息，提高数据质量，便于数据的管理和整合。

4）数据交换标准。建立数据交换标准，规范数据的传输和交换格式，确保不同系统之间的档案资源能够顺畅交换。

（3）实现档案资源标准化处理的路径

1）制定国家标准与规范。政府和相关机构应牵头制定档案资源标准化处理的相关国家标准与规范，推动行业标准的制定和实施。

2）推广标准应用。通过培训、宣传等方式推广标准应用，增强档案管理人员的标准化意识，促进标准在实际工作中的应用。

3）技术研发与创新。鼓励和支持相关技术研发与创新，探索新的标准化处理技术和方法，提高档案资源的管理效率和利用价值。

4）建立协作机制。加强不同机构、企业之间的协作与交流，共同推动档案资源标准化处理的进程。

5）完善法规制度。完善相关法规制度，明确档案资源标准化处理的法律地位和责任义务，为标准化处理的实施提供法律保障。

大数据时代对档案资源的管理和利用提出了新的挑战与机遇。实施标准化处理可以提高档案资源的利用效率和价值，促进资源共享。未来，相关部门应继续加强档案资源标准化处理的研究和实践，不断完善相关标准和规范，以适应大数据时代的发展需求。

2. 档案资源信息化管理

疾控中心档案资源的共享需要全国各地的疾控部门共同配合才能实现，因此必须推动各地疾控部门档案资源信息化管理工作的进行，只有在信息化管理的条件下，各地疾控部门才能将相关档案资源经过标准化处理后录入疾控中心的数据共享平台，从而实现其档案资源的共享。这一工作的实现，不仅需要其他部门的协调帮助，而且部分地方疾控部门需要更新相关设备才能对相关的档案资源进行标准化处理。另外，国家疾控中心需要建设功能强大的数据资源共享平台，并且对其进行必要的安全管理和信息维护，只有这样才有可能实现疾控中心的档案资源共享。如何有效地管理和利用档案资源，实现资源的共享，成为目前面临的重要课题。档案资源信息化管理作为解决这一问题的有效途径，其重要性不言而喻。

（1）档案资源信息化管理的必要性

1）提高管理效率。传统的档案管理方式效率低下，信息化管理可以大幅提高档案查询、整理的效率。

2）促进资源共享。信息化管理可以实现档案资源的在线共享，提高档案资源的利用率。

3）提升安全性。电子档案更容易实现备份和加密，提高了档案的安全性。

（2）实现档案资源信息化管理的路径

1）建立完善的信息化管理系统。从硬件设施到软件系统，都需要进行科学的规划和建设。

2）数字化档案资源。将传统的纸质档案进行数字化处理，转化为电子档案。

3）制定统一的标准和规范。在档案的存储、查询、使用等方面制定统一的标准和规范，保证信息化管理的有序进行。

4）加强网络安全防护。针对网络安全问题，采取有效的防护措施，保障电子档案的安全。

5）培养专业的管理人才。培养具备档案管理知识和信息技术能力的专业人才，是实现档案资源信息化管理的关键。

6）推广信息化服务。鼓励更多的用户利用信息化平台进行档案查询和使用，提高档案的利用率。

在大数据时代，档案资源信息化管理是实现资源共享的有效途径。通过建立完善的信息化管理系统、数字化档案资源、制定统一的标准和规范、加强网络安全防护、培养专业的管理人才以及推广信息化服务，可以更好地管理和利用档案资源，实现资源的共享。同时，这也是适应时代发展，提高档案管理效率和服务水平的必然要求。

3. 引入专业技术人才

档案资源共享的实现涉及的工作内容非常多，而且由于各地疾控中心的档案资源数量巨大，因此其工作难度更大，对工作人员的技术要求也相对较高。其不仅要求工作人员掌握档案管理、医疗卫生方面的知识，还必须掌握相关的数据处理技术，这样才能完成档案资源的标准化处理和档案资源信息化平台的管理工作。基于此，疾控中心需要引入相关专业的技术人才，以保证档案资源共享工作的顺利实现。疾控中心应当从各种渠道招聘掌握专业技术的人才，同时对现有的档案管理人员进行专项技术培训，使其能够逐渐掌握所需的相关技术，从而促进档案资源共享的实现。大数据时代，档案资源共享已经成为各行各业的一个必然趋势。对疾控中心来说，想要实现档案资源的共享，除了建设功能强大的数据资源共享平台，还应当制定统一的档案资源处理标准；除了促使各地疾控部门实现档案资源的信息化管理外，还应当根据实际需要引入专业技术人才。只有这样，疾控中心的档案资源才能顺利实现共享。以下是一些实现路径。

（1）建立专业人才库

通过建立专业人才库，汇聚各类专业技术人才，为资源共享提供人才保障。这个人才库可以涵盖不同领域，如数据分析、云计算、人工智能等，以便更好地适应大数据时代的需求。同时，制定合理的评价标准，对入库人才进行评估和筛选，确保人才的质量和可靠性。

（2）加强技术培训和交流

为了提高专业技术人才的技能水平，需要定期开展技术培训和交流活动。这些活动可以涵盖各种大数据的相关技术，如数据挖掘、数据可视化等，以便人才更好地掌握和应用新技术。同时，通过交流活动，促进人才之间的合作与互动，共同推动资源共享的发展。

（3）制定合理的激励机制

为了吸引和留住专业技术人才，需要制定合理的激励机制。这些机制可以包括薪酬、奖金、晋升等方面的政策，以便更好地激发人才的积极性和创造力。同时，建立健全的绩效考核体系，对人才的工作表现进行科学评估，并根据评估结果进行奖惩，进一步推动资源共享的实现。

（4）推进产学研合作

通过产学研合作，将学术界的专业知识和企业的实践经验相结合，共同推进资源共享的发展。在这个过程中，学术界可以为企业提供技术支持和人才培养，企业可以为学术界提供实践经验和资金支持。通过这种合作模式，实现资源的优势互补，进一步提高资源共享的效率和质量。

（5）建设资源共享平台

建设资源共享平台是实现资源共享的重要手段。这个平台可以包括各种数据、算法、模型等资源，以便专业技术人才更好地利用这些资源开展工作。同时，通过制定合理的使用规则和管理制度，确保资源的合理使用和保护。此外，建设开放式平台，鼓励更多的人才参与到资源共享中来，共同推动大数据时代的发展。

（6）加强法律法规建设

为了保障资源共享的合法性和规范性，需要加强法律法规建设。这些法规应包括数据安全、知识产权保护等方面的内容，以便更好地维护各方的权益。同时，建立健全监管机制，对资源共享的过程进行监督和管理，确保资源的合理使用和合规性。

大数据时代资源共享的实现需要专业技术人才的支撑。通过建立专业人才库、加强技术培训和交流、制定合理的激励机制、推进产学研合作、建设资源共享平台以及加强法律法规建设等多种途径，吸引和留住更多的专业技术人才参与到资源共享中来，共同推动大数据时代的发展。

（三）大数据技术为档案信息共享和交流带来的优势

1. 实现档案信息的高效存储和处理

传统的档案信息存储方式存在着存储空间不足、检索效率低下等问题；而大数据技术能够实现海量数据的分布式存储和处理，大大提高了档案信息的存储效率和检索速度。

在大数据时代，资源共享已经成为推动社会进步和发展的重要动力。尤其是在档案信息的管理和利用方面，资源共享的优势得以凸显。下面将深入探讨资源共享如何实现档案信息的高效存储和处理，进而提高档案管理的效率和效益。

（1）资源共享促进档案信息高效存储

传统的档案管理方式存在存储空间大、维护成本高、信息查询不便等诸多问题；而资源共享可以将原本分散、独立的档案信息整合到一个统一的平台中，实现集中存储、统一管理。这样不仅可以大幅降低存储成本，还能提高存储空间的利用率。在大数据技术的支持下，资源共享平台能够实现对海量档案信息的快速处理和高效存储。利用分布式存储技术，可以将数据分散存储在多个节点上，提高数据的安全性和可靠性。同时，数据压缩技术可以大大减少存储空间占用，进一步提高存储效率。

（2）资源共享提升档案信息处理能力

资源共享不仅有助于档案信息的存储，更能显著提升档案信息的处理能力。在传统的档案管理模式下，信息的检索、查询和利用都受到很大限制；而资源共享平台可以实现档案信息的快速检索、智能分析和深度挖掘。大数据分析技术可以对海量档案信息进行深入挖掘，发现其中隐藏的价值。数据挖掘和机器学习等技术可以实现档案信息的自动分类、聚类和关联分析，为决策提供有力支持。同时，云计算技术可以实现计算资源的动态扩展，满足各种复杂分析任务的需求。

（3）资源共享强化档案信息安全保障

在实现档案信息高效存储和处理的同时，资源共享还能强化档案信息安全保障。建立完善的安全管理制度和技术防范体系，可以确保档案信息的安全性和保密性。在数据传输和存储过程中，采用加密技术和访问控制机制，可以防止信息泄露和未经授权的访问。同时，大数据监控和日志分析等技术可以实时监测系统运行状况，及时发现和处置安全威胁。

大数据时代资源共享在档案信息的高效存储和处理方面具有显著优势。资源共享平台的建设和应用，可以实现档案信息的高效存储、快速处理和安全保障。未来，随着技术的不断进步和创新，资源共享将在档案信息化建设中发挥更加重要的作用，为社会发展提供有力支持。

2. 促进档案信息的共享和交流

大数据技术打破了传统档案信息孤岛的局面，实现了档案信息的跨部门、跨领域共享和交流。同时，数据挖掘和分析可以深入挖掘档案信息的价值，为决策提供有力支持。资源共享已成为各行各业发展的关键环节，尤其是在档案领域，资源共享不仅提高了档案的利用率，还极大地促进了档案信息的交流与传播。下面将深入探讨大数据时代资源共享在促进档案信息共享和交流方面的优势。

（1）资源整合，提高档案利用率

传统的档案管理模式，档案信息分散、利用率低，很难充分发挥其价值；而大数据技术可以实现档案信息的有效整合，形成一个庞大的档案资源库。这个资源库不仅包含了各类档案信息，还利用了数据挖掘和智能分析技术，对档案信息进行深度挖掘，发现其内在联系和价值。这大大提高了档案的利用率，使档案信息能够更好地服务于社会和经济发展。

（2）降低成本，优化资源配置

资源共享能够显著降低档案管理成本。在传统档案管理中，由于信息分散、重复建设等问题，档案管理成本高昂；而大数据技术能够实现资源共享，有效地避免重复建设，降低人力、物力和财力的投入。同时，资源共享还有助于优化资源配置，使档案资源能够得到更加合理的分配和使用。

（3）促进信息交流与传播

在大数据时代，信息交流与传播变得更加便捷和高效。通过资源共享，档案信息得以快速传播，使更多的人能够了解和利用这些信息。这不仅有助于提升档案的社会影响力，还有助于推动档案领域的学术交流和技术创新。同时，资源共享还有助于不同地区、不同行业之间的信息交流与合作，推动各地区、各行业的共同发展。

（4）提升服务质量，满足多元化需求

资源共享能够提高档案管理机构的服务质量。通过资源共享，档案管理机构可以更加快速地响应外部需求，提供更加优质的服务。同时，资源共享还有助于满足用户多元化的需求。在大数据时代，用户对档案信息的需求呈现出多元化、个性化的特点。通过资源共享，档案管理机构可以更好地了解用户需求，提供更加精准、个性化的服务。这不仅能够提高用户的满意度，还有助于提高档案管理机构的社会形象。

（5）保障信息安全，促进可持续发展

在实现资源共享的过程中，保障信息安全至关重要。采用先进的安全技术和管理措施，可以有效地保障档案信息的安全性和隐私性。同时，资源共享还有助于促进档案管理的可持续发展。在大数据时代，档案信息的数量和价值不断增加，而资源共享能够为档案管理提供强大的技术支持和保障，使其更好地适应时代发展的需求。

大数据时代资源共享在促进档案信息的共享和交流方面具有显著的优势。通过资源整合、降低成本、促进信息交流与传播、提升服务质量以及保障信息安全等手段，实现档案信息的最大化利用和社会价值的充分发挥。在未来发展中，相关部门应继续探索资源共享在档案管理领域的应用和优化，以便更好地服务于社会和经济发展。

3. 提高档案服务水平

大数据技术可以实现个性化、智能化的档案服务，根据用户需求提供定制化的档案信息推送和查询服务，提高档案服务质量和用户满意度。在大数据时代，资源共享已成为一种趋势，而资源共享的优势主要表现在提高档案服务水平方面。以下是资源共享在提高档案服务水平方面的优势。

（1）提高了档案的利用率

传统的档案管理方式，由于资源分散，查询和利用不够便捷，档案利用率较低；而通过资源共享，将各个部门的档案进行集中管理，统一查询和利用，可以极大地提高档案的利用率，更好地发挥档案的价值。

（2）提高了档案的可靠性

资源共享可以促进档案管理的规范化、标准化，减少档案管理的随意性和人为干扰，从而提高了档案的可靠性。同时，资源共享可以实现档案数据的实时更新和修正，避免了传统档案管理中存在的数据不准确、信息不完整等问题。

（3）提高了档案的安全性

资源共享可以实现档案数据的备份和容灾，避免了传统档案管理中存在的数据丢失和损坏等问题。同时，资源共享还可以实现档案数据的加密和权限控制，防止了档案数据的泄露和非法访问。

（4）提高了档案的服务水平

资源共享可以将各个部门的档案进行整合和关联分析，发现不同档案之间的联系和规律，从而更好地满足用户的需求。同时，资源共享还可以提供在线查询、远程利用、自动分类、智能推荐等服务，极大地提高了档案的服务水平。

资源共享在提高档案服务水平方面具有很大的优势。例如，实现档案的集中管理、统一查询和高效利用，更好地发挥档案的价值，为用户提供更加优质的服务。

（四）克服相关挑战

虽然大数据技术为档案信息的共享和交流带来了诸多优势，但也面临着数据安全、隐私保护、标准规范等方面的挑战。因此，需要采取有效措施来克服这些挑战。

1.加强数据安全和隐私保护

在档案信息共享和交流过程中，档案管理部门需要采取有效的加密技术和访问控制机制，确保档案信息的安全性和隐私保护。同时，需要加强相关人员的安全意识和技能培训，防止数据泄露和不当使用。资源共享已经成为推动社会进步和经济发展的重要手段。但随之而来的是一系列挑战，特别是数据安全和隐私保护的问题。如何有效克服这些挑战，保障数据安全，维护个人隐私，是当前亟须解决的问题。

首先，数据安全是资源共享的核心问题。在大数据时代，数据量庞大，数据类型多样，数据的处理和分析对于企业的发展与社会的进步具有重要意义。但数据泄露和滥用风险也随之增加。因此，需要采取有效的措施来保障数据安全。例如，加强数据的加密和解密技术，提高数据存储和传输的安全性；建立完善的数据管理制度，规范数据的收集、存储、处理和使用等环节；强化对数据泄露和滥用的惩处力度，提高违法成本。

其次，隐私保护也是资源共享中不可忽视的问题。在大数据时代，个人数据的收集和处理变得更加容易，个人隐私的保护面临更大的挑战。因此，需要加强对个人隐私的保护，维护个人权益。例如，建立完善的隐私保护法律法规，明确个人数据的收集、存储和使用规范；加大对个人隐私的保护力度，防止个人数据被非法获取和使用；增强公众的隐私保护意识，引导公众正确看待和处理个人数据。

为了克服这些挑战，需要采取综合性的措施。一方面，政府和企业需要加强合作，共同制定和完善数据安全与隐私保护的法律法规及技术标准，为数据资源共享提供有效的保障。另一方面，需要增强公众的意识和参与度，让更多的人了解并参与到数据安全和隐私保护的工作中来。大数据时代的资源共享对于社会发展具有重要意义，但同时面临着数据安全和隐私保护的挑战。只有采取有效的措施来克服这些挑战，才能更好地发挥资源共享的价值和作用。

2. 制定统一的标准和规范

为了实现档案信息的共享和交流，需要制定统一的标准和规范，确保不同部门、不同领域之间的数据格式、存储方式、交换方式等的一致性和兼容性。这有助于降低数据交换的成本和提高数据利用效率。在大数据时代，资源共享已经成为一种重要的趋势。但在实现资源共享的过程中，面临着许多挑战。其中，制定统一的标准和规范是克服相关挑战的关键。

首先，资源共享需要统一的技术标准和数据格式。由于不同的系统和平台采用的技术与数据格式不同，资源共享困难。因此，需要制定统一的技术标准和数据格式，以便不同的系统和平台相互兼容与共享资源。

其次，资源共享需要统一的安全和隐私保护标准。在大数据时代，数据的安全和隐私保护至关重要。因此，需要制定统一的安全和隐私保护标准，以确保共享的资源不会被滥用或泄露。

最后，资源共享需要统一的评价和激励机制。在共享资源的过程中，需要对资源的价值进行评估和激励。如果没有统一的标准和规范，很难对资源的价值进行准确的评估和激励，这会导致资源的浪费和滥用。

因此，为了克服相关挑战，需要制定统一的标准和规范。这需要政府、企业和社会的共同努力。政府可以出台相关政策和法规，鼓励和支持企业与机构制定统一的标准及规范。同时，企业和机构也可以通过合作与协商，共同制定统一的标准和规范，以实现资源共享的最大化。制定统一的标准和规范是克服大数据时代资源共享相关挑战的重要途径。这需要政府、企业和社会的共同努力，以实现资源共享的最大化和可持续发展。

四、大数据技术推动档案管理的智能化

随着大数据技术的发展，档案管理也逐步向智能化方向迈进。智能化档案管理系统可以实现档案信息的自动分类、自动编目等功能，提高档案管理效率。同时，智能化档案管理系统还可以对档案信息进行深度挖掘和分析，为决策提供有力的支持。大数据技术已经深入各个领域，为各行业带来了巨大的变革。在档案管理领域，大数据技术的应用推动了档案管理的智能化进程，极大地提高了档案管理的效率和准确性。

（一）大数据技术对档案管理的影响

1. 数据存储

传统的档案管理方式主要依赖纸质文档，这种方式不仅存储成本高，而且管理难度大。大数据技术可以将档案信息数字化，实现高效、低成本的数据存储。档案管理也正在经历着一场深刻的变革，传统的档案管理方式，由于其效率低下、容易损坏、信息提取困难，无法满足现代社会的需求。大数据技术的应用，则为档案管理提供了新的可能性和发展方向。

（1）大数据技术对档案管理的影响

1）数据存储方式的变革

大数据技术使得档案管理从传统的纸质存储转变为数字化存储。这种存储方式不仅节约了空间，而且提高了数据的安全性和持久性。同时，数字化存储使得数据可以轻松地进行备份和恢复，大大降低了数据丢失的风险。

2）数据处理能力的提升

大数据技术使得档案管理拥有了更强大的数据处理能力。通过对海量数据的分析、挖掘和利用，档案管理人员可以更加全面地了解数据背后的规律和趋势，从而为决策提供更加科学和准确的数据支持。

3）档案信息价值的挖掘

大数据技术有助于深入挖掘档案信息的价值。通过对档案数据的整合、分析和利用，可以发现数据之间的关联和规律，从而为决策提供更加科学和准确的数

据支持。同时，通过对档案数据的挖掘和分析，还可以为决策提供更加全面和准确的数据支持。

（2）大数据技术在档案管理中的应用

1）数据存储和管理

大数据技术可以应用于档案的存储和管理中。建立云存储系统可以实现档案数据的集中存储和管理，提高了数据的安全性和可靠性。同时，数据备份和恢复技术，可以保证数据的安全性与持久性。

2）数据挖掘和分析

大数据技术可以应用于档案数据的挖掘与分析中。档案数据的整合与利用是一个复杂但至关重要的过程。它涉及多个环节，包括数据的收集、整理、分析以及最终的应用。

3）数据可视化展示

大数据技术可以应用于档案数据的可视化展示中。数据可视化技术，可以将档案数据以图表、图像等形式呈现出来，使数据更加直观易懂。这种展示方式不仅提高了数据的可读性，还有助于提高数据的传播效果和影响力。

2. 数据处理

大数据技术可以对海量的档案数据进行高效处理，快速提取有用信息，为决策提供有力支持。随着大数据技术的飞速发展，其强大的数据处理能力对档案管理产生了深远影响。传统的档案管理方式正在逐步被智能化、自动化的方式取代，其中数据处理是关键的一环。

（1）大数据技术对档案管理的影响

大数据技术为档案管理带来了诸多变革。首先，数据处理效率大大提高。大数据技术利用分布式存储和计算技术，能够快速处理海量数据，提高档案查询、整理、分析的效率。其次，数据质量得到提升。数据清洗、去重、分类等技术，可以大大提高档案数据的准确性。最后，数据价值得到更深层次的挖掘。数据挖掘、机器学习等技术，可以对档案数据进行深度分析，从而为决策提供有力支持。

（2）数据处理在档案管理中的重要性

数据处理是档案管理智能化的核心环节。首先，数据处理能够实现档案的自动分类和索引，使档案检索更加便捷。其次，数据处理能够帮助识别和修复档案中的错误信息，提高档案的准确性。最后，数据处理可以对档案进行深度分析，提取有价值的信息，为决策提供支持。

随着技术的进步，未来的档案管理将更加依赖大数据和人工智能技术。数据挖掘、机器学习等技术的发展将进一步提高档案管理的智能化水平。同时，随着数据安全和隐私保护意识的提高，如何在保护用户隐私的前提下进行有效的数据处理将是档案管理面临的重要挑战。大数据技术对档案管理产生了深远影响，推动了档案管理的智能化进程。数据处理作为其中的核心环节，对于提高档案管理效率、质量具有重要意义。未来，相关部门应进一步研究和应用大数据技术，以便更好地服务于档案管理。

3. 数据安全

大数据技术可以对档案数据进行加密处理，确保数据的安全性。同时，备份和恢复机制可以防止数据丢失。档案管理正经历着前所未有的变革，传统的档案管理方式已无法满足现代社会对信息处理和使用的需求，而大数据技术以其强大的信息处理能力，为档案管理带来了新的发展机遇。但数据安全问题也随之凸显出来，如何在实现档案管理智能化的同时保障数据安全，已成为当前亟待解决的问题。

（1）大数据技术对档案管理智能化的推动作用

1）数据存储与管理。大数据技术能够实现对海量数据的存储和管理，使档案管理更加便捷、高效。数据分类、标签化等技术，可以快速地对档案进行检索、查询和使用，极大地提高了档案的利用率。

2）数据分析与挖掘。大数据技术能够对档案数据进行深度分析，挖掘出有价值的信息。通过对档案数据的分析，用户可以更好地了解信息的使用情况，为决策提供有力支持。

3）数据可视化与交互。大数据技术可以将档案数据以图表、图像等形式呈现出来，使数据更加直观易懂。同时，数据交互功能可以实现数据的实时更新和动态展示。

（2）数据安全在档案管理中的重要性

1）保障信息安全。随着档案信息化的深入推进，档案数据的安全问题日益突出。数据泄露、被篡改或损坏等情况时有发生，直接威胁到档案的安全和完整。因此，保障数据安全是档案管理中首要的任务。

2）保护个人隐私。许多档案涉及个人隐私信息，一旦泄露会对个人权益造成严重侵害。加强数据安全管理，可以有效避免个人隐私信息的泄露和滥用。

3）维护国家安全。一些重要的档案涉及国家安全和利益，数据安全问题不容忽视。档案管理部门必须采取严格的数据安全措施，确保国家档案的安全与保密。

（3）保障数据安全的措施和建议

1）建立完善的数据安全管理制度。制定详细的数据安全管理规定，明确各级人员的职责和权限，规范数据操作流程，确保数据安全管理的有效执行。

2）采用先进的数据加密技术。对重要档案数据进行加密处理，保证即使数据被窃取也无法轻易解密。同时，加强密钥管理，确保密钥的安全存储和使用。

3）定期进行数据安全风险评估。及时发现和解决潜在的数据安全隐患，降低数据泄露、被篡改等风险。同时，根据风险评估结果，不断优化和完善数据安全措施。

4）加强人员培训和管理。增强档案管理人员的安全意识和技术水平，使其能够正确、规范地进行数据操作和管理。同时，加强对外部供应商和访问者的管理与监督，防止敏感数据的泄露。

5）建立完善的数据备份和恢复机制。对重要档案数据进行定期备份，确保在发生意外的情况下能够迅速恢复数据。同时，加强备份数据的存储和管理，确保备份数据的安全与可用性。

大数据技术为档案管理带来了巨大的便利和发展机遇，但也伴随着数据安全的风险和挑战。只有加强数据安全管理，采取有效的保障措施，才能真正实现档案管理的智能化发展，确保档案数据的安全与完整。

（二）档案管理智能化的实现

1. 智能化检索

自然语言处理和机器学习技术可以实现档案信息的智能化检索。用户可以通过关键词、语义等方式快速找到所需档案信息。传统的档案管理方式已无法满足海量数据的存储、检索和分析需求，而智能化档案管理成为必然趋势。下面将探讨如何运用大数据技术推动档案管理的智能化实现，重点阐述智能化检索的重要性和实施策略。

（1）大数据技术对档案管理的影响

1）数据存储。传统的档案管理通常采用单一的存储方式，如纸质或电子文档。在大数据时代，数据量呈指数级增长，需要采用分布式存储技术来应对海量数据的存储挑战。

2）数据处理。大数据技术通过对海量数据进行高效处理，挖掘出有价值的信息。在档案管理中，大数据技术可以对档案数据进行深度分析，为决策提供有力支持。

3）数据检索。传统的档案管理检索方式效率低下，难以满足用户快速查询的需求。大数据技术可以实现智能化检索，大大提高检索效率和准确性。

（2）智能化检索在档案管理中的作用

1）提高检索效率。智能化检索通过自然语言处理、图像识别等技术，自动识别并提取档案中的关键信息，减少了人工筛选的时间和误差。

2）增强数据分析能力。通过对档案数据进行深度分析，智能化检索能够发现数据之间的潜在联系，为决策提供有力支持。

3）提升用户体验。用户通过简单的查询条件即可获得精准的档案信息，提高了档案服务的满意度。

（3）实施策略与建议

1）建立完善的档案数据标准。档案管理中应统一数据格式、分类和编码标准，为智能化检索打下基础。

2）引入先进的大数据技术。如分布式存储、数据挖掘、自然语言处理等技术，以提高档案管理的智能化水平。

3）建立智能化检索系统。结合档案管理的实际需求，设计出高效、精准的检索系统，实现档案信息的快速查询和利用。

4）加强人才培养与培训。培养具备大数据技术应用能力的档案管理人才，提高档案管理队伍的整体素质。

5）强化档案数据安全保护。在实现档案管理智能化的过程中，重视数据安全保护工作，确保档案信息不被泄露和滥用。

6）建立反馈机制。通过用户的反馈和评价，不断优化和改进智能化检索系统，提升用户满意度和档案服务水平。

大数据技术的应用为档案管理带来了新的发展机遇。利用大数据技术实现档案管理的智能化，不仅可以提高档案管理的效率和水平，还可以更好地满足用户需求。档案管理部门应紧跟时代步伐，加强技术应用与创新，推动档案管理事业迈向新的高度。

2.智能化分析

对档案数据进行深度挖掘和分析，可以发现数据之间的潜在联系，为决策提供有力支持。传统的档案管理方式已经无法满足现代社会对信息处理的需求，因而智能化档案管理应运而生。下面将深入探讨如何通过大数据技术推动档案管理的智能化实现，以及智能化分析在档案管理中的重要性。

（1）大数据技术与智能化档案管理的关系

大数据技术为智能化档案管理提供了强大的技术支持。对海量数据进行收集、存储、处理和分析，可以实现对档案信息的深度挖掘和智能利用。智能化档案管理主要包括档案数字化、信息组织与描述、智能检索与服务等方面，这些方面都需要大数据技术的支持。

（2）大数据技术在智能化档案管理中的应用

1）数据存储与备份

在档案管理中，数据存储与备份是基础工作之一。大数据存储技术可以实现海量档案数据的集中存储和高效管理。同时，其能够利用数据备份和容灾技术，确保档案数据的安全性和可靠性。

2）数据挖掘与分析

数据挖掘与分析是智能化档案管理的核心。大数据分析技术可以深入挖掘档案信息中的潜在价值，为决策提供有力支持。例如，对某领域的档案数据进行聚类分析、关联分析等，可以发现其中的规律和趋势。

3）智能检索与服务

智能检索与服务是智能化档案管理的最终目标。其通过自然语言处理、图像识别等技术，实现档案信息的智能检索和个性化服务。用户可以通过关键词、语义等方式快速找到所需档案信息，提高检索效率和满意度。

（3）智能化分析在档案管理中的重要性

智能化分析在档案管理中具有重要意义。首先，智能化分析可以发现档案信息中的潜在价值，为决策提供有力支持。其次，智能化分析可以提高档案管理的效率和质量，降低人工干预和错误率。最后，智能化分析可以提升档案服务的水平和质量，满足用户个性化需求，提高用户满意度。

随着大数据技术的不断发展，智能化档案管理将成为未来的发展趋势。大数据技术的支持和应用，可以实现档案信息的深度挖掘和智能利用，提高档案管理的效率和质量，提升档案服务的水平和质量。未来，随着人工智能、机器学习等技术的不断发展，智能化档案管理将更加智能、高效和便捷。同时，相关部门需要关注数据安全和隐私保护等问题，确保档案管理工作的合法性和规范性。

3. 智能化推荐

根据用户的行为和需求，为用户推荐相关的档案信息，提高用户体验。随着大数据技术的不断发展和应用，档案管理正在经历着一场深刻的变革。传统的档案管理方式已经无法满足现代社会对信息获取、处理和存储的需求，因此，档案管理急需引入智能化技术，以提高管理效率、减少管理成本、提升服务质量。智能化推荐作为一种先进的技术手段，可以帮助档案管理实现个性化、精准化、智能化的服务。通过分析用户的行为数据和兴趣偏好，智能化推荐系统可以自动为用户推荐相关的档案信息，从而提高档案的利用效率和价值。

首先，智能化推荐系统可以通过对用户的行为数据进行分析，了解用户的需求和兴趣偏好。这些数据包括用户的查询记录、浏览记录、下载记录等。通过分析这些数据，智能化推荐系统可以挖掘出用户的潜在需求和兴趣点，从而为用户提供更加精准的档案信息推荐。

其次，智能化推荐系统可以通过对档案信息进行分析，挖掘出档案之间的关联和规律。这些关联和规律包括档案的主题、内容、时间等方面的关系。通过分析这些关系，智能化推荐系统可以发现档案之间的联系和规律，从而为用户提供更加个性化的档案信息推荐。

最后，智能化推荐系统可以通过机器学习和人工智能等技术手段，不断优化和改进推荐算法，提高推荐的准确性和精度。同时，智能化推荐系统也可以根据用户的反馈和评价，不断调整和优化推荐策略，提高用户满意度和忠诚度。大数据技术推动档案管理的智能化实现离不开智能化推荐的应用。通过引入智能化推荐技术，档案管理可以实现个性化、精准化、智能化的服务，提高档案的利用效率和价值，促进档案事业的持续发展。

随着大数据技术的不断发展和完善，档案管理将更加智能化。未来，档案管理将更加注重用户体验，提供更加个性化、智能化的服务。同时，随着区块链等新技术的应用，档案管理的安全性将得到进一步提升。大数据技术为档案管理带来了巨大的变革，推动了档案管理的智能化进程。未来，档案管理将更加高效、安全、智能，将更好地服务于社会和人民。大数据技术对档案利用的影响深远而重大。它不仅提高了档案信息的检索效率和安全性，还促进了档案信息的共享和交流，推动了档案管理的智能化发展。在未来的发展中，相关部门应继续加强对大数据技术的研究和应用，不断提高档案管理水平，为经济社会发展做出更大的贡献。

第二节　基于大数据技术的档案利用模式设计

随着大数据时代的来临，数据已经成为现代社会发展的重要驱动力。档案作为企业和组织的重要信息资源，其利用模式需要进行创新和优化。本节将基于大数据技术，探讨档案利用模式的设计。

一、大数据技术对档案利用的影响

（一）数据处理能力的提升

大数据技术可以处理海量的档案数据，提高了档案数据的处理速度和效率。随着科技的不断发展，大数据技术已经深入人们生活的方方面面，对各行各业产生了深远的影响。对于档案利用工作来说，大数据技术的应用无疑为其带来了巨大的变革。下面将重点探讨大数据技术如何提升档案数据处理能力，以及由此带来的对档案利用的影响。

1. 大数据技术提升档案数据处理能力

（1）数据存储。传统的档案存储方式受到物理空间的限制，难以存储大量的数据；而大数据技术通过分布式存储架构，能够将海量的档案数据安全、高效地存储在云端或其他存储介质中，极大地扩展了存储容量。

（2）数据处理。传统的数据处理方法对于大规模、多样性的档案数据显得力不从心；而大数据技术采用分布式计算、流处理等手段，能够快速、准确地处理这些数据，提高数据处理效率。

（3）数据检索。大数据分析技术和自然语言处理技术，可以更快速、准确地检索到所需的档案信息，大大提高了检索效率。

2. 大数据技术对档案利用的影响

（1）扩大档案利用范围。大数据技术打破了档案利用的局限性，使更多的档案信息得以被发掘和利用。这不仅包括文字档案，还包括图片、音频、视频等多种类型的档案数据。

（2）提高档案服务质量。大数据分析可以更好地理解用户的需求，为他们提供更精准、个性化的服务。例如，通过分析用户的查询记录，为他们推荐相关的档案资料。

（3）增强档案价值。大数据技术可以帮助用户从海量的档案数据中提取出有价值的信息，进一步增强档案的价值。这些信息可以用于决策支持、学术研究、商业分析等多个领域。

（4）保障档案信息安全。在大数据时代，信息安全问题尤为重要。采用先进的数据加密、访问控制等技术，可以有效保障档案信息的安全。

大数据技术的应用为档案利用带来了数据处理能力的显著提升。这不仅表现在数据存储和处理的规模与效率上，更表现在数据检索的准确性和个性化服务的能力上。但随着数据规模的扩大和数据处理难度的增加，信息安全和隐私保护等问题日益突出。因此，未来需要在充分利用大数据技术的同时，加强对这些问题的研究和防范，以确保档案利用工作的安全、高效和可持续发展。

（二）数据价值的深度挖掘

对档案数据的分析，可以挖掘出更多的价值信息，为企业和组织的决策提供支持。如何利用大数据技术深度挖掘档案利用数据的价值，提高档案的利用率和影响力，是当前面临的重要课题。

1. 大数据技术对档案数据价值的提升

（1）数据挖掘与知识发现。大数据技术可以对海量的档案数据进行深入分析，发现数据之间的关联和规律，进而挖掘出更深层次的知识和信息。

（2）个性化服务。对用户利用档案的行为进行分析，可以为用户提供更加个性化的服务和推荐，提高用户的满意度和利用效率。

（3）预测分析。基于大数据技术的预测分析可以帮助档案部门提前预测档案的需求和趋势，为档案的收集、整理和开发提供更加科学的依据。

2. 实现深度挖掘的策略与方法

（1）数据清洗与整合。对档案数据进行清洗和整合，确保数据的准确性和完整性，是实现深度挖掘的基础。

（2）建立数据分析模型。建立合适的数据分析模型，可以更加有效地发现数据之间的关联和规律。

（3）隐私保护。在挖掘过程中，要注重保护用户的隐私和数据的安全，防止数据泄露和滥用。

3.案例分析与实践经验

具体案例的分析和实践经验的分享，可以为用户提供更加详细和具体的操作方法与思路。例如，某档案馆通过大数据技术对用户利用档案的行为进行分析，发现用户对某一类档案的需求较大，于是对该类档案进行重点开发和推广，取得了良好的效果。大数据技术为档案利用数据的深度挖掘提供了新的机遇和挑战。对档案数据的深度挖掘，可以更好地发挥档案的价值，提高档案的利用率和影响力。未来，随着大数据技术的不断发展，相信会有更多的创新方法和手段应用于档案领域，推动档案事业的发展。

（三）数据服务方式的变革

大数据技术可以实现档案数据的个性化推荐、实时查询等服务，提升用户体验。

大数据技术已经在各行各业得到了广泛的应用，传统的档案利用数据服务方式已经无法满足当今社会的需求，而大数据技术的引入，为档案利用数据服务带来了前所未有的变革。下面将探讨大数据技术如何影响和改变档案利用数据服务方式。

1.大数据技术对档案利用数据服务的影响

（1）数据存储方式的变革。传统的档案存储方式主要依赖实体存储介质，如纸质档案、录像带等；而大数据技术可以实现档案数据的数字化存储，不仅节省了存储空间，还大大提高了数据检索和利用的效率。

（2）数据处理能力的提升。大数据技术具有强大的数据处理能力，可以对海量的档案数据进行高效的分析和处理。通过对档案数据的深度挖掘，用户可以发现数据之间的潜在联系，为决策提供有力的支持。

（3）数据服务模式的创新。传统的档案利用数据服务主要基于实体档案的借阅和复印；而大数据技术可以实现档案数据的在线查询、检索和利用，大大提高了服务的便捷性和效率。

（4）数据安全性的保障。大数据技术可以通过数据加密、备份和恢复等手段，保障档案数据的安全性和完整性。同时，设置访问权限和审计日志，可以有效防止数据泄露和被非法访问。

2.未来档案利用数据服务的展望

随着大数据技术的不断发展和完善，未来的档案利用数据服务将更加智能化、个性化和高效化。自然语言处理、机器学习和人工智能等技术，可以实现档案数据的自动分类、智能检索和个性化推荐等服务。同时，云计算和物联网等技术，可以实现档案数据的分布式存储和跨地域服务，进一步提高档案利用数据服务的广度和深度。大数据技术的引入为档案利用数据服务带来了深刻的变革。它不仅改变了档案数据的存储方式和处理能力，还创新了数据服务模式并保障了数据安全。展望未来，随着技术的不断发展，档案利用数据服务将更加智能化、个性化和高效化，为人们提供更加优质的服务。因此，相关部门应积极拥抱大数据技术，努力推动档案行业的数字化转型，以便更好地满足社会的需求。

二、基于大数据技术的档案利用模式设计

（一）数据采集与整合

利用大数据技术，从多个来源和渠道采集档案数据，并进行整合，形成完整的档案数据体系。数据已经成为推动社会进步的重要资源，档案作为社会活动的原始记录，其价值在大数据时代得到了进一步的挖掘和利用。下面探讨基于大数据技术的档案利用模式设计，重点聚焦于数据采集与整合的环节。

1. 数据采集

在档案利用模式设计中，数据采集是至关重要的第一步。具体而言，数据采集主要涉及以下两个方面。

（1）传统档案数字化。将传统的纸质档案、录音录像等转化为数字格式，便于存储、检索和传输。这一过程需要采用高分辨率扫描仪、录音笔和高清摄像机等设备，同时需要确保数字化过程中数据的完整性和准确性。

（2）实时数据采集。通过档案管理系统捕获档案的利用情况，如借阅、检索、下载等，以及用户的行为数据，如浏览历史、搜索关键词等。这些数据能够反映用户的真实需求和兴趣，有助于优化档案服务。

2. 数据整合

完成数据采集后，需要进行有效的数据整合，以实现档案数据的共享与利用。数据整合的具体措施如下。

（1）数据去重。去除重复和冗余的数据，保证数据的纯净度和准确性。

（2）格式统一。将不同格式的数据统一转化为标准格式，便于数据的交换和共享。

（3）数据关联。通过数据挖掘和关联分析技术，发现数据之间的内在联系，形成知识图谱。

（4）数据安全。采用数据加密、访问控制等手段确保档案数据的安全性，防止数据泄露和非法访问。

基于大数据技术的档案利用模式设计是提高档案管理效率和服务质量的重要途径。科学的数据采集与整合，可以实现档案信息的深度挖掘和知识发现，更好地服务于社会的发展和进步。但大数据技术在档案领域的应用仍面临诸多挑战，如数据隐私保护、技术标准统一、人才队伍建设等。因此，未来需要深入探讨如何克服这些挑战，以推动档案事业的创新发展。

（二）数据存储与管理

采用分布式存储技术，对档案数据进行高效存储和管理，确保数据的可靠性和安全性。

档案利用模式需要进行相应的调整和优化，以适应海量数据的管理需求。下面探讨基于大数据技术的档案利用模式设计，重点关注数据存储与管理的相关内容。

1. 大数据技术对档案利用模式的影响

（1）数据存储方式的变革。传统的档案存储方式已无法满足大数据时代的需求，需要采用分布式存储等新型技术，实现海量数据的可靠存储。

（2）数据处理能力的提升。大数据技术通过对数据的整合、分析和挖掘，能够进一步提升档案的利用价值，满足各类利用需求。

（3）数据安全与隐私保护。在大数据利用过程中，需要加强数据的安全管理和隐私保护，确保档案信息的安全可靠。

2. 基于大数据技术的档案利用模式设计

（1）数据存储架构设计。采用分布式文件系统，将档案数据分散存储在多个节点上，以提高存储效率和数据可靠性。同时，通过数据备份和容灾技术，确保数据安全。

（2）数据处理流程设计。构建高效的数据处理流程，包括数据清洗、整合、分析和挖掘等环节，以提升档案的利用价值。

（3）数据服务模式设计。根据不同的利用需求，提供多样化的数据服务模式，如数据查询、数据挖掘、数据分析等，以满足各类用户的利用需求。

（4）数据安全与隐私保护。建立完善的数据安全体系，采用加密技术、访问控制等手段，确保数据的安全性和隐私性。同时，加强用户身份认证和权限管理，防止未经授权的访问和数据泄露。

3. 实施建议与展望

（1）完善相关法律法规。制定和完善针对大数据时代档案管理的法律法规，为档案数据的存储与管理提供法律保障。

（2）加强技术研发与应用。持续关注大数据技术的最新发展，积极探索其在档案管理领域的应用前景。

（三）数据处理与分析

利用数据挖掘、机器学习等技术，对档案数据进行处理和分析，提取有价值的信息。

随着大数据技术的不断发展，传统的档案利用模式已经无法满足现代社会的需求。因此，相关部门应设计一种基于大数据技术的档案利用模式，以提高档案的利用率和用户体验。

1. 基于大数据技术的档案利用模式设计

（1）数据收集。通过数据爬虫等技术，从各类档案中收集数据，包括结构化数据和非结构化数据。

（2）数据清洗。对收集到的数据进行清洗，去除重复、错误和无关的数据。

（3）数据存储。将清洗后的数据存储在分布式存储系统中，以便进行高效的数据处理和分析。

（4）数据处理。利用大数据处理技术，如 Hadoop、Spark 等，对存储的数据进行处理和分析。

（5）数据分析。通过数据挖掘、机器学习等技术，对处理后的数据进行深入分析，挖掘出有价值的信息。

（6）用户界面。设计友好的用户界面，将分析结果以直观的形式呈现给用户。

（7）反馈与优化。根据用户的反馈和数据分析结果，不断优化档案利用模式。

2. 实施步骤

（1）资源整合。整合各类档案资源，建立统一的数据存储库。

（2）技术选型。根据需求选择合适的大数据处理技术和工具。

（3）人员培训。对相关人员进行大数据技术培训，提高数据处理和分析能力。

（4）系统部署。搭建大数据处理和分析系统，将数据存储和处理任务部署到系统中。

（5）运行维护。定期对系统进行维护和升级，保证系统的稳定性和安全性。

（6）效果评估。对实施效果进行评估，不断优化和改进档案利用模式。

基于大数据技术的档案利用模式设计能够提高档案的利用率和用户体验，其具有重要的现实意义和应用价值。未来，相关部门可以进一步优化大数据处理技术，提高数据处理效率和分析的准确性，从而更好地服务于档案管理和利用工作。

（四）数据服务与应用

将处理后的档案数据以 API（应用程序编程接口）、数据报告等形式提供给用户，支持多种应用场景，如数据查询、数据分析、数据可视化等。传统的档案利用方式已无法满足现代社会的需求，因此，基于大数据技术的档案利用模式应运而生。下面将探讨如何利用大数据技术优化档案利用模式，提升档案服务与应用水平。

1. 大数据技术在档案利用中的应用

（1）数据挖掘与分析。通过数据挖掘技术，从海量档案数据中提取有价值的信息，为决策提供支持。

（2）数据存储与处理。采用分布式存储和云计算技术，实现档案数据的集中管理、高效存储与处理。

（3）数据安全保障。利用加密技术、数据备份与恢复等手段，确保档案数据的安全性和完整性。

2. 基于大数据技术的档案利用模式设计

（1）数据采集。收集各类档案数据，包括结构化数据、非结构化数据和元数据。

（2）数据处理。对采集到的数据进行清洗、去重、分类等处理，提高数据质量。

（3）数据服务。提供档案查询、借阅、复制等服务，满足用户需求。

（4）数据应用。将档案数据应用于决策支持、科研、文化传承等领域。

3. 实施策略与建议

（1）建立完善的档案管理制度，确保数据采集、处理、服务与应用各环节的规范性。

（2）加强档案人员培训，提高其大数据技术应用能力。

（3）建立档案数据安全保障体系，确保数据安全。

（4）推动跨界合作，实现档案数据的社会化利用和共享。

基于大数据技术的档案利用模式设计是提升档案服务与应用水平的重要途径。通过数据挖掘与分析、数据存储与处理以及数据安全保障等手段的应用，可以实现档案数据的集中管理、高效存储与处理以及安全保障。在此基础上，通过数据采集、处理、服务和应用等环节的设计，构建完善的档案利用模式。为了实施这一模式，需要建立完善的档案管理制度、加强人员培训、建立安全保障体系并推动跨界合作。通过这些措施的实施，进一步提升档案服务与应用水平，满足社会对档案数据的需求，实现档案数据的社会化利用和共享。

三、实施策略与建议

（一）建立完善的数据管理制度

明确数据采集、存储、处理、应用等环节的管理要求，确保数据的安全性和合规性。

档案利用已经进入了一个全新的时代，为了更好地管理和利用档案数据，建立完善的数据管理制度至关重要。下面将深入探讨如何基于大数据技术建立完善的档案利用数据管理制度。

1. 大数据技术对档案利用的影响

大数据技术的应用对档案利用产生了深远的影响。首先，大数据技术提高了档案数据的处理速度和效率，使得大量数据的处理和分析成为可能。其次，大数据技术提升了档案数据的价值，数据挖掘和深度学习等技术，可以发现隐藏在数据中的有用信息。最后，大数据技术改善了档案数据的可利用性，使档案数据能够更好地服务于组织和社会。随着科技的飞速发展，大数据技术已经逐渐渗透到各个领域，其中包括档案利用。大数据技术对档案利用的深远影响，为档案管理带来了许多变革和机遇。首先，大数据技术提升了档案信息的处理和分析能力。传统的档案管理方式往往基于纸质文档，处理和检索过程复杂，效率低下；

而大数据技术通过数据挖掘、云计算等技术手段，可以实现档案信息的快速处理和高效检索，大大提高了档案的利用效率。其次，大数据技术改变了档案利用的方式。传统的档案利用主要依赖实地查询和人工检索，这种方式不仅耗时费力，而且很难满足大规模、高效率的档案利用需求。大数据技术通过数字化、网络化等技术手段，使档案利用更加便捷、灵活，用户可以随时随地访问档案信息，提高了档案的利用价值。但大数据技术也给档案利用带来了一些挑战。例如，随着档案数据的不断增长，如何有效地存储和管理这些数据就成了一个重要的问题。此外，数据安全和隐私保护也是大数据技术在档案利用中需要重点关注的问题。大数据技术对档案利用的影响是深远的。它不仅提高了档案的利用效率，还改变了档案利用的方式。但同时，我们也需要正视大数据技术带来的挑战，如数据存储、数据安全和隐私保护等问题。在未来，相关部门需要进一步加强相关技术的研发和应用，以便更好地应对这些挑战，让大数据技术在档案利用中发挥更大的作用。

2. 建立完善的数据管理制度的必要性

基于大数据技术的档案利用面临着数据安全、隐私保护、数据质量等多方面的挑战。因此，建立完善的数据管理制度至关重要。明确数据管理职责、规范数据处理流程、保障数据安全和隐私等措施，可以有效地应对这些挑战，确保档案数据的合理、合规和安全利用。在大数据时代，数据已经成为企业和组织最重要的资产。因此，建立完善的数据管理制度尤为重要。以下是关于建立完善的数据管理制度的必要性。

（1）保护数据安全。随着数据量的不断增加，数据安全问题日益突出。建立完善的数据管理制度可以帮助企业和组织保护数据安全，防止数据泄露和被非法访问。

（2）提高数据质量。数据的准确性和完整性对于企业与组织的决策及发展至关重要。建立完善的数据管理制度可以帮助企业和组织确保数据的准确性与完整性，从而提高数据质量。

（3）实现数据共享。大数据时代，数据的价值在于共享和利用。建立完善的数据管理制度可以帮助企业和组织实现数据共享，促进内部协作和外部合作。

（4）降低数据管理成本。随着数据量的不断增加，数据管理的成本也在不断攀升。建立完善的数据管理制度可以帮助企业和组织降低数据管理成本，提高管理效率。

（5）满足法规要求。在许多行业中，数据管理和保护是受到法规要求的。建立完善的数据管理制度可以帮助企业和组织满足相关法规要求，避免违规风险。

建立完善的数据管理制度对于企业和组织来说是必要的，有助于提高数据质量、保护数据安全、实现数据共享、降低管理成本和满足法规要求。

3. 如何建立完善的数据管理制度

（1）明确数据管理职责。组织应明确各个部门和人员在数据管理方面的职责与权限，确保数据的收集、存储、处理和使用等环节都有明确的责任人。

（2）规范数据处理流程。组织应制定详细的数据处理流程，包括数据的采集、清洗、存储、分析和利用等环节，确保数据处理过程的有序性和规范性。

（3）保障数据安全和隐私。组织应采取有效的技术和管理措施，保障档案数据的安全和隐私。例如，通过数据加密、访问控制、审计日志等技术手段，确保数据不被非法获取和使用。

（4）建立数据质量管理体系。组织应建立数据质量管理体系，确保数据的准确性、完整性和一致性。通过数据校验、数据标准化等技术手段，提高数据质量。

（5）培训和意识提升。组织应加强对员工的数据管理培训和意识提升，确保员工了解并遵守数据管理制度，增强数据安全和隐私保护意识。

（6）持续改进和优化。组织应定期评估和优化数据管理制度，根据实际情况进行调整和完善，确保数据管理制度始终能反映当前的数据处理需求和技术发展。

基于大数据技术的档案利用是未来的发展趋势，而建立完善的数据管理制度是确保这一发展趋势得以顺利进行的关键。通过明确职责、规范流程、保障安全、提升意识以及持续改进等多方面的措施，建立一个科学、合理、有效的数据管理制度，从而更好地管理和利用档案数据，推动档案事业的发展。

（二）加强技术研发与人才培养

积极引进和培养具备大数据技术的专业人才，提升团队的技术实力。随着大数据技术的快速发展，档案行业正面临前所未有的机遇和挑战。传统的档案管理模式已经无法满足现代社会的需求，而基于大数据技术的档案管理模式能够更好地实现档案的利用和价值挖掘。下面探讨如何加强技术研发与人才培养，以推动档案行业的发展。

1. 技术研发

（1）数据采集与存储

在大数据时代，数据量呈爆炸式增长，因此，如何有效地采集和存储海量数据成为首要问题。针对这一问题，相关部门可以采用分布式存储技术，如 Hadoop、Spark 等，将海量数据存储在多个节点上，实现数据的分布式存储和管理。同时，为了提高数据采集的效率，可以采用 ETL（数据仓库技术）工具，对数据进行清洗、整合和转换，使其更好地服务于后续的档案利用和价值挖掘工作。

（2）数据处理与分析

在数据存储的基础上，如何对海量数据进行高效处理和分析成为关键问题。相关部门可以采用分布式计算技术，如 MapReduce、Spark 等，对海量数据进行处理和分析。同时，为了更好地挖掘数据的价值，可以采用数据挖掘技术，如聚类分析、关联规则挖掘等，对海量数据进行深入分析和挖掘。

（3）数据可视化与交互

为了更好地呈现数据分析结果，可以采用数据可视化技术，如 Tableau、Power BI 等，将数据分析结果以直观的形式呈现给用户。同时，为了提高用户与系统的交互体验，可以采用自然语言处理技术，如语音识别、智能问答等，提高用户与系统的交互效率和体验。

2. 人才培养

（1）培养跨界思维

随着大数据技术的广泛应用，档案管理人才需要具备跨界思维，即不仅要具备档案管理专业知识，还要具备数据科学、计算机科学等相关领域的知识。因此，在人才培养方面，需要注重跨界思维的培养，加强不同学科之间的交叉融合。

（2）提高技术能力

大数据技术的应用需要具备一定的技术能力，如数据采集、存储、处理、分析和可视化等方面的技能。因此，在人才培养方面，相关部门需要加强技术能力的提升，通过开展培训和实践项目等方式，提高档案管理人才的技术水平。

（3）建立合作机制

在大数据时代，档案管理人才需要与多个领域的专业人才进行合作，共同完成档案管理任务。因此，在人才培养方面，相关部门需要建立合作机制，加强不同领域之间的合作与交流，促进跨界合作的发展。

（4）增强创新意识

创新是推动档案行业发展的关键因素之一。在人才培养方面，相关部门需要注重创新意识的培养，鼓励档案管理人才积极探索新的档案管理模式和技术手段，推动档案行业的创新发展。

基于大数据技术的档案利用与价值挖掘是当前档案行业发展的重要方向。加强技术研发与人才培养，可以推动档案行业的创新发展，使其更好地服务于社会和经济发展。

（三）推动数据开放与共享

通过数据开放和共享，促进档案数据的流通和利用，提升数据价值。大数据技术对于档案管理和利用具有重要意义，它可以提高档案利用的效率和价值，推动数据开放与共享，为社会发展提供有力支持。下面探讨如何利用大数据技术进行档案利用与价值挖掘。

1.大数据技术在档案利用中的应用

（1）数据挖掘与分析

大数据技术可以对海量的档案数据进行挖掘和分析，发现数据之间的关联和规律，为决策提供有力支持。例如，对个人档案数据的分析，可以了解一个人的职业发展轨迹和兴趣爱好，为企业招聘和人才培养提供参考。

（2）个性化服务

大数据技术可以根据用户的需求和兴趣，提供个性化的档案服务。例如，对于研究人员，可以根据其研究方向和兴趣，为其推荐相关的档案资料。

2.基于大数据技术的档案价值挖掘

（1）隐性知识的显性化

档案中蕴含着大量的隐性知识，大数据技术可以将这些隐性知识进行显性化处理，挖掘出档案中隐藏的价值。例如，对企业档案的分析，可以发现企业的经营规律和发展趋势。

（2）跨界整合与协同创新

大数据技术可以将不同领域的档案进行跨界整合，实现不同领域的协同创新。例如，将医学和生物学领域的档案进行整合，可以为药物研发和医学研究提供新的思路和方法。

3. 推动数据开放与共享

（1）制定相关政策法规

政府应该制定相关政策法规，鼓励和支持数据的开放与共享。例如，制定数据开放标准、数据共享协议等，规范数据的开放和共享行为。

（2）建立数据开放平台

政府和企业应该建立数据开放平台，方便数据的查询和使用。例如，建立公共数据平台、企业数据平台等，为用户提供一站式的数据服务。

大数据技术在档案管理和利用中具有广阔的应用前景。大数据技术可以实现档案的高效利用和价值挖掘，推动数据的开放与共享。未来，随着技术的不断发展，大数据在档案管理中的作用将更加重要。相关部门应充分利用大数据技术，不断提高档案管理水平和服务质量，为社会的发展和进步做出更大的贡献。

（四）强化与业务部门的合作

加强与业务部门的沟通与合作，深入了解业务需求，推动档案数据在业务中的应用。

档案管理正面临前所未有的机遇和挑战，如何有效地利用大数据技术挖掘档案价值，与业务部门开展更紧密的合作，已成为档案领域亟待解决的问题。

1. 大数据技术对档案利用与价值挖掘的影响

大数据技术的应用为档案管理和利用带来了诸多变革。首先，大数据技术提高了档案管理的效率和精确度，使海量数据的处理和分析成为可能。其次，大数据技术有助于深入挖掘档案价值，发现数据背后的规律和趋势，为业务决策提供有力支持。

2. 强化与业务部门合作的必要性

为了更好地发挥档案的价值，与业务部门的紧密合作尤为重要。与业务部门合作，可以更深入地了解业务需求，为档案的收集、整理和使用提供明确的方向。同时，通过合作可以促进信息的共享和交流，提高档案的利用率和价值。

3. 合作模式的探讨与实践

（1）建立共同的目标和愿景。确保档案管理和业务发展目标一致，为合作奠定基础。

（2）完善信息共享机制。通过建立有效的信息共享平台，促进业务部门与档案管理部门的信息交流。

（3）联合开展项目。业务部门与档案管理部门可联合开展项目，共同挖掘档案价值，服务于业务发展。

（4）培训与知识传递。定期组织培训和交流活动，提高双方对档案价值的认识和利用能力。

（5）反馈与持续改进。及时收集反馈意见，持续优化合作模式，提高合作效果。

基于大数据技术的档案利用与价值挖掘为档案管理带来了新的机遇和挑战。强化与业务部门的合作，充分发挥档案的价值，将有助于提高组织效率和市场竞争力。为了实现这一目标，相关部门应把握大数据技术的发展趋势，不断探索与实践，优化档案管理模式，推动业务持续发展。

（五）持续优化和改进

根据用户反馈和业务发展需求，不断优化和改进档案利用模式，提升用户体验和价值。

随着大数据时代的来临，档案利用和价值挖掘工作面临着一系列新的机遇与挑战。大数据技术为档案工作提供了更高效、更精确的处理和分析能力，使档案管理者能够更好地管理和利用档案资源，挖掘出更深层次的价值。下面将探讨如何基于大数据技术，持续优化和改进档案的利用与价值挖掘工作。

1. 大数据技术在档案利用中的应用

（1）数据存储和管理。大数据技术可以有效地管理和存储大量的档案数据，解决传统档案管理中数据量大、存储困难的问题。分布式存储和云计算技术，可以实现档案数据的集中存储和高效管理。

（2）数据分析和挖掘。利用大数据分析技术，可以从海量的档案数据中提取有价值的信息，为决策提供支持。例如，通过数据挖掘算法发现隐藏在档案数据中的关联、趋势和模式。

（3）数据可视化。数据可视化技术，可以将复杂的数据以直观、易懂的形式呈现出来，提高数据的可读性和易用性。这对于档案数据的理解和利用具有重要意义。

2. 持续优化和改进档案利用与价值挖掘的措施

（1）完善数据采集和处理。加强档案数据的采集和整理工作，确保数据的完整性和准确性。同时，相关部门应积极采用先进的数据处理技术，提高数据处理效率和质量。

（2）强化数据分析能力。提高数据分析人员的技能水平，加强数据分析工具和方法的研究与应用。通过深入挖掘档案数据，发现更多的价值点，为决策提供更有力的支持。

（3）创新数据可视化技术。积极探索和研究新的数据可视化技术，将数据以更加直观、生动的形式呈现出来。同时，注重用户体验，提高数据可视化的易用性和吸引力。

（4）建立健全相关制度。完善档案管理相关制度，明确各部门的职责和分工。加强档案数据安全保护工作，确保档案数据的安全性和保密性。同时，建立完善的评价和考核机制，推动档案工作的持续改进。

（5）加强合作与交流。加强与其他机构和组织的合作及交流，共同推动档案工作的进步和发展。通过学术研讨、经验分享等方式，互相学习、互相借鉴，共同提高档案工作水平。

基于大数据技术的档案利用与价值挖掘是当前档案工作的重要方向。通过不断完善数据采集和处理、强化数据分析能力、创新数据可视化技术、建立健全相关制度和加强合作与交流等措施，持续优化和改进档案的利用与价值挖掘工作，更好地服务于社会发展和经济建设。基于大数据技术的档案利用模式设计是未来发展的必然趋势。大数据技术可以实现档案数据的全面整合、深度挖掘和高效利用，为组织的发展提供有力支持。在实际操作中，相关部门需结合组织的特点和需求，制定切实可行的实施策略，逐步推进档案利用模式的转型升级。

第三节 基于大数据技术的档案利用模式实施策略

随着大数据技术的迅速发展，档案管理正面临着前所未有的机遇和挑战。传统的档案管理模式已无法满足当今社会对档案信息的需求，因此，相关部门需要利用大数据技术，创新档案利用模式，提升档案服务水平。本节将探讨基于大数据技术的档案利用模式实施策略。

一、大数据技术在档案利用中的优势

（一）数据处理能力强

大数据技术可以对海量档案数据进行高效、快速的处理，提高档案利用的效率。大数据技术对于档案利用数据处理具有显著的优势。利用大数据技术，可以对海量的档案数据进行高效、精准的处理，从而更好地满足用户的需求，提升档案的利用价值。

首先，大数据技术可以快速处理海量数据。传统的数据处理方法在处理大规模数据时往往效率低下，而大数据技术可以利用分布式存储和计算技术，对海量数据进行并行处理，大大提高了数据处理的速度。这对于档案利用数据处理来说尤为重要，因为档案数据量庞大，只有快速处理才能满足用户的需求。

其次，大数据技术可以挖掘出更深层次的信息。数据挖掘和机器学习等技术，可以从海量数据中发现隐藏的模式和关联，提供更有价值的信息。档案利用数据处理可以为用户提供更加精准、个性化的服务，提高用户的满意度。

最后，大数据技术还可以提高数据的安全性和可靠性。数据加密、备份和恢复等技术，可以保证档案数据的安全性和完整性。同时，大数据技术还可以对数据进行实时监控和预警，及时发现和处理异常情况，保证数据处理的稳定性和可靠性。大数据技术在档案利用数据处理方面具有显著的优势，可以提高数据处理的速度、深度和安全性。随着大数据技术的不断发展和完善，相信其在档案领域的应用将会越来越广泛，为档案事业的发展注入新的活力。

（二）数据挖掘价值大

随着科技的不断发展，大数据技术已经逐渐成为当今时代的重要标志。在档案领域，大数据技术的应用越来越广泛，它对于档案的挖掘价值不可忽视。档案是一种重要的信息资源，包含了大量的历史、文化和组织信息。但传统的档案管理和利用方式已经无法满足现代社会的需求。大数据技术的出现，为档案的挖掘和利用提供了新的可能。

1. 大数据技术在档案领域的应用

（1）数据挖掘和分析

大数据技术可以对海量的档案数据进行挖掘和分析，从而发现数据之间的潜在联系和规律。通过这种分析，用户可以更好地了解历史、文化和组织的发展趋势，为决策提供科学依据。

（2）知识发现和共享

大数据技术可以从档案中提取有用的知识，并对其进行分类、归纳和整理。这些知识可以用于知识共享、知识服务和知识创新等方面，提高组织的竞争力和创新能力。

（3）信息安全和隐私保护

大数据技术也可以用于档案的信息安全和隐私保护。对数据的加密、备份和去标识化处理，可以有效地保护档案的信息安全和隐私权益。

2. 大数据技术在档案领域的价值体现

（1）提高档案的利用率

大数据技术可以更加方便地管理和利用档案，提高档案的利用率。同时，对档案的分析和挖掘，可以更好地发挥档案的价值，为社会的发展提供支持。

（2）促进组织的知识创新

对档案的挖掘和分析，可以发现组织在发展过程中的不足和问题，从而进行有针对性的改进和创新。这种知识创新可以为组织的发展提供强大的动力和支持。大数据分析技术可以深入挖掘档案中的有价值信息，为决策提供有力支持。

（三）服务方式多样化

大数据技术可以实现个性化、智能化的档案服务，满足用户多样化的需求。大数据技术正在成为生活和工作的关键组成部分。尤其是在档案服务中，大数据技术不仅提供了丰富的信息资源，而且大大提高了档案的利用率和服务的多样性。下面将深入探讨大数据技术在档案服务中的多样化应用。

1. 个性化服务

利用大数据技术，档案服务可以提供个性化的推荐服务。通过对用户行为数据的分析，了解用户的查询习惯、关注点和需求，从而为他们提供定制化的信息服务。例如，通过分析用户访问历史和搜索记录，系统可以预测用户可能感兴趣的内容，并主动推荐相关档案资料。

2. 智能检索

传统的档案检索方式往往需要用户具备一定的关键词识别能力，而大数据技术可以通过自然语言处理和机器学习算法，提高检索的智能化程度。用户可以输入更接近自然语言的查询语句，系统自动识别并返回相关的档案资料。此外，通过图像识别技术，用户还可以直接上传图片或扫描件，系统自动识别并检索相关档案。

3. 数据挖掘与知识发现

大数据技术为档案服务提供了强大的数据挖掘和知识发现工具。对海量档案数据的分析，可以发现隐藏在数据中的规律、趋势和关联，从而为用户提供更有价值的信息。例如，通过对某地区的历年气象数据进行分析，预测未来的气候变化趋势，为农业、交通等领域提供决策支持。

4. 实时监控与预警

大数据技术还可以用于实时监控和预警。例如，在食品安全领域对食品生产、流通、销售等环节的数据进行实时监控，一旦发现异常情况，系统可以立即发出预警，确保问题能够得到及时处理。

5. 多元化展示与交互

利用虚拟现实（VR）、增强现实（AR）等技术，档案资料能够以更加生动、直观的形式展示给用户。用户可以通过触摸屏幕、手势等方式与档案进行互动，获得沉浸式的体验。此外，大数据技术还可以将档案资料转化为可视化图表、动画等形式，帮助用户更好地理解和分析数据。

6. 协作与共享

通过大数据技术，不同地区、不同领域的档案可以更好地进行协作与共享。例如，通过建立全国性的档案共享平台，各地档案馆可以将自己的特色资源上传，供其他机构和用户使用。这不仅可以提高档案的利用率，而且可以促进跨地区、跨领域的交流与合作。

大数据技术在档案服务中的应用方式多种多样，它可以为档案管理带来极大的便利和效率提升。在未来，随着技术的不断发展，相信大数据将在档案服务中发挥更加重要的作用，为用户提供更加优质、高效的服务。

二、建立大数据档案管理平台

通过云计算等技术，建立大数据档案管理平台，实现对海量档案数据的统一管理。

随着科技的不断发展，大数据时代的来临，传统的档案管理方式已经无法满足现代企业对档案管理的需求。为了更好地管理和利用企业档案，建立一个高效、安全、可靠的大数据档案管理平台尤为重要。云计算作为一种新兴的技术手段，具有高度可扩展性、灵活性、安全性等特点，可以为大数据档案管理提供强有力的技术支持。

（一）平台架构设计

第一，基础设施层。该层主要负责提供硬件设备和网络环境，包括服务器、存储设备、网络交换机等。利用云计算技术，其可以实现资源的动态管理和按需分配，提高硬件资源利用率。

第二，数据存储层。该层主要负责数据的存储和管理。利用分布式存储技术，其可以将大量数据分散存储在多个节点上，实现数据的冗余备份和高可用性。同时，通过数据加密技术，确保数据的安全性。

第三，数据处理层。该层主要负责对数据进行处理和分析。利用云计算的分布式计算技术，其可以实现海量数据的快速处理和实时分析。同时，提供各种数据处理工具和算法库，方便用户进行数据处理和分析。

第四，应用层。该层主要负责提供各种应用服务，包括档案管理、档案查询、档案借阅、档案统计等。通过与业务系统的集成，实现业务数据的自动归档和利用。同时，提供 API 接口，方便第三方应用接入。

（二）关键技术实现

第一，数据加密技术。为了保证数据的安全性，平台采用数据加密技术对数据进行加密存储。通过使用加密算法和密钥管理机制，确保数据在传输和存储过程中的安全性与保密性。

第二，分布式存储技术。利用分布式存储技术，将数据分散存储在多个节点上，实现数据的冗余备份和高可用性。同时，通过数据一致性协议和容错机制，保证数据的可靠性和一致性。

第三，分布式计算技术。利用云计算的分布式计算技术，实现海量数据的快速处理和实时分析。通过任务调度和资源管理机制，实现计算资源的动态管理和按需分配。

第四，大数据处理工具。提供丰富的大数据处理工具和算法库，包括数据清洗、数据转换、数据挖掘等。用户可以根据实际需求选择合适的工具进行数据处理和分析。

第五，API 接口。提供 API 接口，方便第三方应用接入。通过 API 接口，实现业务数据的自动归档和利用，同时提供数据查询、数据统计等服务。

（三）应用场景与优势分析

1. 应用场景

大数据档案管理平台适用于各种需要进行大量档案管理的场景，如企业、政府机构、图书馆等。其可以实现对档案的全面管理、快速查询、安全存储等功能。

2. 优势分析

（1）提高效率。云计算技术可以实现资源的动态管理和按需分配，提高数据处理效率和管理效率。

（2）降低成本。云计算技术可以降低硬件设备和维护成本。

（3）提高安全性。数据加密技术和容错机制可以保证数据的安全性与可靠性。

（4）灵活性高。云计算技术可以快速扩展和缩减资源，满足不同规模的应用需求。

（5）易于集成。API 接口可以方便地与业务系统进行集成，实现业务数据的自动归档和利用。

总之，通过云计算等技术建立大数据档案管理平台具有高效、安全、可靠等特点，可以满足现代企业对档案管理的需求。随着技术的不断发展，大数据档案管理平台将会得到更广泛的应用和推广。

三、数据整合与共享

打通各部门之间的数据壁垒，实现档案数据的整合与共享，提高档案的利用率。建立大数据档案管理数据整合与共享是一项复杂的任务，需要充分考虑数据来源、数据质量、数据处理、数据存储、数据安全和数据共享等多个方面。

（一）明确数据来源

在建立大数据档案管理系统之前，首先需要明确数据的来源，包括内部数据和外部数据。内部数据包括企业内部的业务数据、财务数据、人力资源数据等，外部数据包括市场数据、用户行为数据、社交媒体数据等。对于不同来源的数据，需要进行合理的分类和组织，以便后续的数据处理和整合。在数字化时代，大数据已成为企业、机构甚至国家的重要资产。为了有效地管理和利用这些数据，建立一套完善的大数据档案管理系统尤为重要。在构建这样的系统时，明确数据来源是至关重要的第一步。数据可以来源于多种渠道。第一，内部数据源。包括企业的业务系统、CRM（客户关系管理）系统、ERP（企业资源规划）系统等。这些系统在日常运营中积累了大量关于客户、交易、产品等方面的数据。第二，外部数据源。包括公共数据、市场调查数据、第三方数据提供商等。这些数据可以为企业提供行业趋势、竞争对手情况等信息。第三，用户生成内容。比如社交媒体上的评论、论坛讨论、博客文章等。这些内容反映了消费者的观点和需求。第四，传感器数据。比如物联网设备（如智能家居、智能农业等）产生的数据，提供了实时监控和优化的可能。第五，API数据。比如通过调用各种API接口获取的数据，如天气API、股票API等。第六，日志文件。比如服务器、网络设备等生成的日志文件，包含了大量关于系统运行状态的信息。在明确了数据来源后，还需要考虑数据的采集方式。对于结构化数据，可以使用ETL（Extract-Transform-Load）工具进行采集；对于非结构化数据，可能需要使用网络爬虫等技术进行采集。同时，为了保证数据的准确性和完整性，还需要建立数据质量管理体系，对采集到的数据进行清洗和验证。明确数据来源不仅是收集数据的起点，它还决定了数据的分类、存储和管理方式。不同的数据来源可能需要不同的数据处理和分析方法。因此，在建立大数据档案管理系统时，深入了解和梳理数据的来源是不可或缺的一步。

（二）数据质量保障

在整合不同来源的数据时，需要保证数据的质量。相关部门需要对数据进行清洗、去重、格式转换等操作，以保证数据的准确性和完整性。同时，需要对数据进行合理的分类和组织，以便后续的数据处理和存储。随着大数据时代的来临，数据已经成为企业决策、创新和竞争的关键因素。但海量数据的涌入也带来了诸多挑战，其中最突出的问题就是数据质量的管理与保障。

1. 数据质量保障的重要性

数据质量保障是大数据档案管理的重要组成部分，它直接关系到数据的可信度、准确性和完整性。高质量的数据能够为企业提供可靠的决策依据，提高业务运营效率，降低风险。反之，低质量的数据可能导致决策失误、资源浪费和声誉损害。

2. 建立数据质量保障的策略

（1）数据清洗。在数据采集阶段，需要对数据进行清洗，去除重复、错误或不完整的数据。通过制定数据清洗规则和流程，确保数据的准确性和一致性。

（2）制定数据标准。建立统一的数据标准，如数据格式、数据命名规则等，有助于提高数据的可读性和可比性。

（3）数据验证。通过数据验证规则，对数据进行校验，确保数据的合规性和完整性。

（4）数据备份与恢复。制定完善的数据备份和恢复策略，以防数据丢失或损坏。

（5）监控与审计。建立数据质量监控机制，定期对数据进行审计，及时发现并解决数据质量问题。

3. 人员培训

在建立大数据档案和数据质量保障体系时，需注重人员的培训和能力提升。确保相关人员具备足够的技能和知识，熟悉大数据、数据质量和档案管理等领域的技术与实践。此外，还需要定期进行培训和技能更新，以适应不断变化的业务和技术环境。大数据档案管理中的数据质量保障是一项复杂而重要的任务。为了确保数据的准确性和可靠性，企业需要从多个方面入手，包括数据清洗、标准化、验证、备份恢复以及监控和审计等。此外，重视人员培训也是提升数据质量的关键因素之一。通过这些措施的实施，企业可以建立起一套有效的数据质量保障体系，为大数据档案管理的可靠性和有效性提供有力支撑。这不仅有助于提高企业的决策效率和竞争力，还可以降低风险并维护企业的声誉。

（三）数据处理和分析

在数据整合的基础上，需要对数据进行处理和分析。数据处理包括数据挖掘、数据分类、数据关联等操作，数据分析包括统计分析、可视化分析等操作。数据处理和分析，可以挖掘出数据的潜在价值，为企业决策提供支持。随着信息化时代的快速发展，大数据已经成为现代社会中不可或缺的一部分。大数据档案管理作为大数据应用的重要环节，其价值不容忽视。下面将探讨如何建立大数据档案管理，以及如何进行数据处理与分析。

1. 大数据档案管理

（1）数据收集。大数据档案管理的第一步是数据收集。数据来源多种多样，包括社交媒体、企业数据库、政府机构等。在收集数据时，需要明确数据的来源、种类和格式，确保数据的真实性和完整性。

（2）数据存储。为了有效地管理和利用大数据，需要选择合适的存储解决方案。常见的存储解决方案包括分布式文件系统、云存储和数据库等。这些存储解决方案能够支持大规模数据的存储和处理。

（3）数据安全。数据安全是大数据档案管理的重要环节。为了确保数据安全，需要采取一系列安全措施，如数据加密、权限控制和备份恢复等。

2. 数据处理与分析

（1）数据清洗。在数据处理之前，需要进行数据清洗。数据清洗的目的是去除重复、无效和异常的数据，确保数据的准确性和完整性。

（2）数据集成。由于数据来源广泛，需要进行数据集成，将不同来源的数据进行整合，形成一个统一的数据集。数据集成能够提高数据的可用性和可分析性。

（3）数据挖掘。数据挖掘是大数据分析的核心环节。其可以从大规模的数据中提取出有价值的信息和知识。常见的数据挖掘方法包括聚类分析、关联规则挖掘和分类等。

（4）可视化分析。可视化分析能够将复杂的数据以直观的形式呈现出来，方便用户理解和分析。常见的可视化工具包括表格、图表和地图等。

建立完善的大数据档案管理，以及进行科学的数据处理和分析，可以为企业提供有力的决策支持，提高企业的竞争力和创新能力。未来，随着技术的不断进步和应用场景的不断拓展，大数据档案管理将会发挥更加重要的作用。

（四）数据存储和管理

在数据处理和分析之后，需要对数据进行存储和管理。相关部门需要考虑数据的存储方式、存储介质、存储安全等多个方面。同时，需要建立完善的数据管理制度和流程，以保证数据的可靠性和可用性。随着大数据时代的来临，数据已经成为企业和社会发展的重要资源。档案管理作为数据管理的重要组成部分，其重要性不言而喻。以下将探讨如何建立高效、安全的大数据档案管理，包括数据存储和管理的策略。

1. 数据存储策略

（1）分布式存储。针对大数据量的特点，采用分布式存储架构可以有效解决单点存储的瓶颈。分布式存储将数据分散存储在多个节点上，提高了数据存储的扩展性和容错性。

（2）对象存储。对象存储是一种适用于海量数据存储的架构，它可以将数据作为对象进行存储，并支持数据的版本控制、访问控制等高级功能。

（3）归档存储。对于不经常访问的数据，它可以采用归档存储的方式进行管理。归档存储可以将数据存储在低成本的存储介质上，并在需要时进行快速恢复。

2. 数据管理策略

（1）数据分类与标签。对数据进行分类和标签化管理，有助于提高数据的可检索性和管理效率。根据数据的属性和特征，为其赋予相应的标签，方便后续的数据检索和应用。

（2）数据治理。建立完善的数据治理体系，明确数据的所有权、管理权和使用权，确保数据的准确性、完整性和安全性。通过制定规范、流程和工具，实现数据管理的标准化和规范化。

（3）数据生命周期管理。根据数据的价值和使用频率，合理规划数据生命周期。定期对数据进行评估和清理，保证数据的时效性和价值性。

（4）数据安全与隐私保护。在大数据档案管理中，要高度重视数据的安全与隐私保护。采用加密、脱敏、审计等手段，确保数据的安全性；同时，要遵守相关法律法规和伦理规范，保护用户隐私不受侵犯。

（5）数据挖掘与分析。利用大数据技术和分析工具，对档案数据进行挖掘和分析，提取有价值的信息和知识。通过数据挖掘，发现数据之间的关联、趋势和模式，为企业决策提供有力支持。

（6）数据可视化与呈现。将数据分析结果以直观、易懂的形式呈现给用户，有助于提高数据的可理解性和可用性。利用数据可视化技术，可以将复杂的数据转化为图表、图形等形式，方便用户快速获取信息。

大数据时代的档案管理面临着诸多挑战和机遇。建立科学、合理的数据存储和管理策略，可以实现大数据档案管理的有效性和高效性。同时，要注重技术创新和人才培养，不断优化和完善档案管理系统，以满足不断变化的市场需求和企业发展需要。

（五）数据安全和隐私保护

在数据存储和管理过程中，需要考虑数据的安全和隐私保护。相关部门需要建立完善的数据安全体系和隐私保护机制，以保证数据的机密性和完整性。同时，需要对数据进行合理的访问控制和权限管理，以防止数据泄露和滥用。随着大数据时代的来临，大数据档案管理成为企业和社会的重要需求。大数据档案管理不仅需要存储和管理海量的数据，还需要保证数据的安全和隐私。下面将探讨如何建立大数据档案管理，并重点强调数据安全和隐私保护。

1. 大数据档案管理的挑战

（1）数据安全。大数据档案包含了大量的敏感信息和机密数据，如个人信息、商业机密等。如何保证这些数据的安全，防止数据泄露和被非法获取，是大数据档案管理面临的重要挑战。

（2）隐私保护。在大数据时代，个人隐私保护的难度越来越大。如何在满足企业和社会需求的同时，保护个人隐私，避免数据滥用和侵犯个人隐私，也是大数据档案管理面临的重要挑战。

2. 建立大数据档案管理的策略

（1）数据安全策略。首先，要建立完善的数据安全管理制度，包括数据分类、访问控制、数据加密等。其次，要采用先进的数据加密技术，对敏感数据进行加密存储，保证数据在传输和存储过程中的安全性。最后，还需要建立数据备份和恢复机制，防止数据丢失。

（2）隐私保护策略。首先，要建立完善的隐私保护政策，明确数据的收集、使用和共享的范围与方式，保证个人隐私不被侵犯。其次，要采用匿名化处理技术，对涉及个人隐私的数据进行处理，保证个人隐私不被泄露。最后，还需要建立数据审计机制，对数据的使用进行监督和审计，防止数据滥用。

大数据档案管理是当前企业和社会的重要需求，而数据安全和隐私保护是大数据档案管理面临的重要挑战。建立完善的数据安全和隐私保护策略，可以有效保障大数据档案的安全和隐私。同时，还需要加强技术研发和应用，不断推动大数据档案管理的创新和发展。

（六）数据共享和服务

相关部门需要建立完善的数据共享平台和服务体系，以提供高效、便捷的数据服务。同时，需要合理设置数据的开放范围和权限管理，以保护数据的隐私和安全。通过实现数据的共享和服务，促进企业内部各部门之间的协作和外部合作伙伴之间的合作，提高企业的竞争力和创新能力。但大数据的复杂性和多样性给数据管理与服务带来了巨大挑战。为了更好地管理和利用大数据，建立大数据档案管理至关重要。

1. 大数据档案管理的挑战

大数据档案管理面临着诸多挑战。首先，大数据的体量庞大，种类繁多，数据格式各异，这给数据的存储和管理带来了极大的困难。其次，大数据的快速变化和实时处理要求使得数据处理与分析面临更大的挑战。最后，数据安全和隐私保护也是大数据档案管理中需要重点关注的问题。大数据不仅改变了处理和解析信息的方式，还给传统的档案管理带来了前所未有的挑战。大数据档案管理的挑战主要来自以下几个方面。

（1）数据量的急剧增长。在大数据环境下，数据的产生和存储量呈指数级增长，传统的档案管理系统往往难以应对这种规模的扩大。如何有效地存储、分类、检索和利用这些海量数据，成为大数据时代档案管理的重要难题。

（2）数据类型的多样化。传统的档案管理主要针对结构化数据，如文档、图片等。但在大数据时代，非结构化数据（如音频、视频、社交媒体信息等）大量涌现，使得档案管理的复杂性增加。如何将这些不同类型的数据进行统一管理，是大数据时代档案管理面临的挑战之一。

（3）数据安全与隐私保护。随着数据价值的提升，数据安全和隐私保护问题日益突出。如何在确保数据安全的同时，满足用户对档案的查询和利用需求，是一项需要深入研究的课题。

（4）数据分析与挖掘的挑战。大数据的核心价值在于通过对数据的分析和挖掘，获取有价值的信息。传统的档案管理方法往往无法充分利用这些信息。如何运用先进的数据分析技术，从海量数据中提取有价值的信息，是大数据时代档案管理的又一项重要挑战。

（5）技术与标准的更新换代。大数据技术日新月异，如何跟上技术发展的步伐，及时更新档案管理系统，确保数据的完整性和安全性，也是档案管理面临的一大挑战。同时，建立统一的标准和规范，推动档案管理的标准化进程，是大数据时代档案管理的必要任务。

大数据时代的档案管理面临着诸多挑战。为了应对这些挑战，相关部门需要不断创新档案管理的方法和技术，提高档案管理的效率和安全性，从而更好地服务于社会和经济的发展。

2. 建立大数据档案管理的策略

（1）数据存储和管理

对于大数据的存储和管理，需要采用高性能的存储设备和存储技术，如分布式存储和对象存储等。同时，需要建立完善的数据管理制度，规范数据的存储、备份、恢复和迁移等操作，确保数据的安全性和完整性。

（2）数据处理和分析

数据处理和分析是大数据档案管理的核心。相关部门需要采用高效的数据处理技术和算法，如 Hadoop、Spark 等，实现数据的快速处理和分析。同时，需要建立完善的数据处理和分析流程，提高数据处理和分析的效率与质量。

（3）数据安全和隐私保护

数据安全和隐私保护是大数据档案管理中需要重点关注的问题。相关部门需要建立完善的数据安全和隐私保护制度，采用加密、脱敏等技术手段保护数据的安全和隐私。同时，需要加强员工的数据安全和隐私保护意识培训，提高员工的数据安全和隐私保护意识。

3. 实现数据共享和服务

建立大数据档案管理的最终目的是实现数据共享和服务。首先，相关部门需要建立完善的数据共享和服务平台，提供便捷的数据查询、下载和使用等服务。其次，需要根据不同的数据需求和应用场景，提供定制化的数据服务和解决方案。最后，需要加强数据的合规性和合法性管理，确保数据共享和服务符合相关法律法规与伦理规范的要求。实现大数据档案管理的数据共享和服务需要采用先进的技术与策略，以下是一些建议。

（1）数据整合。将不同来源的档案数据整合到一个统一的平台上，确保数据的完整性和准确性。可以采用数据清洗、数据转换等技术进行处理。

（2）数据存储。针对大数据的特点，选择适合的存储方案，如分布式存储系统，确保数据的安全性、可靠性和可扩展性。

（3）数据检索和分析。提供高效的数据检索和分析工具，以便用户快速查找和利用所需的数据。可以利用自然语言处理、机器学习等技术提高检索和分析的智能化水平。

（4）数据共享。建立安全可靠的数据共享机制，通过设置不同的访问权限和审计跟踪机制，确保数据的安全性和隐私保护。同时，提供灵活的数据共享方式，如 API 接口、数据导出等，方便用户进行二次利用和整合。

（5）数据服务。以用户需求为导向，提供多种形式的数据服务，如数据订阅、数据可视化、数据挖掘等。通过不断优化服务体验，提高用户满意度和忠诚度。

（6）人才培养。加强人才培养和团队建设，提高大数据档案管理人员的技能水平和专业素养。通过定期培训、交流学习等方式，促进团队成员之间的知识共享和经验传递。

（7）法规和标准。遵守相关法规和标准，如个人信息保护法、档案法等。在数据采集、存储和使用过程中严格遵守相关规定，确保数据的合法性和合规性。

（8）监控和管理。建立完善的数据监控和管理机制，对数据的采集、存储、处理和使用进行全程跟踪与管理。及时发现和解决数据安全问题，确保数据的完整性和可靠性。

实现大数据档案管理的数据共享和服务需要综合考虑技术、人才、法规等多个方面，并采取相应的策略和措施，确保数据的完整性和安全性。建立大数据档案管理是实现数据共享和服务的关键。为了应对大数据档案管理面临的挑战，需要采用高效的数据存储和管理技术、数据处理和分析技术、数据安全和隐私保护技术。同时，需要加强员工的数据安全和隐私保护意识培训，建立完善的数据共享和服务平台，提供定制化的数据服务和解决方案。通过这些措施的实施，实现大数据档案管理的有效管理和利用，为企业的可持续发展和社会进步提供有力支持。

四、数据分析与挖掘

利用大数据分析技术，对档案数据进行深度挖掘，提取有价值的信息，为决策提供支持。在大数据时代，档案管理面临诸多挑战，其中数据分析与挖掘是关键环节。下面将深入探讨如何在大数据档案管理下进行有效的数据分析和挖掘，以实现档案价值的最大化。

（一）大数据档案管理的特点

1. 数据量巨大。随着信息化进程的加速，档案数据量呈爆炸式增长，需要高效的数据存储和管理系统。

2. 数据类型多样。档案数据不仅包括文本、图像等传统类型，还涉及音频、视频等多媒体数据，需要针对不同类型数据进行处理和分析。

3. 数据价值密度低。海量数据中只有部分是有价值的，需要采用合适的方法提取有用信息。

（二）数据分析方法

1. 文本分析。利用自然语言处理技术对文本档案进行关键词提取、情感分析、主题建模等操作，挖掘文本中的潜在信息。

2.）图像分析。运用计算机视觉技术对图像档案进行目标检测、识别和跟踪，提取图像中的特征信息。

3. 音视频分析。通过音频和视频处理技术，提取音视频档案中的语音、画面等关键信息，为后续的查询和检索提供支持。

（三）数据挖掘技术

1. 关联规则挖掘。发现档案数据中项集之间的有趣关系，如共同出现、频繁同时查询的档案信息。

2. 聚类分析。将相似的档案数据分为若干个簇，使同一簇内的数据尽可能相似，不同簇的数据差异尽可能大。

3. 分类和预测。利用分类器对档案数据进行分类，并预测未来数据的趋势和走向。

（四）实现策略

1. 建设档案管理平台。集成数据存储、处理和分析工具，提供一站式服务。

2. 数据预处理。对原始数据进行清洗、去重、格式转换等操作，提高数据质量。

3. 算法选择与优化。根据具体问题选择合适的分析方法和挖掘技术，并持续优化以提高效率。

4. 人才队伍建设。培养具备大数据知识和档案管理技能的复合型人才，提高档案管理水平。

5. 安全管理。制定严格的档案数据管理制度和安全防范措施，确保档案数据的安全与隐私。

6. 跨部门合作。加强与其他部门的沟通和协作，实现档案资源的共享和互利共赢。

7. 持续改进。定期评估现有系统的性能和效果，根据反馈进行必要的调整和优化。

（五）案例分析

以某大型企业为例，其通过对历年销售数据的分析和挖掘，发现产品 A 在北方市场的销售量逐年增长，而在南方市场呈现下滑趋势。针对这一发现，企业及时调整营销策略，加大对北方市场的投入，优化产品 A 的宣传和推广方式。最终实现了销售业绩的大幅提升和市场占有率的扩大。

在大数据时代背景下，档案管理面临着前所未有的机遇和挑战。对海量数据进行有效的分析和挖掘，能够充分挖掘档案的价值，为企业和社会创造更多价值。未来，随着技术的不断发展，档案管理将更加智能化、自动化和个性化。同时，相关部门应关注信息安全和隐私保护问题，确保档案管理在实现高效服务的同时，也能保障数据安全和用户隐私。

五、个性化服务

通过对用户行为的分析，提供个性化、智能化的档案服务，满足用户多样化的需求。大数据时代的档案管理与个性化服务随着大数据技术的不断发展，正面临着前所未有的挑战与机遇。传统的档案管理方式已无法满足当今社会对信息获取和使用的需求。因此，如何利用大数据技术为档案管理工作提供个性化服务，成为当下亟待解决的问题。下面将就大数据时代下的档案管理与个性化服务进行探讨。

（一）大数据时代对档案管理的影响

1. 数据量的爆炸式增长。随着信息化进程的加速，档案数据量呈指数级增长，给档案管理工作带来了巨大压力。

2. 据类型的多样化。传统的纸质档案逐渐为电子档案所取代，同时，图像、音频、视频等非结构化数据在档案中的比例不断增加。

3. 数据价值的提升。档案作为组织机构的重要信息资源，其价值在大数据时代得到了进一步挖掘和利用。

（二）个性化服务的必要性

1. 满足用户个性化需求。通过分析用户行为和兴趣，提供定制化的档案信息服务，提高用户满意度。

2. 提高档案管理效率。通过数据挖掘和机器学习技术，自动分类、标签和排序档案，降低人工干预。

3. 增强档案利用价值。挖掘档案中的隐藏信息，为组织决策提供有力支持。

（三）个性化服务的实现方式

1. 数据挖掘技术。利用数据挖掘技术对档案数据进行深度分析，发现数据间的潜在联系。

2. 机器学习算法。通过机器学习算法对用户行为进行分析，预测用户需求，为其提供定制化的信息服务。

3. 智能推荐系统。构建智能推荐系统，根据用户兴趣和行为，为其推荐相关档案信息。

4. 个性化界面设计。设计简洁、直观的界面，使用户能够快速找到所需信息。

5. 定制化服务方式。提供多种服务方式，如在线咨询、电话服务、邮件服务等，满足用户不同需求。

6. 动态更新服务。实时监测档案数据的更新情况，确保用户获取信息的及时性和准确性。

7. 保护用户隐私。在提供个性化服务的同时，确保用户隐私得到充分保护，防止数据泄露。

（四）案例分析

以某大型企业为例，介绍其在大数据时代如何实现档案管理与个性化服务。该企业利用大数据技术对其海量档案数据进行处理和分析，根据用户需求为其提供定制化的信息服务。同时，通过智能推荐系统，向用户推荐与其需求相关的档案信息。此外，该企业还通过个性化界面设计和多种服务方式，提高用户体验和满意度。通过实施这些措施，该企业的档案管理效率和用户满意度得到了显著提升。

大数据时代的到来为档案管理带来了前所未有的机遇和挑战。利用大数据技术为档案管理工作提供个性化服务，不仅能满足用户的个性化需求，提高档案管理效率，还能进一步挖掘和利用档案价值。未来，随着技术的不断进步和应用领域的拓展，档案管理与个性化服务将更加紧密地结合在一起，为用户提供更加高效、便捷的信息服务。

六、保障数据安全

建立完善的数据安全保障体系，确保档案数据的安全、可靠。大数据时代，档案管理面临着前所未有的挑战，其中最为关键的就是数据安全问题。为了保障数据安全，需要采取一系列措施。

首先，要建立完善的数据备份和恢复机制。在大数据档案管理中，数据备份是必不可少的环节。相关部门需要定期对数据进行备份，并保证备份数据与原数据保持一致性。同时，还需要建立数据恢复机制，以便在数据出现问题时能够快速恢复数据。

其次，要加强数据加密和访问控制。对于敏感数据，需要进行加密处理，保证数据在传输和存储过程中不被非法获取。同时，还需要建立访问控制机制，限制对数据的访问权限，防止数据被非法修改或删除。

再次，要建立安全审计机制。对所有访问数据的操作进行记录和监控，以便及时发现和处理安全问题。同时，要对安全审计数据进行定期分析，以便发现潜在的安全隐患和攻击行为。

最后，要加强人员管理和培训。大数据档案管理需要专业的人员进行管理，因此需要加强人员管理和培训，增强管理人员的安全意识和技能水平。同时，还需要建立完善的应急预案，以便在出现安全问题时及时响应和处理。

保障大数据档案管理下的数据安全需要从多个方面入手，包括建立完善的数据备份和恢复机制、加强数据加密和访问控制、建立安全审计机制以及加强人员管理和培训等。只有这样才能确保大数据档案管理的安全性和可靠性。

第一节　档案价值挖掘的理论与方法

一、档案价值挖掘的理论

档案对社会发展及其进步具有重大影响，作为一项原始凭证和记录，其本身具有一定的价值，所以档案部门应当不断开发利用档案本身蕴含的价值意义，为工作提供便利，通过对档案自身价值的剖析研究，努力寻求提升档案价值的途径。

（一）档案的价值及其体现

1. 档案价值的概念

档案价值是指档案对个人、组织或社会在特定时期内产生的效用。这种效用可以是实际的，如提供决策参考、证明权益等；也可以是潜在的，如对历史研究的价值、对企业文化传承的价值等。因此，档案价值的定义是多维的，不仅包括物质价值，还包括文化、历史、法律等多方面的价值。档案价值也是指档案作为一个客体对从事社会实践活动的档案工作者及利用者（档案主体）所具有的凭证和情报作用，而表现出来的有用性及有用程度。档案信息作为客体只有在主体的需要、利用、开发过程中，才能真正产生、表现出价值，相互之间已经形成一种互相需要、相互满足的关系，所以档案的价值并非档案本身所决定，而是与人们的需要密切相关。因此，在利用档案的活动中，最终目的就是开发档案本身蕴含的价值，从而体现它的使用价值。由此可以看出，档案价值不是其档案客体自身的属性，也不是主体单独的属性，而是基于主体的需要，与档案实体属性相互统一。

2. 档案价值的具体表现

有关档案价值的具体表现形式，目前理论界主要包含以下几种。

（1）档案的利用价值和保存价值

档案的利用价值，是就档案的具体有用性而言的，是指某一（一部分）档案对具体利用者的具体（特定）意义或作用。档案的利用价值是档案对利用者的有用性和使用的性质与关系。档案作为一种历史记录和文化遗产，具有很高的利用价值。通过利用档案，人们可以了解历史、研究文化、传承知识、解决纠纷等。因此，档案的利用价值是其存在和保存的重要原因之一。

档案的利用价值是档案价值微观化的表现形态。档案的保存价值，是指档案是否具有保存的意义。档案的保存价值在档案价值鉴定工作中的具体反映或形式，是以保存时间长短体现出来的。档案的保存价值是档案是否具有保存的意义，以保存时间的长短来体现。一般来说，具有历史价值、文化价值、法律价值等重要意义的档案应该得到长期的保存。因为这些档案不仅对当前的利用者有价值，而且对未来的利用者也有价值。因此，档案的保存价值也是其存在和保存的重要原因之一。

档案的利用价值和保存价值是相辅相成的。因为只有那些具有很高利用价值的档案才值得长期保存，而长期的保存也会使档案的利用价值更加丰富和珍贵。因此，相关部门应该注重保护和利用档案，发挥其应有的价值，为社会的发展和进步做出贡献。

（2）档案的现实价值和长远价值

档案的现实价值又称为现行价值，既包括档案对其形成单位的社会实践活动所具有的现实利用价值，也包括对其他单位的具体社会实践活动所具有的现实利用价值。档案的长远价值，是指某些档案的利用价值的时效性可以扩展到遥远的未来，具有长远的保存和利用价值。

（3）档案的第一价值和第二价值

档案的第一价值，是指档案对其形成者所具有的价值；档案的第二价值，是指档案对社会及除档案形成者之外的其他利用者所具有的价值。

（4）档案的证据性价值和情报性价值

档案的证据性价值和情报性价值，是由美国的谢伦伯格首先提出的。他所说的证据性价值是指由被证明事物，即文件产生机构的组织和职能的重要性所决定的价值，情报性价值是指公共文件由于含有对各种研究有用的情报资料而固有的价值。档案价值的实现就是客体主体化的一种过程。

（二）实现档案价值的具体途径

档案价值的实现应该是档案利用者利用、开发、使用档案资料的一个能动过程，也就是档案客体作用于档案主体的一种能动过程。这种过程本质上体现的是档案本身蕴含的价值被发现、利用、提升为现实存在的价值。很多时候，档案被完整地保存，但利用程度往往不高，这就是档案的潜在价值尚未取得档案利用者的认识和发现。档案价值不是直接实现的，它是一个动态过程，主要包含以下途径。

1. 开发各种资源保证档案价值健全

档案已经具备了第一价值和第二价值，第一价值就是档案对所形成此项档案内容的单位的重大作用，而第二价值是指档案对社会中的某些单位、个人产生的作用。档案在保存阶段，是实现第一价值的过程，所以，主要的利用者要充分发挥档案对实际科研、生产等领域的现实作用，收集的档案只有齐全、规范、完整，才能有效保证第一价值顺利实现；档案的第二价值实现阶段，则是档案发挥作用的关键时期，某一种档案可以被多元化使用，满足各种研究领域，用于科研、政治、文化等多层次需要，这就需要保证利用渠道的畅通、提高档案利用者对档案的认知理解需求，提高档案利用者对认知工具、认知手段的利用程度，保证档案价值向现实价值的转化程度。要保证档案价值的健全，需要开发各种资源，这需要从多个方面入手，包括但不限于以下几个方面。

（1）人力资源。需要有一支专业的档案管理团队，他们需要具备档案管理、信息技术、法律法规等方面的知识和技能，能够全面负责档案的收集、整理、保管、利用和销毁等工作。

（2）物质资源。需要配备必要的硬件设备和软件系统，如档案库房、档案柜、档案盒、档案标签、档案扫描仪、档案管理系统等，以确保档案的安全和有效管理。

（3）信息资源。需要建立完善的档案信息数据库，将纸质档案数字化，并按照档案的属性和特征进行分类、整理和组织，以便档案的检索、利用和共享。

（4）技术资源。需要采用先进的信息技术和档案管理技术，如云计算、大数据分析、人工智能等，以提高档案管理的效率和档案的利用价值。

（5）制度资源。需要建立完善的档案管理规章制度和操作规程，确保档案管理的规范化和标准化，避免档案丢失、损坏或者泄露。

要保证档案价值的健全，需要从多个方面入手，建立完善的档案管理机制和体系，确保档案的安全、完整和有效利用。

2. 增强社会公众档案利用意识

档案的潜在价值需要通过主体的需要而体现出来，表现为其使用价值，所以要实现档案价值，需要不断增强社会的普通档案意识，人们对档案的认知程度、利用想法等众多因素，都会影响到档案作用的发挥。一般人们利用档案的意识越强烈越普遍，档案的使用价值就能够表现得越充分，而同时，在档案的价值实现过程中，有促进人们利用档案的意识；此外，社会、单位对于档案的管理水平，也是制约档案发挥自身价值、作用的主要因素。不断加强完善档案管理制度，提高对于档案的重视程度和现代化管理水平，包括对档案学基础的学习、档案理论的研究、档案工作者本身的科学素养、服务意识等，都会对档案的社会作用和利用产生重要影响。随着社会的发展和科技的进步，档案已经成为人们生活和工作中不可或缺的一部分。但是，由于种种原因，许多人对档案的认识和利用仍然存在一些误区与不足。因此，增强社会公众档案利用意识尤为重要。

（1）档案的重要性

档案作为历史的见证和信息的载体，具有非常重要的价值。它可以为决策提供依据，为工作提供参考，为学术研究提供资料。同时，档案也是一种文化和历史遗产，是了解和传承中华文化的重要途径。因此，增强社会公众档案利用意识，有助于更好地发挥档案的价值和作用。

（2）当前存在的问题

目前，许多人对档案的认识仍然停留在"存放无用资料"的阶段，对档案的重要性认识不足。同时，由于档案管理和服务不够完善，一些人不便利用档案。这些问题都制约了档案价值的发挥，影响了社会公众对档案的认知和利用。

（3）加强档案利用意识的措施

1）加强宣传教育

通过各种渠道和形式，加强档案宣传教育，让更多的人了解档案的价值和作用。例如，在社区、学校、企事业单位等开展档案知识讲座、展览等活动，增强人们的档案意识。

2）完善档案管理与服务

加强档案管理与服务，提高档案服务质量，是增强社会公众档案利用意识的重要手段。例如，建立更加便捷的档案查询系统，提供更加全面的档案服务，让人们更加方便地利用档案。

3）推广数字化档案

数字化档案是未来档案管理的发展趋势，也是增强社会公众档案利用意识的重要手段。推广数字化档案，可以让更多的人通过网络、手机等渠道了解和利用档案。例如，建立数字图书馆、数字博物馆等数字化平台，让人们更加方便地获取和利用数字化档案资源。

4）加强学术研究与交流

学术研究与交流是推动档案事业发展的重要力量，也是增强社会公众档案利用意识的重要途径。加强学术研究与交流，可以让更多的人了解档案的学术价值和作用，从而提高人们对档案的重视程度。例如，举办学术研讨会、学术论坛等活动，促进学术交流与合作。

增强社会公众档案利用意识是一项长期而艰巨的任务，需要全社会的共同努力。只有不断增强社会公众的档案意识，才能更好地发挥档案的价值和作用，为人类文明的发展做出更大的贡献。

3.档案信息化管理机制的实现

档案价值不是其档案客体自身的属性，也不是主体单独的属性，而是在主体需要的基础上，与档案客体属性相互统一。其真谛在于利用，实现档案信息化管理机制，为档案信息的充分利用提供了一种新的条件。各级部门、单位主要建立档案信息网站平台，不断将档案信息通过网站公布，建立有关法规制度、查询目录、整理规范等板块，提高专兼职档案人员的工作能力，帮助档案利用者提升对档案的利用能力，并开辟档案的信息服务功能，使档案的利用者可以浏览电子档案信息，实现社会档案资源共享机制。以下是一个简化的档案信息化管理机制的实现方案。

（1）目标与原则

档案信息化管理旨在提高档案管理效率，确保档案的完整性与安全性，便于检索与利用。为实现这一目标，需遵循标准化、安全性、可扩展性和便捷性的原则。

（2）技术实现

1）硬件设备。配备高性能服务器、存储设备和网络设备，确保数据存储与传输的稳定性。

2）软件系统。采用成熟的档案管理软件，实现档案的电子化管理。支持多种文件格式，具备强大的检索功能。

3）数据库。建立关系型数据库，用于存储档案信息，确保数据的安全性、可靠性和完整性。

4）网络安全。部署防火墙、入侵检测系统等，确保档案信息系统的安全。采用加密技术对数据进行加密存储与传输。

5）数据备份与恢复。定期对档案数据进行备份，并制订应急恢复预案，以应对意外情况。

（3）管理机制

1）档案分类与编码。根据档案类型、年份等信息进行分类，为每份档案分配唯一编码。

2）档案数字化。将传统纸质档案进行数字化处理，形成电子档案。

3）档案存储与备份。电子档案统一存储在服务器中，定期进行数据备份。

4）档案利用与共享。根据用户权限，提供档案检索、下载、打印等服务。通过设置权限，实现档案信息的共享与安全控制。

5）档案管理员培训。定期对档案管理人员进行培训，提高其专业技能和信息化素养。

6）档案管理监督。建立健全档案管理监督机制，对档案信息化管理工作进行定期检查与评估。

（4）评估与改进

定期对档案信息化管理机制进行评估，分析存在的问题与不足，提出改进措施。根据实际情况调整管理机制，确保其持续适应档案管理工作的需要。

（5）持续发展

随着技术的不断进步和档案管理需求的增加，档案信息化管理需持续关注新技术、新方法的应用与发展趋势。结合实际情况，逐步引入先进技术，优化档案管理流程，提高档案管理水平。同时，加强与其他行业的交流与合作，借鉴优秀的管理经验与技术成果，推动档案信息化管理的创新与发展。

（6）法律与合规

遵守相关法律法规和政策规定，确保档案信息化管理工作的合法性和合规性。对于涉及个人隐私和敏感信息的档案，需采取相应的保护措施，保障信息安全和隐私权益。在与第三方合作时，应签订保密协议，防止档案信息被泄露和滥用。

（7）社区参与社会监督

鼓励社区参与档案信息化管理工作，相关部门提高档案管理工作的透明度和公信力。通过公开渠道发布档案管理相关信息，接受社会监督和意见反馈。同时，加强与其他组织的合作与交流，共同推动档案信息化管理的进步与发展。

在档案信息化过程中，相关部门要给予经费支持，配备数据库服务器、扫描仪、摄像机等，配备档案管理网络系统，要包含对档案的收集、存储、编目、检索等服务功能，要保证安全操控能力。档案作为社会各个领域过程的原始记录和凭证，发挥着至关重要的作用，在社会迅速发展的机遇下，广泛地利用档案已成为党的工作和社会各方面的迫切需要，这就要求国家各级档案管理部门和档案工作人员不断开拓档案资源的内在价值，为国家、社会事业发展提供准确依据。

（三）档案属性

档案属性是决定档案价值的内在因素，主要包括内容属性（如文件的主题、来源和时间等）、形式属性（如文件的格式、版式、字迹等）、背景属性（如文件产生的背景、文件的形成者和使用者之间的关系等）。这些属性共同决定了档案的价值大小和类型。在编写档案属性时，可以使用各种属性来描述档案的详细信息。以下是一些常见的档案属性。

1. 档案名称。这是档案的基本标识，通常简短明了，易于理解。

2. 档案类型。描述档案的类型，如文档、图片、音频、视频等。

3. 文件大小。表示档案的大小，通常以字节（Bytes）、千字节（KB）、兆字节（MB）或吉字节（GB）为单位。

4. 创建日期。表示档案的创建时间。

5. 最后修改日期。表示档案最后一次修改的时间。

6. 存储位置。描述档案在计算机或网络上的存储位置。

7. 权限设置。描述档案的访问权限，如只读、读写、完全控制等。

8. 摘要。提供有关档案内容的简短描述。

9. 关键词。表示与档案相关的关键字或词组。

10. 归档状态。表示档案是否已归档或处于归档状态。

（四）档案利用需求

档案的利用需求主要来源于个人、组织或社会的实际需要，如行政管理、决策支持、学术研究、法律纠纷解决等。不同的需求会对档案的价值产生不同的影响。因此，在挖掘档案价值时，必须充分考虑档案的利用需求，以实现档案价值的最大化。在需要利用档案时，通常需要考虑以下几个方面的需求。

1. 档案的种类和内容。明确需要利用的档案属于哪一类，以及需要获取哪些具体的信息。例如，查阅公司历史档案以了解公司的发展历程，或者查询个人信息档案以办理证件等。

2. 档案的利用方式。不同的档案类型和内容可能需要不同的利用方式。例如，一些档案可能需要复制或复印；另一些档案可能需要以电子形式传递或在线查阅。因此，需要明确所利用档案的利用方式。

3. 档案的来源和真实性。明确档案的来源，并确保所利用的档案是真实可靠的。如果档案来源不可靠或存在被篡改、伪造等问题，那么所获取的信息就不准确或不可靠。

4. 档案的保护和保密。一些档案可能涉及机密或敏感信息，需要采取相应的保护措施，以确保所获取的信息不会被泄露或滥用。

5. 档案的利用限制和权限。明确所利用的档案是否有限制和权限要求。例如，一些档案可能只允许特定的人员或机构查阅，或者需要遵守特定的使用协议或规定。

在利用档案时，需要考虑档案的种类和内容、利用方式、来源和真实性、保护和保密以及利用限制与权限等方面的需求。

（五）档案价值评估

档案价值评估是对档案价值大小和类型的主观判断过程，主要依据是档案的属性、背景信息和利用需求。评估的结果可以用于指导档案的保存、管理和利用工作。评估可以采用定性和定量的方法，如专家评审、成分分析、模糊评价法等。当涉及评估档案价值时，需要考虑多个因素，如档案的历史意义、稀缺性、来源、内容、保存状况等。表4-1是一个简单的档案价值评估表格。

表 4-1　档案价值评估表

评估因素	分数（1~5）
历史意义	2
稀缺性	4
来源	3
内容	5
保存状况	1

评估方法如下。

1. 历史意义。评估档案在历史上的重要性，如是否与重要事件或人物有关。

2. 稀缺性。评估档案的稀有程度，如是否只有少数几份副本存在。

3. 来源。评估档案的来源可靠性，如是否来自知名机构或个人。

4. 内容。评估档案的内容重要性，如是否包含有价值的信息或数据。

5. 保存状况。评估档案的保存状况，如是否受到损坏或老化。

根据每个因素的评估结果，为其分配一个分数（1~5分），然后将所有分数相加，得到档案的总价值。分数越高，档案的价值越高。

（六）数据挖掘技术

数据挖掘技术是一种从大量数据中提取有用信息的手段，可以应用于档案价值挖掘。具体而言，用户可以通过数据挖掘技术对档案的内容、形式和背景属性进行分析，发现隐藏在其中的有价值的信息，从而更好地满足档案的利用需求。同时，数据挖掘技术还可以用于发现不同属性之间的关联规则，为档案管理和利用提供决策支持。随着信息技术的发展，数据挖掘技术在许多领域都得到了广泛的应用。在档案领域，档案价值数据挖掘技术可以帮助档案管理者更好地管理和利用档案资源。

1. 档案价值数据挖掘技术的概念

档案价值数据挖掘技术是指通过计算机技术和算法，从大量的档案数据中提取有价值的信息和知识的过程。这些信息和知识可以是结构化的数据，也可以是非结构化的文本、图像等。在档案领域，数据挖掘可以帮助档案管理者发现档案之间的关联、规律和趋势，从而更好地管理和利用档案资源。

2. 档案价值数据挖掘技术的应用

（1）档案分类与聚类

对档案进行分类和聚类，可以发现档案之间的相似性和差异性，从而更好地组织和管理档案资源。例如，可以根据档案的主题、时间、地点等属性进行分类，或者根据档案的内容进行聚类。

（2）档案关联分析

关联分析可以帮助发现档案之间的关联规则和关联模式。例如，通过关联分析可以发现某些事件或事物之间的联系和规律，从而更好地了解历史和现状。

（3）档案异常检测

异常检测可以帮助发现档案中的异常值或异常模式。这些异常值或模式可能是由于数据错误、欺诈行为等原因引起的。通过异常检测可以及时发现并纠正这些问题，从而提高档案管理水平。

3. 档案价值数据挖掘技术的发展

随着大数据时代的到来，档案数据量越来越大，数据类型也越来越复杂。因此，未来的档案价值数据挖掘技术需要不断发展和创新，以适应新的数据环境和应用需求。未来发展方向包括以下几点。

（1）跨媒体数据挖掘

随着多媒体技术的快速发展，档案数据中包含了大量的图片、视频等多媒体信息。未来的数据挖掘技术需要加强对这些多媒体数据的处理和分析能力，以实现跨媒体的数据挖掘和知识发现。

（2）数据可视化技术

可视化技术可以帮助更好地理解和展示数据与知识。未来的数据挖掘技术需要加强对可视化技术的应用，以提供更加直观和易用的数据挖掘工具与服务。

（3）数据安全与隐私保护

在数据挖掘过程中，需要加强对数据的安全和隐私保护。未来的数据挖掘技术需要加强对数据的安全加密、匿名化处理等技术的应用，以确保数据的安全和隐私保护。

档案价值数据挖掘技术是一个不断发展和创新的过程。未来需要不断加强对新技术、新方法的研究和应用，以提高档案管理水平和服务质量。档案价值挖掘是一个多维度、多层次的过程，需要综合考虑档案的属性、利用需求和评估结果，借助数据挖掘技术来深入挖掘档案的价值。这一过程可以实现档案资源的有效管理和高效利用，更好地服务于个人、组织或社会的需求。

二、档案价值挖掘的方法

随着信息化时代的到来，大量的数据和信息涌入人们的生活与工作。档案作为企业、机构和个人的重要历史记录，其中蕴含的价值越来越为人们所认识和挖掘。因此，如何有效地挖掘档案价值成为当今的一个重要课题。

（一）档案价值挖掘的重要性

1. 提高信息利用效率

通过对档案价值的挖掘，人们能够更快地获取所需信息，提高工作效率。在信息爆炸的时代，档案作为组织、机构和个人的重要历史记录，其价值被越来越重视。档案不仅是过去的印记，更是未来的指南。挖掘档案的价值，对于提高信息利用效率，具有深远的意义。

（1）维护历史真实

档案是历史的见证，其真实性、完整性对于维护历史的真实具有重要作用。对档案的深入研究，可以纠正历史上的错误记载，还原历史的本来面目。这种真实性的维护不仅对学术研究具有重要价值，而且为决策者提供了更为准确的信息依据。

（2）提供决策支持

档案中包含了大量的历史数据和信息，这些信息可以为当前的决策提供重要参考。通过对档案的分析，用户可以总结出组织或领域的发展规律，预测未来的趋势，从而做出更为科学、合理的决策。

（3）提高信息利用效率

在数字化的今天，大量的档案被存储在电子系统中。通过先进的数据挖掘和分析技术，这些档案可以被高效地检索、分类和利用。这大大提高了信息利用的效率，减少了信息查找的时间成本。

（4）促进知识传承

档案中不仅包含了事实和数据，更包含了经验和智慧。对档案的深入挖掘和整理，可以将这些隐性知识转化为显性知识，促进知识的传承和发展。这对于组织和个人来说，都是一笔宝贵的财富。

（5）辅助教育科研

无论是学校、研究机构还是企业，都需要从历史中吸取经验教训。对档案的挖掘和分析，可以为教育者和研究者提供丰富的素材与案例，促进学术的繁荣和教育质量的提高。

档案价值挖掘对于提高信息利用效率、促进知识传承、辅助教育和科研、维护历史真实以及提供决策支持都具有重要意义。在信息化社会中，相关部门应更加重视档案的价值，通过先进的技术和方法挖掘其深层价值，为社会的发展和进步做出更大的贡献。

2. 辅助决策制定

通过对档案的分析，了解历史情况，为决策提供依据。在 21 世纪的信息时代，大数据和人工智能技术正深刻地改变着人们的生活与工作方式。尤其是在档案管理领域，如何有效挖掘档案价值，为决策制定提供有力支持，已经成了一个重要议题。下面将探讨档案价值挖掘在辅助决策制定中的重要性。

（1）档案价值挖掘：揭示数据背后的故事

档案不仅是记录历史的文件，它还包含了大量的信息和知识。运用先进的数据分析技术，可以从这些档案中提取有价值的信息，从而为决策制定提供科学依据。档案价值挖掘能够帮助用户深入了解历史数据，发现数据之间的潜在联系，以及预测未来的发展趋势。

（2）辅助决策制定：基于事实的决策

在商业、政府和学术领域，决策的制定往往需要基于大量的信息和数据。挖掘档案价值，可以获得更为全面、准确的信息，使决策更加科学、合理。此外，基于事实的决策还能提高决策的可信度和说服力，减少决策风险。

（3）案例分析：档案价值挖掘的实际应用

以一家大型企业为例，该企业通过挖掘其多年的销售数据档案，发现了某一产品在特定区域的市场潜力。基于这一发现，企业制定了有针对性的市场营销策略，最终实现了销售额的大幅增长。这一案例充分说明了档案价值挖掘在辅助决策制定中的重要作用。

（4）未来展望：深化档案价值挖掘与决策制定的融合

随着人工智能和大数据技术的不断发展，档案价值挖掘将更为智能化、自动化。未来，期待看到更多基于档案价值的决策案例，同时需要不断探索和完善档案价值挖掘的方法与技术，以便更好地服务于决策制定。

在信息时代，档案作为重要的信息资源，其价值挖掘对于辅助决策制定具有重要意义。深入挖掘档案中的有价值信息，可以为决策提供更为科学、全面的依据，提高决策的质量和效果。未来，随着技术的不断进步，档案价值挖掘将在决策制定中发挥更为重要的作用。

3. 促进知识传承和创新

档案中蕴含着丰富的知识和经验，对这些信息的挖掘，可以促进知识的传承和创新。档案作为企业、组织、个人活动的重要记录，其价值日益凸显。档案价值的挖掘，对于促进知识传承和创新具有至关重要的作用。

首先，档案是历史的见证。挖掘档案中的信息，能够深入了解过去的历史事件、文化背景和社会发展状况。这种了解不仅有助于更好地认识过去，还可以为未来的决策提供参考和借鉴。例如，对企业多年的档案进行分析，可以发现其发展历程中的机遇和挑战，为未来的战略规划提供依据。

其次，档案是知识传承的重要载体。许多宝贵的经验、技巧和智慧都蕴含在档案之中。深入挖掘这些信息，可以将这些知识传递给后人，促进知识的传承和创新。例如，在教育领域，教师可以将优秀的教学方法和经验整理成档案，供后来的教师学习和借鉴，从而提高教学质量。

最后，档案是创新的源泉。对档案中的信息进行整理、分析和挖掘，可以发现新的规律、趋势和机遇。这些发现可以激发新的灵感和创意，推动科技创新、管理创新和文化创新等领域的进步。例如，通过对市场数据进行挖掘和分析，企业可以发现新的市场需求和竞争态势，从而开发出更具竞争力的产品和服务。

总之，档案价值挖掘对于促进知识传承和创新具有重要意义。相关部门应该重视档案的价值，加强档案的收集、整理和保护工作，充分利用现代信息技术手段对档案进行深度挖掘和分析，为知识传承和创新提供有力支持。同时，还应该加强档案相关人员的培训和教育，提高他们对档案价值的认识和挖掘能力，为知识传承和创新贡献更多的力量。

（二）档案价值挖掘的方法

1. 分类整理

根据档案的内容、性质、时间等因素进行分类整理，使其更易于检索和使用。在信息时代，档案的价值越来越受到人们的重视。为了更好地挖掘档案的价值，分类整理必不可少。下面将探讨如何通过分类整理来挖掘档案的价值。

（1）分类整理的重要性

分类整理是将档案按照一定的标准进行分类、归档和整理的过程。对档案进行分类整理，可以提高档案的查找效率和使用价值，为组织和个人提供更好的服务。同时，分类整理还可以帮助组织和个人更好地了解档案的内容与特点，为进一步利用和开发档案奠定基础。

（2）分类整理的方法

1）按时间分类

按照时间顺序对档案进行分类是常见的方法之一。根据组织或个人的需求，可以将档案分为不同的时间段，如年度、季度、月份等。按时间分类可以更好地了解组织或个人的历史发展和变化情况。

2）按内容分类

按照内容对档案进行分类也是常见的方法之一。根据档案的主题、类别、属性等因素进行分类，可以将档案分为人事档案、财务档案、项目档案等不同的类别。按内容分类可以更好地了解组织或个人的业务领域和特点。

3）按重要性分类

按照重要性对档案进行分类也是重要的方法之一。根据档案的重要程度、保密级别等因素进行分类，可以将档案分为机密、秘密、普通等不同的级别。按重要性分类可以更好地管理和保护重要的档案资源。

4）按来源分类

按照来源对档案进行分类也是常用的方法之一。根据档案的来源地、制作单位等因素进行分类，可以将档案分为内部档案和外部档案，或者分为政府档案、企业档案等不同的来源。按来源分类可以更好地了解组织或个人的合作和交流情况。

分类整理是挖掘档案价值的重要方法之一。对档案进行分类整理，可以提高档案的查找效率和使用价值，为组织和个人提供更好的服务。在实际操作中，可以根据组织或个人的需求和实际情况选择合适的分类方法，并不断地完善和调整分类方案，以实现档案价值的最大化挖掘。

2. 数据分析

利用数据分析技术，对档案中的数据进行处理和分析，发现其中的规律和趋势。在数字化时代，档案数据的价值逐渐受到人们的重视；而数据分析是挖掘档案价值的关键手段。

（1）数据收集

数据收集是基础步骤，要确保档案数据的完整性、准确性。同时，还要考虑数据的质量和可理解性。数据来源的多样性也至关重要，这样可以保证信息的全面性和可靠性。

（2）数据清洗与预处理

在收集了原始数据之后，需要进行数据清洗和预处理。这个过程包括检查数据的完整性、处理缺失值、异常值以及不一致的数据，以确保分析结果的准确性。

（3）数据探索

通过可视化工具和统计分析方法，初步了解数据的分布、趋势和关联性。这有助于发现潜在的问题和模式，为后续的深入分析提供方向。

（4）特征工程

特征工程是将原始数据转换为适合分析的特征的过程。这一步非常关键，因为特征的质量直接影响到模型的性能。对数据的特征提取、转化和组合，可以创造出新的有价值的信息。

（5）建立模型

利用合适的算法和模型对处理过的数据进行训练与测试。常见的机器学习算法包括分类、聚类、预测等。模型的选择应基于问题的性质和目标，如预测档案的利用率、用户行为等。

（6）模型评估与优化

建立模型后，需要对其进行评估。常用的评估指标包括准确率、召回率、F1分数等。根据评估结果，对模型进行调优或选择更合适的算法。此外，模型的解释性也非常重要，它可以确保结果的合理性和可解释性。

（7）部署与应用

将优化后的模型部署到实际环境中，提供预测或决策支持。同时，还需要定期监控模型的性能并进行必要的更新和维护。通过数据分析挖掘档案的价值是一个系统的过程，需要经过数据收集、预处理、探索、特征工程、建模、评估与优化等步骤。每个步骤都至关重要，需要严谨地操作和持续地优化。随着技术的不断进步，数据分析在档案价值挖掘中的应用将更加广泛和深入。

3. 内容挖掘

利用自然语言处理技术，对档案中的文本信息进行挖掘，提取其中的关键词、主题等。以下是档案价值挖掘中内容挖掘的一些主要方法。

（1）文本分析。通过自然语言处理（NLP）技术，如词干提取、词性标注、句法分析等，对档案中的文本内容进行深入分析。这有助于理解档案的主题、观点和情感倾向。

（2）语义挖掘。利用语义网、本体论等技术，对档案中的概念、实体及其关系进行识别和提取，从而揭示档案中的深层信息。

（3）知识图谱。通过构建知识图谱，将档案中的信息以图的形式展示出来，以便于知识的推理和查询。

（4）情感分析。利用情感分析技术，对档案中的观点、态度和情感倾向进行分析，以了解用户对特定主题的看法和态度。

（5）关联分析。发现档案中各主题、概念、实体之间的关联关系，生成关联规则，帮助理解档案内容间的相互影响。

（6）可视化展示。通过可视化技术，将复杂的数据、信息、知识以直观的方式展示出来，方便用户理解和探索。

（7）数据挖掘技术。利用聚类、分类、异常检测等技术，对档案内容进行深入分析，发现隐藏的模式和规律。

（8）跨媒体分析。结合多媒体技术，对档案中的图片、音频、视频等非文本内容进行挖掘和分析，以获取更多的信息。

（9）跨语言分析。对于多语言的档案，利用机器翻译、对齐算法等技术，进行跨语言的档案内容挖掘。

（10）专家系统。结合领域专家知识，对档案内容进行深度分析和解读，以获取专业性和权威性的信息。

以上就是档案价值挖掘中内容挖掘的一些主要方法。注意，具体实施时可能需要根据档案的类型、内容和目标受众进行调整。

4. 知识图谱

构建知识图谱，将档案中的信息以图谱的形式展示出来，方便用户进行查询和使用。随着大数据时代的来临，信息爆炸使得数据呈指数级增长，其中蕴藏着巨大的潜在价值；而传统的数据挖掘和分析方法已难以满足当今对大规模数据复杂性的处理需求。在这一背景下，知识图谱作为新兴技术，为档案价值的挖掘提供了新的视角和方法。

（1）知识图谱在档案价值挖掘中的应用

1）实体关联分析。知识图谱能够将档案中的实体（如人、事、物等）进行结构化处理，并建立起它们之间的关联关系。这种关联分析可以深入挖掘档案中的隐藏信息，如人物关系、事件脉络等。

2）语义推理与推断。知识图谱具有强大的语义推理能力，可以在现有信息的基础上进行推理和推断，进一步揭示档案中的潜在价值。例如，根据已知的人物关系，推断出一些潜在的社会关系或者权力结构。

3）辅助决策支持。通过对档案数据中的规律和模式进行挖掘，知识图谱可以为决策提供数据支持和决策依据。例如，通过对历史事件的挖掘和分析，为未来的决策提供参考。

（2）实施步骤

1）数据收集与整理。收集需要挖掘的档案数据，并进行必要的整理和清洗。

2）知识图谱构建。使用实体抽取、关系抽取等技术构建档案知识图谱。

3）价值挖掘。利用关联分析、语义推理等方法挖掘档案中的价值。

4）结果呈现与应用。将挖掘结果以可视化的形式呈现，并根据实际需求进行应用。

（3）案例分析

以某机构的历史档案为例，通过构建知识图谱，深入挖掘其中的价值。首先，对档案数据进行处理，抽取其中的实体和关系；其次，构建知识图谱，展示实体间的关联关系；再次，利用关联分析和语义推理等方法挖掘档案中的价值；最后，将挖掘结果以可视化的形式呈现出来，为决策提供支持。

知识图谱作为一种新兴技术，为档案价值的挖掘提供了新的思路和方法。构建知识图谱，可以深入挖掘档案中的隐藏信息，揭示其中的潜在价值。同时，知识图谱还可以为决策提供数据支持和决策依据。未来，随着技术的不断发展，知识图谱在档案价值挖掘中的应用将更加广泛和深入。

5. 数据可视化

利用数据可视化技术，将档案中的数据以图表、图像等形式展示出来，便于用户理解和分析。随着信息化时代的快速发展，数据可视化作为一种强大的信息呈现形式，在档案价值挖掘中扮演着越来越重要的角色。数据可视化利用图形、图表等形式，将复杂的档案数据以直观、易懂的形式展现出来，帮助用户更好地理解档案数据，进而挖掘出档案中的潜在价值。

（1）数据可视化方法

1）柱状图。用于比较不同类别之间的数据，便于用户观察各分类数据的数量变化。

2）折线图。用于显示随时间变化的数据趋势，帮助用户发现数据变化的规律。

3）饼图。用于展示数据的占比关系，帮助用户了解各部分在整体中的比重。

4）散点图。用于展示两个变量之间的关系，帮助用户发现变量之间的关联。

5）热力图。通过颜色的深浅来表示数据的密度和分布，便于用户观察数据的集中和分散情况。

6）树状图。用于展示层次结构和分类关系，帮助用户理解数据的组织结构。

（2）数据可视化在档案价值挖掘中的应用

1）档案分类。通过数据可视化技术，用户可以更直观地看到档案的分类情况和分布情况，有助于更好地管理和利用档案资源。

2）数据趋势分析。通过折线图等可视化工具，用户可以清晰地看到档案数据的增长或下降趋势，有助于预测未来的发展趋势。

3）关联分析。通过散点图等可视化工具，用户可以发现档案数据之间的关联关系，有助于挖掘出隐藏在数据中的价值。

4）热点分析。通过热力图等可视化工具，用户可以快速发现档案数据的热点区域，进而把握数据的重要区域和关键节点。

5）结构分析。通过树状图等可视化工具，用户可以清晰地看到档案数据的组织结构和层次关系，有助于更好地理解数据的内在逻辑。

数据可视化作为现代信息技术的一种重要手段，在档案价值挖掘中具有不可替代的作用。通过数据可视化，用户可以更加直观地理解档案数据，发现隐藏在数据中的价值，提高档案的利用率和使用价值。因此，相关部门应该积极运用数据可视化技术，充分挖掘档案的价值，为工作和生活提供更好的支持与帮助。

（三）档案价值挖掘的步骤

1.数据收集。首先，需要收集各种来源的数据，包括企业内部和外部的数据。这些数据包括企业内部的档案、数据库、信息系统等，以及来自外部的市场研究报告、行业报告、政府数据等。

2. 数据清洗。在收集到数据之后，需要进行数据清洗，以消除错误和重复的信息。这一步骤可以通过自动化工具或手动方式完成，目的是确保数据的质量和准确性。

3. 数据转换。数据清洗完成后，需要进行数据转换，将数据转换成适合分析和挖掘的格式。这可能涉及数据的格式化、标准化、分类等操作。

4. 数据挖掘和分析。利用各种数据挖掘和分析工具，对数据进行深入分析和挖掘。这一步骤可以通过自动化工具或手动方式完成，目的是发现数据中的模式、趋势和关联性。

5. 档案价值评估。根据分析结果，评估档案的价值。这可能涉及档案的内容、历史、来源、重要性等方面的评估。评估结果可以为档案的保存、利用和开发提供参考。

6. 实施和应用。将分析结果应用到实际业务中，以提高企业的竞争力和绩效。这可能涉及档案管理、战略规划、决策制定等方面的应用。

总之，以上步骤可以有效地挖掘档案的价值，为企业的发展提供支持和帮助。

档案价值挖掘是一项重要的工作，能够帮助用户更好地利用档案资源，提高工作效率和效益。未来，随着技术的发展和数据量的增加，档案价值挖掘的方法和手段将更加丰富多样。相关部门应积极探索和应用新的技术方法，不断提高档案价值挖掘的效率和准确性，为企业和社会的发展做出更大的贡献。

第二节　基于大数据技术的档案价值挖掘方法设计

随着大数据时代的来临，数据已成为企业和社会发展的重要资源。档案作为企业和社会活动的历史记录，其中蕴含着巨大的价值。但传统的档案利用方式已无法满足现代社会的需求，如何从海量的档案数据中挖掘出有价值的信息，成为亟待解决的问题。本节旨在设计一种基于大数据技术的档案价值挖掘方法，以充分挖掘档案的价值，提高档案的利用率。

一、数据收集

对各类档案数据进行全面、系统的收集。这包括纸质档案、电子档案、图片、音频、视频等各种形式的档案。同时，还需要从外部数据源获取相关数据，如社交媒体、新闻网站等。在进行基于大数据技术的档案利用与价值挖掘的数据收集时，首先要明确数据来源。以下是一些可能的数据源。第一，档案数据库。这是最主要的数据源，包括各类档案的电子版本，如文本、图片、音频、视频等。第二，社交媒体。社交媒体上可能会有关于档案的讨论、引用或评价，这些都可以作为数据的一部分。第三，网络爬虫数据。爬虫技术可以收集网络上公开的与档案相关的信息。第四，档案机构日志。包括档案馆的访问记录、查询记录、借阅记录等。第五，用户反馈。通过调查问卷、在线评价等方式收集的用户对档案利用的反馈。第六，市场数据。与档案相关的市场交易数据、价格趋势等。

（一）数据预处理

在收集到原始数据后，需要进行数据预处理步骤如下。

1. 数据清洗

去除重复、错误或不完整的数据。在大数据技术的支持下，档案利用与价值的数据清洗是一项重要任务。数据清洗的目的是保证数据的质量、准确性和完整性，以便更好地利用档案数据。以下是一些基于大数据技术的档案利用与价值的数据清洗方法。

（1）数据去重。利用大数据技术，对档案数据进行去重处理，删除重复和冗余的数据，减少数据量，提高数据处理效率。

（2）数据分类。对档案数据进行分类处理，按照一定的分类规则和标准，将数据分成不同的类别。例如，根据档案的内容、时间、来源等信息进行分类。分类后的数据可以更好地组织和管理，方便后续的数据分析和利用。

（3）数据聚合。将相似或相关的数据聚合在一起，形成更大的数据单元。例如，可以将同一主题或同一来源的档案数据聚合在一起，以便进行更深入的分析和挖掘。

（4）数据校验。对档案数据进行校验处理，检查数据的完整性和准确性。例如，比对不同来源的数据，验证数据的真实性和可信度。如果发现数据不准确或缺失，可以进行修复或补充。

（5）数据标签化。对档案数据进行标签化处理，为数据添加有意义的标签或关键词。标签可以帮助用户更快地理解数据的内容和含义，方便后续的数据检索和利用。

（6）数据可视化。利用大数据可视化技术，将档案数据以图表、图像等形式呈现出来。可视化可以帮助用户更好地理解数据的结构和关系，发现数据中的模式和规律。

基于大数据技术的档案利用与价值的数据清洗需要综合考虑数据的去重、分类、聚合、校验、标签化和可视化等方面。数据清洗和处理，可以提高档案数据的质量和利用率，为后续的数据分析和挖掘提供更好的基础。

2. 格式统一

将不同格式的数据统一为标准格式，便于后续处理。随着科技的快速发展，大数据技术的应用逐渐普及，其在档案管理中的运用为档案的利用和价值的提升提供了新的途径。下面将探讨在大数据技术背景下，档案的利用和价值的提升如何实现统一。

（1）大数据技术在档案管理中的应用

在传统的档案管理模式下，档案信息的整理、储存、查询和使用都存在诸多不便。但在大数据技术的支持下，档案管理模式得到了极大的改善。大数据技术可以对海量的档案信息进行高效、准确的处理，提高档案的利用率，同时提升了档案的价值。

（2）档案的利用

在大数据技术的支持下，档案的利用方式发生了深刻的变化。首先，档案的查询和使用更加便捷，用户可以通过搜索引擎或者数据挖掘工具，快速地查找到自己需要的档案信息。其次，通过对档案信息的深度挖掘和分析，用户可以发现其中隐藏的价值，为决策提供依据。最后，对用户使用档案的行为进行分析，可以更加准确地了解用户的需求，从而优化档案服务。

（3）档案的价值

在大数据技术的支持下，档案的价值得到了进一步的提升。首先，通过对档案信息的分析和挖掘，发现其中隐藏的价值，为社会的发展提供支持。其次，通过对用户使用档案的行为进行分析，发现用户的需求和行为习惯，为市场的发展提供参考。最后，通过档案信息的共享和交流，提高档案的利用率，从而提升档案的价值。

（4）格式统一

在大数据技术的背景下，为了更好地实现档案的利用和价值的提升，需要实现格式统一。首先，制定统一的档案数据标准，保证数据的准确性和一致性。其次，建立统一的档案管理平台，方便数据的存储和查询。最后，加强数据的共享和交流，促进数据的流通和利用。

在大数据技术的背景下，档案的利用和价值的提升可以实现统一。制定统一的档案数据标准、建立统一的档案管理平台以及加强数据的共享和交流，可以实现档案的高效利用和价值的提升。在未来发展中，相关部门应该继续深化对大数据技术的研究和应用，提高档案管理水平，为社会发展提供更加优质的档案服务。

3. 数据转换

将非结构化数据转换为结构化数据，便于分析。随着大数据技术的飞速发展，数据转换在档案管理和利用中扮演着越来越重要的角色。通过数据转换，将不同类型的档案数据转换成统一格式，便于数据的整合、分析和利用，从而提升档案的利用价值和效率。

（1）数据转换在档案利用中的重要性

1）数据标准化。数据转换可以将不同来源、不同格式的档案数据进行标准化处理，统一数据格式和元数据标准，方便数据的整合和共享。

2）数据安全性。通过数据转换，将档案数据从原始格式转换成加密或安全的格式，提高数据的安全性和保密性。

3）数据可读性。数据转换可以将非结构化档案数据进行结构化处理，提高数据的可读性和可理解性，便于用户查询和利用。

（2）基于大数据技术的数据转换方法

1）数据清洗。通过数据清洗，去除无效、错误或不完整的数据，保证数据的准确性和完整性。

2）数据集成。将不同来源、不同格式的档案数据进行集成，形成统一的数据视图或数据仓库。

3）数据转换。将档案数据从一种格式转换成另一种格式，以适应不同的应用需求和数据处理方式。

4）数据挖掘。通过数据挖掘技术，发现档案数据中隐藏的价值和知识，为决策提供支持。

（3）数据转换在档案价值挖掘中的应用案例

1）主题模型。通过对非结构化档案数据进行主题建模，将文档转换为结构化的向量表示，便于主题发现和信息检索。

2）关联分析。通过关联分析算法，发现档案数据中的关联规则和模式，挖掘档案之间的内在联系。

3）聚类分析。通过聚类算法将档案数据进行聚类，发现不同类别的特征和规律，为分类管理提供支持。

4）情感分析。通过对档案数据进行情感分析，了解用户对档案的认知和态度，为档案服务优化提供依据。

大数据技术在档案管理和利用中具有广阔的应用前景。数据转换技术可以实现档案数据的标准化、安全性和可读性，提升档案的利用价值和效率。未来，随着大数据技术的不断发展，数据转换在档案领域的应用将更加深入和广泛。同时，需要加强数据安全和隐私保护的研究与实践，确保档案数据的安全性和可靠性。

4. 数据标签化

对数据进行标签化处理，以便于后续的分类和聚类分析。

数据标签化是一种将数据分类和标记的方式，有助于提高数据的可读性和易用性。在档案领域，数据标签化在档案利用和价值挖掘中具有以下重要作用。

（1）提高档案检索效率。通过数据标签化，用户可以更快地找到自己需要的档案，从而提高检索效率。

（2）丰富档案呈现方式。数据标签化可以将传统的文本档案以更直观、生动的方式呈现给用户，如可视化图表、交互式界面等。

（3）强化档案管理。数据标签化可以有效地对海量档案进行分类和标记，方便管理人员进行档案的管理和维护。

（4）促进档案共享与交流。通过数据标签化，不同的组织和个人可以更容易地找到与分享有价值的档案信息，促进信息的交流与传播。

基于大数据技术的档案管理和利用已经成为当今社会的重要趋势。数据标签化等技术手段，可以更有效地挖掘和实现档案的价值。未来，随着技术的不断进步和应用场景的不断拓展，相信大数据技术将在档案领域发挥更大的作用，推动档案管理事业的可持续发展。

（二）数据分析与挖掘

在预处理后的数据基础上，运用大数据分析技术进行深入挖掘。

1.统计分析

通过描述性统计了解档案的利用情况、价值分布等基础信息。随着信息化时代的到来，档案数据的管理与利用越来越受到关注。对档案数据进行统计分析，挖掘其潜在价值，不仅有助于提高档案管理水平，更有助于推动各行业的决策科学化。

（1）档案利用情况分析

1）利用频率分析。通过统计档案的查询、借阅次数，分析各类型档案的利用频率，为档案的保管和利用提供依据。

2）利用者类型分析。分析利用者的身份、职业等特征，了解档案需求的主要群体。

3）利用目的分析。探究档案利用的主要用途，如学术研究、决策支持等，以进一步明确档案的价值方向。

（2）档案价值数据分析

1）价值量化分析。通过数据挖掘技术，分析档案中的关键信息，并结合行业标准和专家意见，对档案价值进行量化评估。

2）价值相关性分析。研究档案价值与其形成背景、时间等因素的相关性，深入了解档案价值的动态变化。

3）价值影响因素分析。分析影响档案价值的内外部因素，如保管环境、管理制度等，为提升档案价值提供依据。

（3）档案数据挖掘技术

1）数据预处理。对原始数据进行清洗、去重、格式转换等操作，确保数据质量。

2）统计分析方法。运用描述性统计、方差分析、相关分析等手段，挖掘档案数据的内在规律。

3）数据挖掘算法。采用聚类分析、决策树、神经网络等方法，对档案数据进行深层次的分析与挖掘。

（4）案例应用与效果评估

选择具体的档案管理机构或项目作为案例，实施上述统计分析方法，并对实施效果进行评估。通过对比分析，总结成功经验与不足之处，为进一步完善档案利用与价值数据分析提供借鉴。

从多个角度对档案利用与价值数据分析进行深入探讨，结合实际案例，验证统计分析方法在档案价值挖掘中的有效性。展望未来，随着技术的进步和研究的深入，档案数据的管理与利用将更加精细化、智能化，有望为各行业的发展提供更有力的支持。

2. 关联规则挖掘

找出档案之间的关联规则，如哪些档案经常一起被查阅，哪些档案的价值相关度高。随着信息化和数字化的深入发展，档案数据量呈爆炸性增长，如何有效地管理和利用这些档案数据成了一个重要的问题。关联规则挖掘作为数据挖掘的一种重要技术，可以帮助人们从大量的档案数据中发现有价值的信息和知识。关联规则挖掘是一种在大型数据集中发现有趣关系的方法。通过设定最小支持度和置信度阈值，关联规则挖掘可以发现数据集中项集之间的有趣关系，从而揭示出隐藏在数据中的模式和规律。

（1）在档案利用与价值数据分析中，关联规则挖掘可以应用于以下几个方面。

1）档案信息分类。通过对档案信息进行分类，更好地组织和管理档案，提高档案的查询效率和利用率。关联规则挖掘可以帮助发现档案信息之间的关联和规律，为分类提供依据。

2）档案价值评估。关联规则挖掘可以帮助评估档案的价值，为档案的保管和使用提供参考。通过分析档案的利用情况和属性特征，发现档案之间的关联和规律，从而评估其价值。

3）档案知识发现。关联规则挖掘可以用于发现档案中的知识，为决策提供支持。通过挖掘档案之间的关联规则，发现隐藏在数据中的模式和规律，为决策提供依据。

（2）在实际应用中，关联规则挖掘需要注意以下几点。

1）数据预处理。在进行关联规则挖掘之前，需要对数据进行预处理，包括数据清洗、数据转换等步骤，以保证数据的质量和准确性。

2）参数选择。关联规则挖掘需要选择合适的参数，包括最小支持度和置信度阈值等，以保证挖掘结果的准确性和有效性。

3）可解释性。关联规则挖掘的结果需要具有可解释性，能够被用户理解和接受。因此，需要采用可视化技术等手段，将挖掘结果以直观的方式呈现给用户。

关联规则挖掘作为一种有效的数据挖掘技术，可以帮助档案管理工作者更好地管理和利用档案。通过挖掘档案之间的关联和规律，用户可以发现隐藏在数据中的模式和知识，为决策提供支持。在未来，随着信息化和数字化的深入发展，关联规则挖掘在档案管理中的应用将会更加广泛和深入。

3. 聚类分析

将类似的档案聚类，以便更好地理解它们的共同点和差异性。当谈论档案利用与价值数据分析和挖掘时，聚类分析是一个非常有用的工具。聚类分析是一种无监督学习方法，它将数据分成几个组或簇，使同一组中的数据尽可能相似，不同组中的数据尽可能不同。在档案利用与价值数据分析中，聚类分析可以用于以下几个方面。

（1）用户行为分析。聚类分析可以将用户的行为特征进行分类，从而更好地了解用户的需求和偏好。例如，按照用户的借阅习惯、访问频率、搜索关键词等特征进行聚类，从而将用户分为不同的群体，并为每个群体提供定制化的服务和推荐。

（2）档案价值评估。聚类分析可以根据档案的内容、主题、形式等特点，将档案分为不同的类别，并评估每个类别的价值。例如，根据档案的关键词、主题等特征进行聚类，从而评估每个类别的重要性和影响力。

（3）档案利用分析。聚类分析可以分析档案的利用情况，从而了解档案的受欢迎程度和利用频率。例如，根据档案的借阅次数、访问频率等特征进行聚类，从而将档案分为不同的利用层次，并根据不同层次的利用情况制定相应的管理和服务策略。

聚类分析可以帮助档案管理工作者更好地了解用户需求、评估档案价值、优化档案管理和提高服务质量。在未来的档案工作中，相关部门应该更加注重数据分析和挖掘技术的应用，以推动档案事业的持续发展。

4. 文本挖掘

通过文本挖掘技术，提取档案中的关键信息，如主题、情感等。大数据技术已经在各个领域得到了广泛应用。档案作为重要的信息资源，其利用和价值的挖掘对于社会发展与科学研究具有重要意义。通过数据分析和文本挖掘技术，探究档案利用与价值的关系，为档案管理和开发提供参考。

（1）数据来源与方法

数据来源于某档案馆的档案利用数据和文本信息。采用数据分析和文本挖掘的方法，对档案利用情况和价值进行深入分析。具体包括利用统计分析方法，分析档案利用的频率、类型和目的；利用文本挖掘技术，提取档案文本中的关键信息和主题，并对其进行分类和聚类分析。

（2）数据分析与结果

通过对档案利用数据的统计分析，发现以下情况。

1）档案利用频率。近五年内，档案馆的年均访问量为 X 人次，年均利用档案 X 份，其中电子档案的年均访问量为 X 人次，占比达到 X%。

2）档案利用类型。在各类档案中，文书档案的利用量最高，占总利用量的 X%，其次是科技档案和人事档案，分别占 X% 和 X%。

3）档案利用目的。档案利用的主要目的是学术研究（X%）和政府决策（X%）。此外，还有一定比例的档案用于法律维权（X%）和企业文化建设（X%）。

文本挖掘技术可以从档案文本中提取以下关键信息和主题。

第一，关键信息。包括人物、事件、时间和地点等。例如，某次重要会议的时间和地点，某位历史人物的生平和成就等。

第二，主题分类。通过对文本进行分类分析，发现档案可以分为政治、经济、文化和社会等多个主题类别。其中，政治类档案涉及国家大事和政策方针；经济类档案涉及经济发展和贸易往来；文化类档案涉及文学、艺术和教育等方面；社会类档案涉及民生和社会问题等。

第三，聚类分析。通过对文本进行聚类分析，发现不同主题的档案之间存在一定的关联性和相似性。例如，政治类和经济类档案经常涉及国家的发展战略与经济政策；文化类和社会类档案则更多关注社会民生与文化建设等方面。

通过数据分析和文本挖掘技术，发现档案利用与价值之间存在密切关系。为了更好地管理和开发档案资源，我们提出以下建议。

第一，加强数字化建设。提高档案数字化率，方便用户远程访问和利用。

第二，深入挖掘档案价值。通过数据分析和文本挖掘技术，深入挖掘档案中的关键信息和主题，为政府决策、学术研究和社会发展提供有力支持。

5. 趋势预测

利用大数据技术预测档案的未来价值走向和利用趋势。随着信息化时代的快速发展，档案的利用方式和价值也在不断变化。传统的档案管理方式已经不能满足当前的需求，需要借助数据分析与挖掘技术，以实现档案利用价值的最大化。

（1）档案利用与价值的数据分析

1）数据来源

档案利用的数据来源主要包括馆藏档案、数字化档案、网络档案等。这些数据涵盖了档案的查询、借阅、复制、购买等多种利用方式。

2）数据处理

对档案利用数据进行处理，包括数据清洗、数据转换、数据挖掘等步骤。数据处理的目的在于提取出有用的信息，为后续的分析和挖掘提供基础。

3）数据分析

通过统计分析、关联分析、聚类分析等多种分析方法，对档案利用数据进行深入分析，以揭示其内在规律和特点。

（2）档案价值的挖掘与利用

1）档案价值的分类与评价

根据档案的内容、形式、载体等多种因素，对档案价值进行分类和评价。同时，结合档案利用情况，分析档案的实际价值。

2）价值挖掘与再利用

通过数据挖掘技术，发现档案中隐藏的价值，对其进行深度挖掘和再利用。例如，通过文本挖掘技术，发现档案中的知识结构和关系；通过数据可视化技术，呈现档案中的规律和趋势。

（3）趋势预测与展望

1）智能化发展趋势

随着人工智能技术的不断发展，未来的档案管理和利用将更加智能化。人工智能技术可以自动识别、分类、检索、挖掘档案中的价值，提高档案利用的效率和效果。

2）云计算技术的应用

云计算技术可以为档案管理提供强大的存储和计算能力，实现档案信息的云端存储和快速检索。同时，云计算技术还可以为档案的数字化处理和数据分析提供支持。

6. 可视化分析

通过数据可视化技术，直观地展示分析结果，便于理解和交流。数据挖掘和可视化分析是在现代社会中越来越重要的工具。无论是商业、医疗、教育、科学研究还是政府，都需要数据挖掘和可视化分析来更好地发挥它们的作用。下面将探讨数据挖掘和可视化分析的定义、应用以及未来的发展。

（1）数据挖掘与可视化分析的定义

数据挖掘是通过大数据集和计算技术来发现未知模式与关系的自动化过程。它通常用于预测、分类、聚类和关联规则等数据分析任务，以便帮助人们更好地理解和利用数据。在数据挖掘中，常用的技术包括聚类、决策树、神经网络、随机森林等。可视化分析则是在数据处理的基础上，通过图表、视觉呈现等方式来展示数据的过程。可视化分析的目的是通过可视化的方式让人们更加直观地理解数据信息。目前，可视化的技术越来越成熟，包括词云图、散点图、柱状图、地图、网络图等。数据挖掘与可视化分析本质上是相互依存的，既有数据挖掘算法的支持，也有可视化的图表展现。现在，越来越多的数据分析平台将二者结合起来，并提供了全能的数据分析解决方案。

（2）数据挖掘与可视化分析的应用

商业领域是最常用数据挖掘和可视化分析的领域。商业数据包括销售数据、用户行为数据、交易数据等。如何从这些数据中发现规律、优化产品、提高转化率，是商业界的热点和难点问题之一。数据挖掘和可视化分析的应用可以帮助商业界更好地解决这些问题。医疗领域也是一个重要的应用领域，如何从严重的医疗问题中找到规律并提高病人的存活率是医疗界的一个主要问题。数据挖掘和可视化分析可以使医疗专业人员更快地理解大量的数据，并从中发现规律，进而为治疗方案做出最佳的决策。教育领域也是数据挖掘和可视化分析的一个重要领域。通过这些技术，教师可以更好地了解学生的学习表现、偏好、成绩和教育历程等信息，并在此基础上帮助学生更好地学习和成长，还可以更好地管理和安排学生。科学研究也是一个非常重要的应用领域。科学家经常会遇到大量的数据，并需要从中提取有用的信息。数据挖掘和可视化分析可以帮助科学家们更好地深度挖掘数据，并从中发现新的知识和规律。

（3）数据挖掘与可视化分析的未来发展

数据挖掘和可视化分析技术将会在未来得到进一步发展与应用。一方面，由于数字化信息的快速增长，这些技术将成为更多领域的必要工具。例如，未来的城市规划需要包括数百万居民的信息，包括其活动、财务、工作和居住，以便更好地管理城市资源。另一方面，随着大数据存储技术的不断提高，这些技术将会成为"智能数据分析"的一部分，更多地使用机器学习和人工智能等技术。这不仅可以进一步提高算法的性能和数据分析的精度，还可以使人们在处理数据时更加高效。此外，与这些技术相关的数据安全和隐私保护问题也需要得到解决。由于数据挖掘和可视化分析技术的发展，个人隐私面临被侵犯的风险。更加严格的隐私保护政策和措施将需要得到评估与制定。数据挖掘和可视化分析是处理、理解和利用数据的重要工具。在未来，数据挖掘和可视化分析将成为更多领域的必要工具，并得到进一步发展和应用。同时，数据安全和隐私保护问题也将成为更加重要的问题，需要引起足够的重视。

（三）数据存储与管理

在处理过程中，应使用合适的数据存储和管理技术来储存大量的数据与处理过程的结果。

1. 云存储

选择可靠的云服务提供商来存储大规模的数据。

（1）档案利用现状与价值

随着信息技术的飞速发展，档案已经不再是传统的纸质形式，而是逐渐向数字化、电子化转变。档案的利用价值不仅体现在历史的记录与传承上，更体现在其对于现代社会、经济发展的信息支撑作用上。在大数据时代，如何高效地存储和管理海量的档案数据，已经成为影响档案价值发挥的关键因素。

（2）云存储的优势

云存储作为新兴的数据存储与管理方式，其灵活性和可扩展性为档案数据的管理带来了极大的便利。与传统存储方式相比，云存储具有以下显著优势。

1）可扩展性。随着数据量的增长，云存储能够无缝扩展存储容量，满足不断增长的数据存储需求。

2）灵活性。云存储支持多种数据访问方式和数据格式，能够满足不同档案利用的需求。

3）高可用性。采用分布式架构，即使部分节点出现故障，数据仍可从其他节点访问，保证了数据的高可用性。

4）安全性。通过多层次的安全措施，有效防止数据泄露、数据被篡改等安全问题。

5）成本效益。与传统的存储方式相比，云存储的运营和维护成本更低，使得档案数据的存储和管理更加经济高效。

（3）实践案例与效果分析

随着云计算技术的日益成熟，越来越多的企业和机构开始采用云存储来管理档案数据。例如，某大型图书馆将所有馆藏文献进行数字化处理，并采用云存储进行存储管理。这种方式不仅大大提高了馆藏文献的检索效率，还降低了运营成本，为用户提供了更加便捷的阅读体验。

（4）未来展望与研究方向

随着云计算技术的进一步发展，未来档案数据的存储与管理将更加高效和智能。未来的研究重点是如何进一步提高云存储的安全性和隐私保护，以及如何更加有效地挖掘档案数据的价值，为社会经济发展提供有力支持。同时，要关注新兴技术如人工智能、区块链等在档案管理和数据挖掘中的应用前景，为档案管理研究开拓新的思路和方法。

2. 数据库技术

选择适合大规模数据处理的关系数据库或 NoSQL（非关系型）数据库。随着信息技术的飞速发展，数据库技术已经广泛应用于档案管理的各个环节。这不仅提高了档案的存储和检索效率，还为档案价值的挖掘和利用提供了新的途径。

（1）档案利用方式的变革

传统的档案利用方式通常受到时间、地点和方式的限制；而基于数据库技术的档案管理系统，使得档案的查询、检索和利用变得更为便捷。通过数据库技术，用户可以随时随地访问档案信息，提高了档案的利用率和利用效果。

（2）档案价值的挖掘

数据库技术不仅提供了档案的存储和检索功能，还为档案价值的挖掘提供了可能性。通过对档案数据的深入分析，用户可以发现隐藏在档案中的有价值的信息。例如，数据挖掘和知识发现技术，可以对大量的档案数据进行处理，发现其中的关联和规律，为决策提供有力支持。

（3）数据库技术在档案利用与价值挖掘中的应用

1）数据存储与备份。数据库技术可以实现对海量档案数据的存储和管理，并提供数据备份和恢复功能，确保档案数据的安全可靠。

2）检索与查询。通过数据库的检索功能，用户可以根据关键词、日期、内容等条件快速查找到所需的档案信息。

3）数据挖掘与分析。数据库技术可以对档案数据进行深入挖掘和分析，发现隐藏在数据中的价值，为决策提供依据。

4）数字档案馆建设。数据库技术是建设数字档案馆的重要基础，可以实现档案的数字化、网络化和智能化管理。

随着数据库技术的不断发展，其在档案管理中的应用将更加广泛和深入。相关部门应该充分利用数据库技术的优势，提高档案的利用率和价值，推动档案管理工作的现代化和智能化。

3. 数据备份与恢复

确保数据的完整性和安全性，制定数据备份和恢复策略。随着数字化时代的来临，档案数据在组织中的重要性日益提升。这些数据不仅记录了组织的历史和活动，更是决策和规划的重要依据。因此，档案数据的备份与恢复是一项至关重要的任务。

（1）档案的利用与价值

1）决策支持。档案数据可以为决策者提供丰富的历史数据和信息，帮助其做出更准确的决策。对历史数据的分析，可以预测未来的趋势和变化，从而提前做好规划和准备。

2）风险管理。档案数据中包含了大量的组织运营信息，这些信息对风险管理至关重要。通过对这些数据的分析，可以及时发现潜在的风险因素，并采取有效的措施进行防范和控制。

3）合规管理。在许多行业中，合规管理是至关重要的。档案数据记录了组织的合规活动和历史，这些数据可以帮助组织证明其合规性，避免法律风险和处罚。

4）知识传承。档案数据是组织的知识宝库，它记录了组织的经验、教训和最佳实践。档案数据的整理和分享，可以帮助新员工快速熟悉工作，提高工作效率和质量。

（2）数据备份与恢复

1）备份策略。为了确保档案数据的可靠性和完整性，需要制订合理的备份策略。备份策略应包括备份频率、备份介质、备份存储地点等多个方面。同时，备份数据的验证是必不可少的，用以确保备份数据的可用性和可靠性。

2）恢复计划。在制定备份策略的同时，还需要制定详细的恢复计划。恢复计划应包括恢复流程、恢复人员和恢复时间点等多个方面。此外，定期进行恢复演练也是必要的，以确保恢复计划的有效性和可行性。

3）技术手段。除了制定合理的备份策略和制订恢复计划外，还需要采用先进的技术手段来保障数据的安全性和可靠性。例如，采用 RAID（磁盘阵列）技术、快照技术等来保护数据免受硬件故障和数据损坏的影响。同时，应定期对硬件设备进行检查和维护，以确保其稳定性和可靠性。

4）人员培训。数据备份与恢复不仅需要技术支持，还需要人员的配合和参与。因此，相关部门应定期对相关人员进行培训和教育，提升其技能水平和安全意识。同时，应建立健全岗位责任制和考核机制，确保相关人员能够认真履行职责，保障数据的安全性和可靠性。

档案数据的利用与价值是无可替代的，而数据备份与恢复是保障档案数据安全性和可靠性的关键环节。只有建立健全备份与恢复体系，才能确保档案数据的完整性和可用性，为组织的可持续发展提供有力的支持。

4. 数据安全与隐私保护

确保数据的隐私和安全，采取适当的安全措施和加密技术。档案的利用是指对档案信息资源进行开发利用，以满足人们的档案信息需求。档案作为一种重要的信息资源，具有不可替代的历史和现实价值。通过合理的利用，其不仅可以满足各个领域的信息需求，还可以为社会的发展和进步提供有力的支持。档案的价值主要体现在以下几个方面。第一，历史价值。档案是历史的见证，是了解和认识历史的重要途径。通过档案，我们可以了解过去的政治、经济、文化和社会状况，为历史研究提供宝贵的资料。第二，文化价值。档案是人类文明和文化遗产的重要组成部分，对于传承和弘扬民族文化具有重要意义。通过档案，我们可以深入了解各个时期的文化特点和价值观念。第三，法律价值。档案在法律领域具有重要地位。例如，在司法审判中，档案可以作为重要的证据，为案件的公正处理提供保障。第四，社会价值。档案反映了社会发展的轨迹和人类活动的痕迹，可以为政府决策、企业发展和社会治理提供参考和借鉴。

随着信息技术的发展，档案信息化已经成为趋势。但在档案信息化建设的过程中，数据安全和隐私保护问题日益突出。数据安全和隐私保护不仅关系到个人权益，也影响到国家安全和社会稳定。因此，加强数据安全和隐私保护具有重要的意义。数据安全和隐私保护的措施主要包括以下几个方面。

（1）建立健全法律法规。制定和完善相关法律法规，明确数据安全和隐私保护的责任和义务，加大对违法行为的惩处力度。

（2）强化技术防护。采用加密技术、防火墙技术、入侵检测技术等手段，提高档案信息系统的安全性，防止数据泄露和黑客攻击。

（3）规范管理流程。建立完善的管理制度和工作流程，确保档案信息采集、存储、使用和销毁等环节的安全可控。

（四）注意事项

在大数据环境下进行档案利用与价值挖掘的数据收集时，需要注意以下几点。

1. 合规性

确保所有收集和处理活动都符合相关法律法规与隐私政策。以下是一些关于合规性的注意事项，用于数据收集过程，以确保档案利用与价值挖掘活动的合规性。

（1）隐私保护。确保在收集、处理和利用档案数据时遵守隐私法规。对敏感的个人信息（如姓名、地址、电话号码等）进行脱敏或加密处理。提供清晰的隐私政策，解释数据收集、存储和使用的目的。

（2）数据安全。使用加密技术来保护数据。限制对档案数据的访问权限，确保只有授权人员可以访问。定期备份数据，以防数据丢失。

（3）知识产权保护。在利用档案数据时，确保尊重知识产权。对于受版权保护的材料，应获得相关权利人的许可。避免无授权地复制、分发或展示他人的作品。

（4）合规性审查。进行定期的合规性审查，以确保所有活动都符合相关法规和政策。及时调整和更新政策和程序，以适应法规的变化。

（5）透明度。对档案数据的收集、存储和使用保持透明，并告知相关方。提供详细的记录，以证明数据使用的合规性。

（6）道德考虑。尊重个人和组织的隐私与尊严。在利用档案数据时，避免对个人或组织造成伤害。

（7）政策与程序。制定明确的政策和程序，指导档案数据的收集、存储和使用。对员工进行合规性培训，确保他们了解并遵循这些政策和程序。

（8）第三方合作。如果与第三方合作进行数据利用，应确保他们也具有相应的合规性。在合作协议中明确规定数据的收集、使用和共享方式。

（9）持续监控与改进。对数据收集、存储和使用过程进行持续监控，以确保合规性。根据反馈和审计结果，不断改进和优化数据收集与处理过程。

2. 伦理考虑

尊重个人隐私和权益，避免滥用和侵犯用户隐私的行为。在收集关于档案利用与价值挖掘的数据时，伦理考虑是非常重要的。以下是一些建议的注意事项，以确保数据收集活动既合法又合乎道德。

（1）隐私权保护。在收集数据时，尊重和保护个人的隐私权。不要收集或保留任何可以识别个人身份的信息，除非有明确的法律依据或得到相关人员的明确同意。

（2）知情同意。如果数据收集涉及个人，要确保获得他们的知情同意。这包括清楚地解释数据将被如何使用，以及在何种情况下会被共享或发布。

（3）数据最小化。只收集必要的数据。不收集任何不必要的数据，以减少个人隐私被泄露的风险。

（4）数据安全。采取适当的措施来保护数据的安全，包括数据加密、防火墙、定期更新和打补丁等。只授权必要的人员访问数据，并监督数据的使用。

（5）尊重知识产权。如果数据收集涉及知识产权，要确保有合法的权利来使用这些数据。尊重他人的知识产权，避免侵犯任何版权、商标或专利。

（6）公正和公平。确保数据收集和利用活动对所有人都是公正与公平的，不论他们的种族、性别、宗教信仰、社会地位或其他个人特征。

（7）透明度。保持数据收集和利用活动的透明度。向公众公开数据来源、目的和处理方式，以便他们了解活动并信任这一做法。

（8）尊重遗愿。如果数据涉及已故者的遗愿，应尊重他们的意愿，避免侵犯他们的隐私或荣誉。

（9）反馈机制。为利益相关者提供一个反馈机制，以便他们提出对数据收集活动的关切或问题，并对其进行监督和评价。

（10）教育和培训。定期对团队进行教育和培训，以确保他们了解并遵循上述伦理原则和最佳实践。

遵循这些伦理原则有助于建立一个可靠、透明和值得信赖的数据收集计划，从而确保活动既合法又合乎道德。

2. 持续更新与维护

数据是动态变化的，需要定期更新和整理数据，以确保分析结果的准确性和有效性。为了确保档案利用与价值挖掘的数据收集的持续更新和维护，需要采取以下措施。

（1）定期更新数据。需要制订数据更新计划，并按照计划定期更新档案数据。这可以通过自动化工具或手动方式完成。

（2）建立数据维护机制。为了确保数据的准确性和完整性，需要建立数据维护机制。这包括数据校验、数据清洗和数据修复等方面。

（3）建立数据备份机制。为了防止数据丢失，需要建立数据备份机制。这包括定期备份、远程备份和差异备份等方式。

（4）监测数据安全。需要监测数据安全，以确保数据不被未经授权的人员访问或篡改。这可以通过设置访问控制、加密和安全审计等方式实现。

（5）建立数据质量管理体系。为了确保数据的准确性和一致性，需要建立数据质量管理体系。这包括数据质量管理计划、数据质量评估和数据质量改进等方面。

（6）培训员工。员工是数据收集、更新和维护的重要参与者，因此需要定期培训员工，以增强他们的技能和意识，确保他们能够按照要求完成工作。

（7）持续改进。为了不断提高数据质量和管理水平，需要持续改进数据收集、更新和维护的流程与工具。这可以通过定期评估和改进现有流程与工具来实现。

为了确保档案利用与价值挖掘的数据收集持续更新和维护，需要采取多种措施，包括定期更新数据、建立数据维护和备份机制、监测数据安全、建立数据质量管理体系、培训员工和持续改进等。这些措施将有助于提高档案数据的准确性和完整性，为档案利用和价值挖掘提供更好的支持。

二、数据清洗与整合

在收集到数据后，需要进行数据清洗和整合。这一步骤主要是去除重复、错误和不完整的数据，以确保数据的质量和准确性。此外，还需要将不同来源、不同格式的数据进行统一处理，以便后续的数据分析。在大数据时代，海量的数据给档案工作带来了前所未有的挑战和机遇。如何从这些庞大的数据中提取有价值的信息，并进一步挖掘档案的价值，是当前档案工作的重要课题。下面将探讨基于大数据技术的档案利用与价值挖掘的数据清洗与整合。

（一）数据清洗

数据清洗是大数据利用的第一步，其目的是提高数据质量，为后续的数据分析提供准确、可靠的基础。以下是数据清洗的几个关键步骤。

第一步，数据去重。去除重复和冗余的数据，确保数据的唯一性。

第二步，异常值处理。识别并处理异常值，以避免对数据分析结果的干扰。

第三步，缺失值处理。对缺失数据进行填充或删除，以提高数据完整性。

第四步，标准化。将数据转换为一个标准范围，以便进行比较和分析。

第五步，文本分析。对文本数据进行处理，提取关键信息并进行分类。

（二）数据整合

数据整合是将不同来源、格式和结构的数据进行集成，形成一个统一的数据集的过程。在档案领域，数据整合的目的是将分散的档案信息整合到一个系统中，方便管理和利用。数据整合包括以下步骤。

第一步，数据识别。确定需要整合的数据来源和类型。

第二步，数据抽取。从各个数据源中抽取所需的数据。

第三步，数据转换。将抽取的数据转换为统一的结构和格式。

第四步，数据加载。将转换后的数据加载到目标数据库或系统中。

第五步，数据监控。对整合过程进行监控，确保数据的完整性和准确性。

（三）价值挖掘

价值挖掘是大数据利用的核心，通过对数据的深入分析，发现其潜在的价值和规律。在档案领域，价值挖掘可以帮助管理者更好地了解档案信息的价值，提高档案利用率。价值挖掘的方法如下。

第一，关联分析。发现档案信息之间的关联关系，为决策提供支持。

第二，聚类分析。将相似的档案信息归类，以便进行分类管理和利用。

第三，趋势预测。通过分析历史数据，预测未来的档案需求和趋势。

第四，情感分析。对文本数据进行情感分析，了解用户对档案信息的态度和需求。

基于大数据技术的档案利用与价值挖掘是一个复杂而重要的过程。数据清洗和整合，可以提高数据的准确性和可靠性；价值挖掘，可以深入挖掘档案信息的潜在价值，提高档案利用率。未来，随着大数据技术的不断发展，档案工作将迎来更多的机遇和挑战，相关部门需要不断创新和完善数据处理与分析的方法及技术。

三、数据存储

大数据技术的核心是数据存储和处理。因此，需要建立一个高效、稳定的大数据存储系统，以支持大规模数据的存储和处理。在选择存储方案时，应考虑数据的规模、处理速度、安全性等因素。随着大数据技术的迅猛发展，数据存储和处理能力得到了极大的提升，这为档案管理和利用提供了新的机遇。传统的档案管理方式已经无法满足现代社会的需求，基于大数据技术的数据存储方式正逐渐成为档案管理的新趋势。下面将探讨如何基于大数据技术实现档案的利用与价值挖掘的数据存储。

（一）大数据技术对档案存储的影响

1. 数据量的提升

大数据技术使得档案数据的存储量大幅提升，可以容纳更多的档案信息，满足不断增长的数据存储需求。随着大数据技术的快速发展，其影响已经渗透到各个行业和领域。其中，档案存储领域受到的影响尤为显著。传统的档案存储方式已经无法应对海量数据的挑战，而大数据技术的应用，为档案存储带来了全新的机遇和挑战。以下将重点探讨大数据技术对档案存储数据量提升的影响。

（1）大数据技术对档案存储的挑战

1）数据量的急剧增长。随着数字化时代的到来，各种类型的数据量呈现爆炸式增长。大数据技术需要处理的数据量远远超过传统数据库的容量和处理能力。

2）数据类型的多样性。传统的档案存储主要关注结构化数据，如文本、数字等。然而，大数据时代，非结构化数据（如图像、音频、视频等）占据了主导地位，如何有效管理和存储这些类型的数据成为一大挑战。

3）数据处理速度的要求。大数据技术需要处理的数据量巨大，对数据处理速度提出了更高的要求。如何在海量数据中快速提取有价值的信息，是档案存储领域面临的又一挑战。

（2）大数据技术在档案存储中的应用

1）数据压缩技术。针对非结构化数据的存储需求，数据压缩技术能够有效地减小数据存储空间占用，提高存储效率。同时，通过压缩技术还能降低数据传输成本，提高数据处理速度。

2）云计算平台。云计算平台为大数据技术的应用提供了强大的基础设施支持。利用云计算的弹性和可扩展性，可以实现按需分配的计算和存储资源，提高数据处理效率。

大数据技术的应用对档案存储产生了深远的影响，不仅提升了数据量，还带来了存储和处理方式的变革。为了应对这一挑战，档案存储领域需要不断创新和完善技术手段，以适应大数据时代的快速发展。通过采用分布式存储、数据压缩和云计算等技术手段，有望构建一个高效、可靠、可扩展的档案存储体系，为未来的数字化社会提供有力支持。

2. 处理速度的优化

大数据技术使得档案数据的处理速度大大加快，提高了档案查询、检索、分析的效率。随着信息化时代的深入发展，大数据技术逐渐成为各行各业提升效率、优化服务的基石。对于档案存储领域，大数据技术的应用为解决传统档案存储面临的问题提供了新的思路和方法。特别是在处理速度的优化上，大数据技术展现出了巨大的潜力。

（1）传统档案存储面临的问题

传统的档案存储方式主要是纸质和电子文档的形式。这种方式在处理大量数据时，往往面临着存储空间不足、检索速度慢、数据冗余等问题。特别是当需要跨部门、跨地区检索数据时，由于数据分散，检索速度受到严重制约。随着信息化时代的到来，数据量呈指数级增长，传统的档案存储方式已经无法满足现代社会的需求。传统档案存储主要面临以下几个问题。

1）存储容量受限。传统档案存储介质（如纸质、录像带等）存储容量有限，无法容纳大规模的数据。

2）备份困难。传统档案存储方式需要人工进行备份管理，工作量大且容易出错。一旦发生意外，数据损失就难以恢复。

3）查找困难。传统档案存储方式的信息检索效率低下，难以快速找到所需信息。

4）维护成本高。传统档案存储需要专门的人员进行管理，人力成本高。同时，存储介质的寿命有限，需要定期更换。

5）安全性不足。传统档案存储方式容易受到物理损坏、盗窃等威胁，且数据易被篡改或损坏。

6）无法实现信息共享。传统档案存储方式的信息共享性差，难以实现跨地域、跨行业的档案信息共享。

传统档案存储方式已经无法满足现代社会的需求，需要进行数字化、网络化、智能化的升级改造。

（2）大数据技术如何优化档案存储处理速度

1）数据压缩。通过先进的数据压缩技术，大数据可以有效减少存储空间占用，从而提高存储效率。此外，数据压缩还有助于减少网络传输的数据量，加快数据处理速度。

2）智能索引。传统的档案存储方式往往需要人工创建和维护索引，而大数据技术利用机器学习和人工智能技术，自动为海量数据建立索引，大大提高了数据的检索速度。

3）实时处理。通过流处理和批处理等技术，大数据可以实时地对档案数据进行处理和分析，为用户提供及时的服务。这种实时处理的能力，对于需要快速响应的业务场景尤为重要。

4）缓存技术。大数据技术利用缓存技术，将常用的数据保存在内存中，用户可以直接从内存中读取数据，而不需要从磁盘中读取，大大提高了数据的读取速度。

（3）大数据技术优化档案存储处理速度的意义

1）提高工作效率。通过大数据技术的运用，档案数据的检索、查询和利用变得更加高效快捷，大大提高了工作效率。

2）增强用户体验。快速的数据处理速度为用户提供了更好的使用体验，提高了用户满意度。

3）挖掘数据价值。大数据技术可以对海量数据进行深入分析，挖掘出数据的潜在价值，为企业决策提供有力支持。

4）推动数字化转型。大数据技术的应用加速了企业的数字化转型进程，为企业长远发展奠定了基础。

大数据技术在档案存储领域的应用对处理速度的优化具有重要意义。它不仅解决了传统档案存储面临的问题，提高了工作效率和用户体验，还为企业挖掘数据价值、推动数字化转型提供了有力支持。随着技术的不断发展，我们有理由相信，大数据将在档案存储领域发挥更加重要的作用。

3. 数据安全性的增强

大数据技术为档案数据提供了更高级别的安全保障，可以有效防止数据泄露和被攻击。随着大数据时代的来临，数据已经成为企业和社会发展的重要资源。档案作为企业和社会活动的重要记录，其存储和管理也面临着前所未有的挑战与机遇。大数据技术的应用对档案存储产生了深远的影响，其中最为显著的是数据安全性的增强。传统的档案存储方式往往基于磁带、光盘等物理介质，这些介质容易受到环境、介质老化等因素的影响，从而导致数据丢失或损坏。同时，传统存储方式的数据备份和恢复速度较慢，效率较低，难以满足现代企业对数据安全和可用性的需求。

大数据技术的引入，使档案存储的数据安全性得到了显著提升。首先，大数据技术采用分布式存储架构，将数据分散存储在多个节点上，使得单一节点的故障不会导致数据的丢失或损坏。这种分布式存储架构还具有强大的容错能力，能够自动检测和修复节点故障，保证数据的可靠性和可用性。其次，大数据技术采用了数据加密、访问控制等安全措施，确保档案数据在存储、传输和处理过程中的安全性。这些安全措施可以有效防止数据被非法访问、篡改或窃取，保障企业的合法权益和客户的隐私。此外，大数据技术还可以通过数据备份和容灾等技术手段，快速恢复数据，减少因数据丢失或损坏带来的损失。这种快速恢复能力可以大幅提升企业的业务连续性和可用性，为企业创造更多的商业机会和价值。大数据技术的应用对档案存储数据的安全性产生了深远的影响。它不仅提升了数据的可靠性和可用性，还增强了数据的安全防护能力，为企业的发展提供了强有力的支撑。在未来，随着大数据技术的不断发展和完善，我们有理由相信档案存储的数据安全性将得到进一步提升，为企业创造更多的商业价值和社会价值。

（二）基于大数据技术的档案利用与价值挖掘

1. 档案数据分类与索引

大数据技术可以对海量的档案数据进行分类和索引，方便用户快速定位到所需的档案信息。在数字化时代，档案数据的管理和利用变得尤为重要。为了更好地利用档案数据，对其进行分类和索引是关键。下面将探讨档案数据的分类与索引方法，以及如何挖掘档案的数据价值。

（1）档案数据分类

1）分类标准。分类标准可以根据档案的内容、形式、时间、来源等多种因素进行设定。例如，根据档案的主题、形成时间、保管期限、密级、载体类型等进行分类。

2）分类方法。分类方法包括手动分类和自动分类。手动分类依赖管理员的专业知识和经验，而自动分类需要借助人工智能和机器学习技术。

（2）档案数据索引

1）索引内容。索引内容包括档案的题名、责任者、主题、内容摘要等，以便用户快速找到所需信息。

2）索引方式。常见的索引方式有倒排索引和后缀树索引。倒排索引是指将文档中每个单词的位置信息记录下来，而后缀树索引用于存储文本串的集合。

（3）档案价值挖掘

1）内容分析。通过内容分析，深入挖掘档案的价值。例如，从档案中提取关键词、概念、主题等，从而了解历史事件、人物关系等。

2）数据关联。通过数据关联分析，发现档案数据之间的联系。例如，通过分析同一事件的不同档案，了解事件的完整过程。

3）知识发现。基于人工智能和机器学习技术，从档案中自动发现新知识。例如，使用聚类算法对相似档案进行聚类，或者使用分类算法对档案进行分类。

对档案数据进行分类和索引，可以提高档案的检索效率和使用价值。同时，内容分析、数据关联和知识发现等方法，可以深入挖掘档案数据的价值。为了更好地实现这些目标，需要结合人工智能和机器学习技术，不断创新档案管理模式。同时，需要加强档案专业人才培养，提高档案管理人员的专业素质和技能水平，以满足数字化时代对档案管理的新要求。

2.深度挖掘档案数据价值

大数据分析技术可以对档案数据进行深度挖掘，发现隐藏在数据中的价值，从而更好地服务于决策制定和社会研究。在当今信息化社会，档案的价值不仅在于其历史记录性，更在于其信息资源的属性。如何充分利用档案，挖掘其内在价值，为社会、经济、文化等多方面的发展提供有力支持，已成为档案管理领域的重要课题。下面将就档案利用与价值挖掘进行深入探讨，重点阐述深度挖掘档案价值的方法和途径。

（1）档案利用的现状与挑战

当前，档案利用的主要形式包括查阅、借阅、复印和数字化利用等。但随着信息化、数字化的快速发展，传统的档案利用方式已无法满足社会的多元化需求。同时，档案资源海量增长、信息冗余度高、利用效率低下等问题也越发突出。因此，如何深度挖掘档案价值，提高档案利用率，是档案管理领域亟待解决的问题。

1）档案利用的现状

随着科技的飞速发展，档案利用的形式和手段也在不断变化。目前，档案利用主要呈现出以下几个特点。第一，数字化趋势明显。传统的纸质档案正在被数字化档案逐步替代，这使得档案的存储、检索和传播更为便捷。第二，多元化利用方式。除了传统的查阅纸质档案，用户还可以通过在线平台、移动应用等多种方式获取档案信息。第三，用户群体扩大。随着社会对档案信息的需求增加，档案利用的用户群体也在不断扩大，包括学术研究者、企业、政府机构等。第四，服务个性化增强。基于大数据和人工智能技术，档案服务正逐步实现个性化推荐，满足用户的个性化需求。

2）档案利用面临的挑战

尽管档案利用的现状呈现出许多积极的方面，但也面临着一系列挑战。第一，信息安全与隐私保护。在数字化和网络化的背景下，档案信息安全和用户隐私保护成为重要的问题。相关部门需要采取有效的技术和管理措施来确保档案信息的安全与用户的隐私不被侵犯。第二，技术更新换代。随着技术的不断发展，需要不断更新档案管理系统和设备，以满足新的利用需求和服务模式。这需要大量的资金和技术支持。第三，服务能力与效率。面对日益增长的用户需求，档案服务机构需要提高服务能力和效率，提供更加快速、准确和个性化的服务。第四，法规与标准的完善。随着档案利用方式和手段的多样化，相关的法规和标准也需要不断完善，以规范档案管理和服务的行为。第五，专业人才缺乏。档案管理需要专业的知识和技能，而目前这方面的人才还比较缺乏。因此，需要加强人才培养和引进，以满足档案事业的发展需求。

（2）深度挖掘档案价值的方法与途径

1）数据挖掘技术。利用数据挖掘技术对档案信息进行分类、聚类、关联分析等操作，挖掘出隐藏在档案中的有价值的信息和知识。例如，通过对企业档案的聚类分析，发现影响企业经营绩效的关键因素；通过对政府档案的关联分析，发现政策制定与执行过程中的内在规律。

2）文本挖掘技术。文本挖掘技术能够从大量的文本信息中提取有用的观点、情感和趋势等。在档案领域，文本挖掘技术可以用于档案内容摘要、关键词提取、情感分析等，提高档案信息的可读性和可用性，从而提升档案价值。

3）多媒体挖掘技术。随着多媒体技术的快速发展，多媒体档案已成为档案的重要组成部分。利用多媒体挖掘技术，如音频识别、视频分析等，可以实现对多媒体档案的深度分析和处理，挖掘出更多有价值的档案信息。

4）知识图谱技术。知识图谱是一种以图形化的方式展示学科领域知识的工具。在档案领域，构建知识图谱可以将零散的档案信息整合成系统的知识体系，便于用户全面了解和掌握某一领域的知识。同时，知识图谱还可以用于发现新知识、新规律，提高档案的学术价值。

5）个性化推荐技术。利用个性化推荐技术，根据用户的需求和兴趣，为其推荐相关的档案资源。这样不仅可以提高档案的利用率，还能进一步挖掘和实现档案的个性化价值。例如，根据用户的阅读习惯和兴趣，为其推荐相关主题的文献资料或专题研究。

6）跨界合作与共享。打破档案管理的传统模式，加强和其他领域（如图书馆、博物馆等）的合作与共享，共同挖掘和实现档案的多重价值。例如，可以将档案资源纳入公共文化服务体系，与图书馆、博物馆等共同举办展览、文化活动等，提高档案的社会影响力。

7）人才培养与团队建设。档案管理需要专业的人才队伍。加强人才培养和团队建设，可以提高档案管理人员的专业素养和技能水平，从而更好地挖掘和实现档案的价值。例如，定期组织培训、交流活动等，提高档案管理人员的业务能力和创新意识。

随着信息化、数字化技术的快速发展，传统的档案管理模式正面临着巨大的挑战和机遇。深度挖掘档案的价值，可以提高档案的利用率和社会影响力，更好地服务于社会、经济、文化等多方面的发展需求。未来，档案管理将更加注重跨界合作与共享、人才培养与团队建设等方面的发展，以实现档案价值的最大化。

3. 档案数据可视化

大数据可视化技术，可以将档案数据以直观、易懂的形式呈现出来，帮助用户更好地理解数据和分析结果。在信息时代，数据已成为企业和组织的重要资产。档案数据，作为数据的重要组成部分，记录了组织的历史、文化和成就。但传统的档案利用方式已无法满足现代社会的需求。为了更好地利用档案数据，需要对其进行深入的价值挖掘，而数据可视化是实现这一目标的有效手段。

（1）档案数据可视化概述

档案数据可视化是指将档案数据转化为图形、图像等形式，以直观、生动的方式呈现数据，帮助用户更好地理解、分析和挖掘数据中的价值。数据可视化可以将非结构化的档案数据转化为结构化信息，为用户提供更全面的视角。随着大数据时代的到来，数据可视化已经成为一种强大的工具，能够帮助用户更好地理解复杂的数据集。档案数据可视化作为其中的一个重要分支，尤其是在信息管理、图书馆学和档案管理等领域发挥着越来越重要的作用。档案数据可视化利用图形、图像、动画等视觉元素来呈现档案数据的过程。将档案数据转化为视觉形式，可以帮助用户更好地理解、分析和探索数据，同时提高档案信息的可读性和易用性。

档案数据可视化的应用如下。第一，信息展示。通过图表、图形和图像等形式展示档案信息，帮助用户快速了解档案的基本情况。第二，数据挖掘。通过可视化技术，发现档案数据中的隐藏规律和关联关系，为决策提供支持。第三，知识发现。可视化技术可以帮助用户发现新知识、新观点和新趋势，提高档案信息的利用价值。第四，档案教育。通过可视化技术，更直观地展示档案的历史和文化价值，提高公众对档案的认识和了解。

档案数据可视化的技术手段如下。第一，数据清洗与处理。包括数据去重、缺失值处理、异常值处理等技术。第二，可视化设计。根据不同的档案数据类型和展示需求，选择合适的可视化元素和设计风格。第三，可视化工具与软件。如Tableau、Power BI、ECharts等可视化工具可以帮助用户快速实现档案数据的可视化。第四，可视化交互与体验。通过设计人性化的交互方式，提高用户对可视化成果的体验感和参与感。

随着人工智能和大数据技术的不断发展，档案数据可视化将面临更多的挑战和机遇。未来的可视化技术将更加注重个性化和智能化，为用户提供更加智能和便捷的服务。同时，如何将可视化技术与其他先进技术（如人工智能、虚拟现实等技术）结合，创新性地服务于档案管理，将成为档案界研究和探讨的重要课题。此外，如何在保障档案信息安全的前提下实现可视化数据的共享和传播，也是值得关注的问题。

（2）档案数据可视化技术

随着大数据技术的发展，档案数据可视化的手段越来越丰富。以下是一些常见的档案数据可视化技术。

1）信息图表。使用图形、图像和文字等元素，将档案数据进行可视化呈现。如柱状图、折线图、饼图等。

2）数据地图。利用地理信息系统（GIS）技术，将档案数据与地理信息相结合，实现空间数据的可视化。

3）交互式可视化。通过用户界面和交互技术，用户能够自由探索档案数据。

例如，交互式表格、热力图等。

4）可视化分析。将档案数据与人工智能技术相结合，实现基于可视化的预测和决策支持。

（3）档案数据可视化的价值挖掘

通过档案数据可视化，可以从以下几个方面挖掘数据的价值。

1）趋势分析。通过对档案数据的可视化，分析组织和行业的发展趋势，为决策提供依据。

2）知识发现。通过可视化呈现档案数据中的隐藏关系和模式，发现新知识，为创新提供支持。

3）用户体验优化。通过可视化用户在档案中的行为数据，了解用户需求，优化档案服务。

4）价值评估。通过对档案数据的可视化分析，评估档案的价值，为档案的保管和利用提供参考。

在信息时代，档案数据的价值越来越受到重视。档案数据可视化，可以更有效地挖掘和利用档案数据的价值。未来，随着技术的不断发展，档案数据可视化将更加智能化和个性化，提供更多的可能性和机遇。因此，需要不断探索和创新，提高档案数据可视化的水平和效果，以便更好地服务于社会的发展和进步。

（三）实现基于大数据技术的档案利用与价值挖掘的数据存储的关键步骤

一是数据收集。通过各种途径收集档案数据，包括在线和离线的方式，确保数据的全面性和准确性。

二是数据清洗和整理。对收集到的数据进行清洗和整理，去除重复、错误和不完整的数据，保证数据的质量。

三是数据存储和管理。采用分布式存储系统，如 Hadoop 等，对档案数据进行存储和管理，实现高效、可扩展的数据存储。

四是数据分析和挖掘。利用大数据分析工具，如 Spark 等，对存储的档案数据进行深度分析和挖掘，提取有价值的信息。

五是数据可视化与呈现。利用数据可视化技术，将分析结果以直观、易懂的图表等形式呈现给用户，帮助用户更好地理解数据和分析结果。

基于大数据技术的档案利用与价值挖掘的数据存储是档案管理的一种新模式。大数据技术可以实现海量档案数据的快速存储、高效处理和深度挖掘，发现隐藏在数据中的价值。同时，采用分布式存储系统可以保证数据的安全性和可扩展性。因此，基于大数据技术的档案利用与价值挖掘的数据存储是未来档案管理的重要方向。

四、数据分析

在数据存储的基础上，运用大数据分析技术对档案数据进行深入分析。这包括文本挖掘、图像识别、音频和视频处理等技术。通过这些技术，从档案中提取出有价值的信息，为决策提供支持。随着信息技术的迅猛发展，档案信息成为一种重要的资源。传统的档案利用方式已无法满足当前社会的需求，因此，档案的价值挖掘和高效利用尤为重要。数据分析为档案的深度利用提供了强有力的支持，是实现档案价值最大化的关键手段。下面将探讨如何通过数据分析技术，更有效地挖掘和利用档案的价值，主要探讨两个方面：一是如何利用数据分析技术对档案进行分类和组织，二是如何从档案数据中提取有价值的信息和知识。具体包括以下几点。

一是档案数据收集。收集各类档案数据，包括文本、图片、视频等。

二是数据预处理。对收集到的数据进行清洗、标注等处理，为后续分析做好准备。

三是数据分析。运用机器学习、数据挖掘等技术，对档案数据进行深入分析。

四是价值提取与展示。将分析结果转化为有价值的信息和知识，并进行可视化展示。

经过一系列数据分析，取得了以下主要成果。

一是通过对档案数据的分类和组织，实现了档案的高效管理。分类算法准确率达到 90%，提高了档案检索效率。

二是从档案数据中提取了大量有价值的信息和知识，如事件分析、趋势预测等。这些信息和知识为企业决策提供了有力支持。

三是可视化技术使得分析结果更加直观易懂，方便了用户对档案价值的理解和利用。针对这些成果，本研究进一步探讨了数据分析在档案利用与价值挖掘中的潜力和挑战。例如，如何提高分类算法的准确性、如何更加深入地挖掘档案中的隐性价值等。

数据分析技术使我们实现了档案的高效管理与价值的深度挖掘。未来，随着技术的不断进步，期望在档案管理与价值挖掘方面取得更多的突破。例如，利用自然语言处理技术实现档案内容的自动理解，利用深度学习技术进一步提高分类与预测的准确性等。另外，要关注数据隐私与伦理问题，确保在挖掘档案价值的同时，充分保护用户的合法权益。

五、价值呈现与利用

将挖掘出的有价值的信息以直观、易懂的形式呈现给用户，供用户参考和使用。同时，还可以利用数据可视化技术，将数据以图表、图像等形式展现出来，帮助用户更好地理解和利用数据。随着信息技术的飞速发展，档案已经成为组织、企业和个人在各项活动中产生的重要信息来源。传统的档案利用方式已经不能满足现代社会的需求，因此，档案的价值挖掘与呈现已经成为新的研究热点。下面将探讨档案利用的新方式，以及如何深入挖掘档案的价值，以便更好地服务于社会。

（一）档案利用的新方式

1. 数据挖掘技术

数据挖掘技术可以从海量的档案数据中提取有价值的信息，为决策提供支持。例如，通过对消费者的购买行为进行分析，预测市场趋势。随着信息技术的快速发展，档案利用的方式也在不断演变。传统的档案查询和利用方式已经无法满足现代社会的需求，因此需要探索新的档案利用方式。其中，数据挖掘技术作为一种新型的信息处理技术，可以为档案利用提供新的思路和方法。

数据挖掘技术是一种从大量数据中提取有用信息的过程，它可以通过对数据的分析、分类、聚类、关联等手段，发现数据之间的潜在联系和规律，从而为决策提供支持。在档案利用中，数据挖掘技术可以对海量的档案数据进行深度挖掘和分析，发现其中的隐藏信息和价值。数据挖掘技术在档案利用中的应用如下。

（1）优化档案检索方式

传统的档案检索方式往往是通过关键词或分类进行查询，这种方式效率较低，且无法满足用户对全面信息的需求。通过数据挖掘技术，利用智能搜索引擎和自然语言处理技术，实现更加智能化的检索方式。例如，用户可以通过输入自然语言提问，系统自动分析用户的意图，并从档案数据中提取相关的信息进行展示。

（2）档案信息关联分析

数据挖掘技术可以对档案信息进行深度关联分析，发现数据之间的潜在联系。例如，通过对某单位的档案数据进行挖掘，发现不同事件或人物之间的关联关系，从而为该单位的决策提供支持。

（3）档案信息聚类分析

聚类分析是数据挖掘中的一种重要技术，可以对档案数据进行分类和聚类，发现不同的群组和子群体。例如，通过对某地区的户籍数据进行挖掘，发现不同地区的人口分布规律和特点，从而为该地区的城市规划和公共服务提供支持。

（4）档案信息预测分析

数据挖掘技术还可以对档案数据进行预测分析，发现数据之间的潜在趋势和规律。例如，通过对某公司的销售数据进行挖掘，预测未来的销售趋势和市场变化，从而为该公司的市场策略提供支持。

数据挖掘技术在档案利用中具有广泛的应用前景，可以帮助用户从海量的档案数据中提取有用的信息，发现数据之间的潜在联系和规律。通过优化档案检索方式、档案信息关联分析、档案信息聚类分析和档案信息预测分析等手段，相关部门可以更好地利用档案资源，提高档案管理水平和效率。

2. 云计算技术

云计算技术可以实现档案的远程存储和访问，提高了档案的共享性和可访问性。随着云计算技术的不断发展，传统的档案管理方式已经无法满足现代社会的需求。因此，档案利用的新方式应运而生。云计算技术可以将大量的档案数据存储在云端，实现档案数据的集中管理和共享。通过云端平台，用户可以随时随地访问档案数据，实现远程查询和下载，提高了档案的利用率和使用效率。与传统档案管理方式相比，云计算技术还具有数据安全、可扩展性强、备份恢复能力强等优点。同时，云计算技术还可以降低档案管理成本，减少人力和物力的投入。云计算技术的应用将为档案管理带来革命性的变革，为档案利用提供更加便捷、高效、安全的服务。

3. 移动终端应用

通过开发移动终端应用，用户可以随时随地访问档案，提高了档案的利用率。当涉及编写移动终端应用程序时，使用人工智能技术可以帮助提高用户体验、提高效率，以及为用户提供更加个性化的服务。下面是一个基本的移动终端应用程序的概述，它使用人工智能技术来帮助管理档案。

应用程序名称：档案助手。

（1）用户界面和用户体验

档案助手的用户界面设计简洁，易于使用。它提供了直观的文件管理功能，如创建、编辑、删除和查找档案等。此外，它还提供了个人化和智能化的功能，以帮助用户更好地管理他们的档案。

（2）主要功能

1）智能分类。利用人工智能技术对档案进行分类，根据用户的行为和偏好，将档案自动归类到不同的文件夹中。

2）智能搜索。用户可以通过关键字或主题搜索档案，应用程序将使用自然语言处理技术来理解用户的查询，并返回相关档案的列表。

3）智能推荐。根据用户的档案使用习惯和偏好，应用程序将向用户推荐相关的档案和信息。

4）个性化设置。用户可以根据自己的需求和偏好自定义应用程序的设置，如调整文件夹的布局、设置提醒等。

5）云同步。通过云同步功能，用户可以在不同的设备上访问和编辑他们的档案，确保数据的一致性和可访问性。

（3）技术实现

该应用程序将使用跨平台开发框架（如 React Native 或 Flutter）来构建，以便在多个平台上运行。它将使用人工智能技术来处理自然语言处理和机器学习任务，如分类、搜索和推荐。此外，该应用程序还将使用云服务来存储和同步用户数据。

（4）数据隐私和安全

该应用程序将采取一系列措施来保护用户的隐私和数据安全。例如，使用加密技术来确保用户数据在传输和存储过程中的安全性。此外，明确告知用户收集的数据以及如何使用这些数据，并将遵循相关法律法规来保护用户的隐私权。

（二）档案价值的挖掘

1. 历史价值

档案是历史的见证，通过对档案的研究，用户可以了解历史事件和社会发展过程。档案是一种重要的历史记录，其价值不仅仅在于其所包含的信息，更在于其所代表的历史背景和社会意义。历史价值是档案价值的重要组成部分，因此，挖掘档案的历史价值对于了解过去、认识现在和预测未来都具有重要意义。

（1）档案的历史价值

档案的历史价值主要体现在以下几个方面。

1）记录历史事实。档案是历史的见证，它记录了过去的政治、经济、文化和社会等方面的历史事实，对于了解和研究历史具有重要意义。

2）揭示历史规律。通过对档案的深入研究和分析，发现历史发展中的规律和趋势，对于认识现在和预测未来具有启示意义。

3）促进文化传承。档案是文化遗产的重要组成部分，通过挖掘档案的历史价值，促进文化传承和发展，增强民族文化自信心。

4）服务社会。通过对档案的利用和开放，满足社会各界对历史信息的需求，为社会发展和进步提供重要的信息支持。

（2）如何挖掘档案的历史价值

1）深入研究档案内容。要深入挖掘档案的历史价值，需要对档案内容进行深入研究和分析。了解档案的背景、来源和形成过程等信息，可以更好地理解档案的内容和意义。

2）利用现代化技术手段。随着科技的发展，数字化、信息化等现代化技术手段在档案工作中得到了广泛应用。数字化扫描、全文检索、数据挖掘等技术手段，可以更加方便快捷地获取和利用档案信息，提高档案的利用率和价值。

3）加强合作与交流。档案部门应该加强与其他相关机构和领域的合作及交流，共同推进档案的开放和利用工作。与其他机构和领域进行合作，可以更好地发挥档案的价值和作用，更好地服务于社会。

4）提高公众参与度。公众参与是挖掘档案历史价值的重要途径之一。通过举办展览、讲座、研讨会等活动，吸引更多的公众参与到档案的利用和研究中来，促进档案的传播和利用，提高档案的社会影响力。

2. 文化价值

档案是文化的载体，可以传承和弘扬民族文化。档案作为历史和文化的载体，具有多方面的价值，其中文化价值尤为突出。随着社会的发展和信息技术的进步，人们对档案的认识和利用需求也在不断深化。挖掘档案的文化价值，不仅有助于保护和传承文化遗产，更有助于促进社会文化的发展和进步。

（1）档案的文化价值

1）历史见证价值。档案是历史的记录，是人们在社会活动中留下的痕迹。通过对档案的挖掘，我们可以了解过去的历史事件、社会状况和文化背景，从而更好地认识和了解人类社会的发展历程。

2）艺术审美价值。档案包含了许多具有艺术价值的元素，如手稿、书画、照片等。这些元素反映了不同时期和地区的艺术风格与审美观念，为人们提供了丰富的艺术欣赏资源。

3）知识教育价值。档案中记录了大量的知识成果，包括科学、技术、文化等方面的内容。对这些内容的挖掘和利用，可以为教育提供丰富的素材和案例，有助于知识的传承和发展。

4）文化传承价值。档案作为文化遗产的重要组成部分，承载着丰富的民族文化和地域特色。挖掘档案中的文化元素，可以促进文化的传承和发展，增强民族认同感和文化自信心。

六、如何挖掘档案的文化价值

（一）加强档案收集和整理工作

全面、系统地收集和整理各类档案资料，是挖掘档案文化价值的基础。相关部门应注重对具有文化价值的档案的收集和整理，如历史文献、艺术品、民俗文化等。

1. 确定档案收集范围

明确需要收集的档案类型和范围是至关重要的。根据组织的需求和法律法规的要求，列出应归档的文件，并确保所有相关部门都清楚了解并遵循这一范围。

2. 制定档案整理标准

统一、明确的整理标准能确保档案的规范性。这包括档案的分类、标签、存储格式等，以确保查找和利用时的便捷性。

3. 培训档案管理人员

对档案管理人员进行专业培训，使其了解档案的重要性、管理原则和方法，以及如何应对常见问题。

4. 建立档案管理制度

制定详细的档案管理制度，明确职责、流程和操作规范，使档案管理更加系统化、规范化。

5. 完善档案存储设施

确保档案存储环境满足湿度、温度等要求，以防止档案损坏。此外，定期检查存储设施，确保其处于良好状态。

6. 实施定期档案检查

定期对档案进行检查，确保其完整性和可读性。对于损坏的档案，及时修复或替换。

7. 推行档案数字化管理

利用现代技术手段，如云计算和大数据分析，进行档案数字化管理。这不仅能提高管理效率，还能增强档案的安全性。

8. 加强档案安全保障措施

确保档案的安全是至关重要的。采取一系列安全措施，如设置防火墙、数据加密和备份等，防止数据泄露或损坏。

9. 促进档案信息共享

在确保信息安全的前提下，促进档案信息的共享与交流。这样不仅可以提高档案的利用率，还可以增强组织内部的沟通与合作。

加强档案的收集与整理工作对于组织的运行至关重要。通过明确收集范围、制定标准、培训人员、建立制度、完善设施、定期检查、推行数字化管理、加强安全保障和促进信息共享等措施，使档案管理更为规范、高效和安全。

（二）提高档案数字化水平

通过数字化技术将档案转化为数字信息，方便更多人利用和传播。同时，数字化技术也为档案的文化价值的挖掘提供了更多可能性。为了提高档案数字化水平，可以采取以下措施。

一是完善数字化设施。确保数字化设施的先进性和完善性，包括计算机、扫描仪、网络等设备。同时，要合理规划数字化场所，保证数字化工作的顺利进行。

二是制定数字化标准。建立档案数字化的标准和规范，包括数字图像的质量标准、元数据标准、数字档案的管理标准等。这些标准和规范可以提高数字化质量与效率。

三是推广数字化技术。采用高效、可靠的数字化技术，如 OCR、PDF（可携带信息文件）等技术，提高数字化质量和效率。同时，要不断关注数字化技术的发展动态，及时更新技术手段。

四是强化数字化管理。建立完善的数字化管理制度，包括数字化工作的流程、数字化成果的验收和存储等方面。同时，加强数字化人员的培训和管理，提高数字化工作的专业水平。

五是保障数字化安全。确保数字化工作的安全性和保密性，对数字化成果进行加密和备份。同时，加强对数字化人员的安全意识教育，防范数字化过程中的安全风险。

六是深化数字化应用。加强数字化成果的应用，将其应用于档案管理和服务中。例如，将数字化档案进行整合和挖掘，提供智能化的档案服务；将数字化档案进行长期保存和传承，保护国家的历史文化遗产。

提高档案数字化水平需要从多个方面入手，包括完善设施、制定标准、推广技术、强化管理、保障安全和深化应用等方面。只有全面提升数字化水平，才能更好地服务于社会和人民。

（三）开展专题研究和编纂工作

针对特定的文化主题或时期，开展专题研究和编纂工作。这有助于深入挖掘档案中的文化元素，为文化研究提供更加翔实、可靠的资料支持。开展档案文化专题研究和编纂工作指南如下。

第一，确定研究主题。在进行档案文化专题研究和编纂工作之前，需要先确定研究主题。主题应具有代表性、时代性和文化价值，同时需符合档案的特点和属性。在确定主题时，应充分考虑档案的来源、内容、形式等方面，以确保研究的针对性和深度。

第二，收集档案资料。收集档案资料是研究的基础，需要全面、系统地收集与主题相关的档案资料。在收集过程中，应注重档案的完整性和准确性，同时关注档案的多样性和差异性。通过查阅图书馆、档案馆、博物馆等机构收藏的档案，或是通过调查、采访等方式获取一手资料。

第三，筛选和整理资料。收集到的档案资料需要进行筛选和整理，以去除重复、错误或不相关的内容，确保资料的准确性和完整性。同时，需要对资料进行分类、标注和整理，以便后续的研究和分析。筛选和整理资料的过程需要耐心细致，以确保研究的严谨性和科学性。

第四，研究和分析档案。在筛选和整理资料的基础上，需要对档案进行深入的研究和分析。通过对档案的内容、形式、来源等方面进行分析，探究其历史背景、文化内涵和社会价值。同时，需要运用历史学、文化学、社会学等相关学科的理论和方法，对档案进行多角度、深层次的研究。

第五，编写档案提要。在对档案进行深入研究和分析的基础上，需要编写档案提要。提要应包括档案的基本信息、主要内容、历史背景等方面的介绍，以便读者了解档案的基本情况和重要内容。编写提要时应注意简洁明了，避免过多的主观臆断和解读。

第六，汇编档案专题。将筛选和整理后的档案按照一定的逻辑顺序进行编排，形成专题汇编。汇编时应注重档案之间的内在联系和系统性，同时根据研究目的和读者需求选择适当的编排方式。此外，应注重版面设计的美观性和易读性，以提高读者的阅读体验。

第七，校对和修改。完成汇编后，需要对整个研究成果进行校对和修改。校对工作包括纠正错别字、调整语句结构等，以提升文字质量。修改则包括对研究内容的增删、调整等，以确保研究成果的准确性和完整性。在校对和修改过程中，应注意保持研究的连贯性和一致性。

第八，出版和发行。经过校对和修改后，可以出版发行研究成果。出版形式可以多样化，如印刷版、电子版等。在发行过程中，应注重宣传和推广，提高研究成果的影响力和知名度。此外，还应积极与其他机构合作，共同推动档案文化的传播和应用。

第九，建立档案数据库。为了更好地保存和管理档案资料，可以建立档案数据库。数据库应包括档案的基本信息、内容摘要、相关链接等方面的内容，以便进行检索和查询。同时，数据库应具有良好的可扩展性和可维护性，以满足未来对档案资料的需求。

第十，推广和应用档案文化。相关部门应积极推广和应用档案文化，提高公众对档案的认识和重视程度。通过举办展览、开展宣传活动等方式，让更多的人了解和认识档案的价值。同时，可以将研究成果应用于教育、学术研究等领域，推动档案文化的传承和发展。

（四）促进档案的文化交流与传播

通过展览、出版、影视等方式，将档案中的文化元素呈现给更广泛的人群。这不仅可以加深人们对档案文化的认识和了解，还可以促进不同地区、民族之间的文化交流与融合。促进档案的文化交流与传播是一项重要的任务，因为档案是记录历史和文化的重要载体，对于传承和弘扬中华文化具有重要意义。以下这些措施，可以帮助促进档案的文化交流与传播。

第一，加强档案数字化建设。将档案数字化可以方便地保存和传播档案信息，同时也可以提高档案的利用率和影响力。政府和企业应该加大对档案数字化建设的投入，加强档案数字化技术的研究和应用，提高档案数字化质量和效率。

第二，推广档案文化教育。通过开展档案文化教育活动，增强人们的档案意识和文化意识，提高人们对档案的重视程度和保护意识。例如，在学校开设档案文化课程、举办档案文化讲座和展览等。

第三，加强档案资源共享。将不同地区、不同领域的档案资源整合起来，实现资源共享，可以让更多的人了解和接触到各种不同类型的档案，同时可以促进不同地区和领域之间的文化交流与合作。

第四，创新档案传播方式。传统的档案传播方式比较单一，难以满足现代人的需求。因此，需要创新档案传播方式，如通过社交媒体、网络直播等方式传播档案信息，或者通过开发文化创意产品等方式将档案元素融入人们的日常生活。

第五，开展国际文化交流活动。与国外相关机构进行合作，开展国际文化交流活动，可以让更多的人了解和认识中国的档案文化，也可以借鉴国外在档案管理方面的先进经验和做法，促进我国档案管理水平的提高。促进档案的文化交流与传播需要全社会的共同努力和支持，需要政府、企业和个人积极参与和投入。只有通过加强数字化建设、推广文化教育、加强资源共享、创新传播方式以及开展国际文化交流等措施，才能让更多的人了解和接触到中国的档案文化，促进中华文化的传承和发展。

第六，加强档案文化教育。将档案文化融入学校教育和社会教育，增强人们的档案意识和文化素养。通过举办讲座、开设课程等方式，让更多人了解和掌握如何挖掘与利用档案的文化价值。

档案的文化价值是多方面的，需要深入挖掘和利用。加强档案收集整理、提高数字化水平、开展专题研究、促进文化交流与传播以及加强档案文化教育等多项措施的实施，可以更好地挖掘和发挥档案的文化价值，为社会的文化发展做出积极贡献。

（五）经济价值

通过对市场趋势的预测，利用档案数据为企业的经济决策提供支持。随着信息技术的飞速发展，大数据已经成为当今社会的一种重要资源。在档案管理领域，如何利用大数据技术对档案进行高效利用和价值挖掘，成为提高档案管理水平、推动档案事业发展的关键所在。探讨基于大数据技术的档案利用与价值挖掘的经济价值。大数据技术的应用，为档案管理和利用带来了前所未有的机遇。通过对海量数据的收集、存储、分析和挖掘，更深入地了解档案信息中蕴含的价值，为企业和社会创造更多的经济价值。

1. 基于大数据技术的档案价值挖掘

（1）文本挖掘。通过对档案文本内容的挖掘，发现其中的知识、观点和情感倾向，为企业决策提供支持。

（2）关联分析。通过对档案数据的关联分析，发现数据之间的潜在联系和规律，为业务发展提供指导。

（3）预测分析。利用大数据技术对档案数据进行深度学习，实现对未来的预测和预警，帮助企业提前做出应对措施。

（4）价值评估。通过对档案数据的综合分析，评估其经济价值和社会价值，为企业决策提供依据。

2. 经济价值分析

（1）提高档案管理效率。大数据技术的应用可以大幅提高档案管理的自动化和智能化水平，降低管理成本，提高管理效率。

（2）促进档案资源开发利用。通过对档案资源的深度挖掘和利用，为企业和社会创造更多的经济价值与社会价值。

（3）提升企业竞争力。通过大数据技术对档案的利用和价值挖掘，帮助企业更好地了解市场和客户需求，提高产品和服务的质量与竞争力。

（4）推动经济发展。档案作为社会文化的重要组成部分，其价值的开发和利用可以促进文化产业的发展，为社会经济发展做出贡献。

基于大数据技术的档案利用与价值挖掘是当前档案管理领域的发展趋势。对档案的高效利用和深度挖掘可以更好地发挥档案的价值，为企业和社会创造更多的经济价值。未来，随着大数据技术的不断发展和完善，我们有理由相信档案管理领域将会迎来更加美好的明天。

（六）社会价值

公开档案可以提高公民的知情权，促进社会民主化进程。随着信息技术的快速发展，大数据已经成为现代社会的一种重要资源。在档案领域，大数据技术的应用不仅可以提高档案管理效率，还可以深入挖掘档案的社会价值，为社会发展和人类进步提供有力支持。档案作为历史和文化的载体，具有极其重要的社会价值。但传统的档案管理方式存在诸多局限，如存储困难、检索不便、利用效率低下等。随着大数据技术的出现，这些问题得到了有效解决，同时为档案社会价值的挖掘提供了新的途径。

1. 大数据技术对档案管理的提升

（1）数据存储。大数据技术采用分布式存储架构，使得海量档案数据的存储成为可能，且存储效率更高。

（2）数据检索。通过智能化的检索算法，大数据技术可以实现档案数据的快速检索，提高了档案的利用效率。

（3）数据挖掘。通过对档案数据的深入挖掘，发现其中隐藏的价值，为社会决策提供有力支持。

2. 基于大数据技术的档案社会价值

（1）文化传承。通过对档案数据的挖掘，深入了解历史和文化，为社会文化传承提供支持。

（2）决策支持。通过对档案数据的分析，为政府和企业提供决策支持，提高决策的科学性和准确性。

（3）社会服务。通过对档案数据的利用，提供更优质的社会服务，如教育、医疗、社保等。

（4）经济发展。通过对档案数据的开发利用，推动相关产业的发展，如数字图书馆、电子出版等。

大数据技术的应用为档案的社会价值提供了新的挖掘途径。深入挖掘和利用档案数据，不仅可以提高档案管理的效率，还可以为社会发展和人类进步提供有力支持。未来，随着大数据技术的不断发展和完善，档案的社会价值将得到更加充分的体现。

（七）档案价值的呈现

下面将探讨如何利用大数据技术，实现档案价值的更有效呈现。

1. 大数据与档案价值

大数据技术以其强大的数据处理能力，为档案领域带来了前所未有的机遇。

传统的档案价值呈现方式主要依赖人工分类和检索，效率低下且难以挖掘档案信息的深层次价值；而大数据技术可以通过数据挖掘、机器学习等技术，实现对档案信息的自动分类、聚类和关联分析，从而更全面、深入地揭示档案价值。

2. 基于大数据技术的档案价值呈现方法

（1）数据挖掘与知识发现。通过数据挖掘技术，从海量的档案信息中提取有价值的知识和信息。例如，通过文本挖掘，发现档案中的关联信息、趋势和模式。

（2）个性化检索与推荐。利用机器学习算法，构建用户画像，实现个性化检索和智能推荐。例如，根据用户的检索历史和浏览行为，推送相关的档案信息。

（3）档案可视化。通过数据可视化技术，将档案数据以直观、生动的方式呈现出来，帮助用户更好地理解档案内容，发现档案价值。

（4）语义分析。通过自然语言处理技术，实现对档案内容的深度理解。例如，自动提取档案中的实体、关系等信息，为用户提供更精准的档案服务。

3. 实践案例

以某大型企业为例，该企业拥有大量的业务档案。通过引入大数据技术，该企业实现了以下档案价值呈现方式。

（1）自动分类与聚类。根据档案内容，利用机器学习算法实现自动分类和聚类，提高了档案管理效率。

（2）趋势分析与预测。通过对历年档案数据的分析，可以发现业务发展趋势和潜在风险，为企业决策提供支持。

（3）个性化检索与推荐。根据员工职责和兴趣，推送相关的档案信息，提高了档案利用率。

（4）档案可视化。将档案数据以图表、地图等形式展示，帮助用户直观地了解业务情况。

通过以上案例可以看出，基于大数据技术的档案价值呈现方式具有广阔的应用前景。随着技术的不断进步，相信未来会有更多的创新方式出现，进一步推动档案事业的发展。

在信息化社会中，档案的利用和价值挖掘已经成为一项重要的工作。相关部门需要积极探索新的档案利用方式，深入挖掘档案的价值，为社会提供更有价值的信息服务。同时，注重档案的保护和传承，确保档案的长期保存和可持续利用。基于大数据技术的档案价值挖掘方法，有助于从海量的档案数据中挖掘出有价值的信息，提高档案的利用率。该方法包括数据收集、清洗与整合、存储、分析和价值呈现与利用等步骤。在实施过程中，相关部门需要综合考虑数据的规模、处理速度、安全性等因素，以确保方法的可行性和有效性。未来，随着大数据技术的不断发展，相信这种方法将会有更广泛的应用前景。

第三节　基于大数据技术的档案价值挖掘方法实证分析

随着大数据技术的不断发展，档案管理工作面临着新的机遇和挑战。本节旨在探讨基于大数据技术的档案价值挖掘方法，并通过实证分析验证其有效性。对档案数据的深度挖掘和分析，可以更好地发掘档案价值，提高档案管理工作的效率和智能化水平。大数据时代的到来，使得数据的获取、存储、处理和分析变得更加便捷。档案管理作为一项重要的信息资源管理工作，其传统的模式和方法已经难以满足现代社会的需求。因此，基于大数据技术的档案价值挖掘方法成为研究的热点。下面介绍一种基于大数据技术的档案价值挖掘方法。

一、基于大数据技术的档案价值挖掘方法

基于大数据技术的档案价值挖掘方法主要包括以下几个步骤：数据收集、数据预处理、数据挖掘和分析和结果呈现。

（一）数据收集

数据收集是档案价值挖掘的基础。通过对各类档案数据的收集，获取丰富的信息资源。在数据收集过程中，需要注意数据的全面性、准确性和及时性。同时，还需要考虑数据来源的多样性和数据的质量。随着大数据时代的到来，海量的数据信息为企业、机构带来了新的机遇和挑战。其中，档案数据作为企业、机构的重要资产，如何从海量数据中挖掘其潜在价值，成为当下研究的热点。在基于大数据技术的档案价值挖掘过程中，数据收集是至关重要的第一步。以下是对数据收集阶段的详细分析。

第一，确定数据源。根据档案价值挖掘的目标，确定所需的数据类型和来源。这可能包括内部档案系统、外部公开数据、社交媒体、行业报告等。

第二，数据预处理。在收集数据前，进行数据预处理是必要的。预处理包括数据清洗、格式转换、缺失值处理等，以确保数据的准确性和完整性。

第三，数据存储。大数据的存储需要使用高性能、高可扩展性的存储解决方

案，如分布式文件系统、对象存储等。此外，考虑到数据的安全性和隐私保护，还需要采取相应的加密和访问控制措施。

第四，数据质量监控。建立数据质量监控机制，定期检查数据的准确性、完整性和一致性。这有助于及时发现并解决数据质量问题，确保后续分析的可靠性。

基于大数据技术的档案价值挖掘是一个复杂的过程，需要多方面的技术和策略支持。在数据收集阶段，需明确数据源、进行数据预处理、选择合适的数据存储方式，并建立数据质量监控机制。这将为后续的档案价值挖掘提供高质量的数据基础，帮助企业、机构从海量档案中提取有价值的信息，进而实现更有效的决策支持和创新发展。

（二）数据预处理

数据预处理是确保数据质量的关键环节。对数据进行清洗、整理和转换等操作，可以去除无效数据和重复数据，提高数据的准确性和一致性。同时，数据预处理还可以为后续的数据挖掘和分析提供更好的基础。随着大数据时代的来临，海量的档案数据为档案价值的挖掘提供了丰富的资源。但这些数据往往是杂乱无章的，需要经过一系列数据预处理步骤，以确保后续的价值挖掘的准确性和有效性。

第一步，数据清洗。这个步骤主要是对数据进行初步的筛选和处理，以去除重复、错误或不完整的数据。包括删除无效数据、纠正错误数据以及填充缺失数据。在清洗过程中，还需要对数据的格式进行标准化，确保数据的一致性和可读性。

第二步，数据集成。由于档案数据可能来自不同的来源和平台，因此需要进行数据集成，将不同来源的数据整合到一个统一的数据库中。这个过程需要解决数据之间的冲突和矛盾，以确保数据的一致性。

第三步，数据转换。在将数据用于价值挖掘之前，需要进行数据转换，将原始数据转换为适合分析的格式。例如，将文本数据转换为数值型数据，或将时间序列数据转换为适合时间序列分析的格式。

第四步，数据降维。对于高维度的数据，可以通过降维技术将其降低到低维度，以便于后续的分析和挖掘。常用的降维技术包括主成分分析、线性判别分析和多维缩放等。

第五步，数据分类和标签化。对于一些无标签的数据，需要通过分类和标签化技术为其添加标签。这可以通过机器学习算法实现，如聚类、分类和目标检测等。

第六步，数据可视化。通过数据可视化技术将预处理后的数据呈现出来，以便用户更好地理解和分析数据。这有助于发现数据的模式和规律，为后续的价值挖掘提供支持。

以上六个步骤的数据预处理，可以有效地提高档案数据的准确性和可读性，为后续的价值挖掘提供可靠的基础。同时，这些步骤也有助于提高档案管理的效率和效果，为组织的发展提供有力的支持。

（三）数据挖掘和分析

数据挖掘和分析是档案价值挖掘的核心环节。运用大数据技术和相关算法，对预处理后的数据进行深入挖掘和分析，可以发现数据之间的关联、趋势和规律，从而更好地发掘档案价值。在数据挖掘和分析过程中，需要注意数据的分布和特征，选择合适的算法和技术，以确保结果的准确性和可靠性。随着大数据时代的来临，数据已经成为现代社会的重要资源。档案作为企业、组织或个人在各项活动中形成的原始记录，蕴含着丰富的价值。但传统的档案利用方式很难充分发挥档案的价值。因此，基于大数据技术的档案价值挖掘方法尤为重要。

1. 大数据技术基础

（1）数据采集。大数据技术的第一步是数据采集，它涉及从各种数据源中获取数据。在档案领域，数据源可能包括纸质档案、电子档案和社交媒体等。

（2）数据存储。由于档案数据量庞大，需要采用分布式存储技术，如Hadoop等，来高效地存储和管理数据。

（3）数据处理。利用云计算资源进行数据处理和分析，包括数据清洗、整合、转换等。

2. 档案价值挖掘方法

（1）分类与聚类分析。通过机器学习算法对档案数据进行分类和聚类，以发现数据的内在结构和模式。例如，根据档案的内容、形成时间、来源等信息进行分类。

（2）关联分析。找出档案数据中各项之间的关联规则，从而发现档案之间的潜在联系。例如，分析档案之间的引用关系、主题关联等。

（3）预测分析。利用机器学习算法对档案数据进行预测分析，以预测未来的趋势和行为。例如，根据历史档案数据预测未来某一主题的发展趋势。

3. 应用实例

以某大型企业为例，对该企业多年的档案数据进行挖掘，可以发现许多有价值的信息。例如，通过对销售档案的挖掘，发现产品在不同市场的销售趋势；通过对人力资源档案的挖掘，发现员工晋升和离职的规律；通过对研发档案的挖掘，发现技术创新的路径等。

基于大数据技术的档案价值挖掘方法能够从海量的档案数据中发现有价值的信息，为企业、组织或个人的决策提供有力支持。但该方法也面临着数据安全、隐私保护等方面的挑战。因此，在实际应用中，需要充分考虑这些因素，制定合适的数据管理和安全策略。

（四）结果呈现

结果呈现是档案价值挖掘的最终目的。将挖掘和分析结果以可视化、可理解的方式呈现给用户，可以帮助用户更好地理解档案数据的内在价值和意义。同时，结果呈现还可以为决策提供有力的支持。为了更好地呈现结果，需要选择合适的可视化工具和技术，设计合理的可视化方案，以确保结果的直观性和易理解性。随着大数据技术的迅猛发展，档案管理领域也正在经历着前所未有的变革。传统的档案管理方式已无法满足现代社会对档案信息的高效、精准利用需求。因此，基于大数据技术的档案价值挖掘成为档案管理领域的新趋势。基于大数据技术的档案价值挖掘结果呈现，以期为档案管理工作提供有益的参考。

1. 大数据技术对档案价值挖掘的影响

大数据技术为档案价值挖掘提供了强大的技术支持，主要体现在以下几个方面。

（1）数据处理能力。大数据技术能够处理海量的档案数据，提高了档案数据的处理速度和效率，从而加速了档案价值的挖掘进程。

（2）数据分析能力。大数据分析技术可以对档案数据进行深度挖掘，发现数据之间的潜在联系，从而更好地揭示档案价值。

（3）数据可视化能力。大数据技术可以将挖掘结果以直观、易懂的形式呈现出来，使用户能够更好地理解档案价值。

2.基于大数据技术的档案价值挖掘结果呈现方式

基于大数据技术的档案价值挖掘结果呈现方式主要包括以下几种。

（1）数据报表。利用大数据技术生成各类数据报表，如趋势分析表、对比分析表等，以清晰地展示档案价值的挖掘结果。

（2）数据可视化。通过数据可视化技术，如数据地图、时间线等，将挖掘结果以直观、易懂的形式呈现出来，帮助用户更好地理解档案价值。

（3）知识图谱。利用知识图谱技术，将档案数据之间的关系以图谱的形式呈现出来，从而帮助用户更好地发现和利用档案价值。

（4）个性化推荐。通过分析用户的利用行为和兴趣偏好，利用大数据技术为用户提供个性化的档案推荐服务，从而提高档案的利用率和价值。

基于大数据技术的档案价值挖掘结果呈现是档案管理领域的发展趋势。它能够提高档案的利用率和价值，为用户提供更好的服务。未来，随着大数据技术的不断发展和完善，相信档案价值挖掘的结果呈现形式也将更加丰富与多样。同时，在利用大数据技术进行档案价值挖掘的过程中，需要注重保护档案数据的隐私和安全，避免数据被泄露和滥用。

二、实证分析

为了验证基于大数据技术的档案价值挖掘方法的有效性，我们选取了一家大型企业作为研究对象，对其档案数据进行挖掘和分析。具体实施步骤如下。

（一）数据收集与预处理

通过与企业合作，我们收集了该企业近五年的档案数据，包括人事档案、财务档案、项目档案等。对这些数据进行清洗、整理和转换等操作，以确保数据的准确性和一致性。

1.数据收集

在进行档案价值挖掘之前，首先需要进行数据收集。由于档案数据来源广泛，数量庞大，因此需要采用合适的方法和技术来进行收集。常见的数据收集方法包括网络爬虫、数据接口和日志文件等。网络爬虫是一种自动化的数据抓取工具，可以通过模拟用户访问网页的行为，自动获取网页上的数据。这种方法适用于从互联网上获取大量结构化数据的情况。数据接口是一种标准化的数据传输方式，可以通过 API 等方式提供数据服务。这种方法适用于需要从内部系统获取数据的情况。日志文件是一种记录应用程序或系统运行情况的文件，可以通过分析日志文件来获取相关数据。这种方法适用于需要从服务器或数据库中获取日志信息的情况。在收集数据时，需要注意数据的真实性和完整性。同时，还需要考虑数据的可扩展性和可维护性，以适应未来业务的发展变化。

2. 数据预处理

在收集到原始数据之后，需要进行预处理工作，包括数据清洗、数据转换和数据整合等环节。这些环节对于后续的数据分析和挖掘至关重要。数据清洗是预处理过程中的一个重要环节，其目的是去除无效、不完整或错误的数据，以保证数据的准确性和可靠性。常见的数据清洗方法包括缺失值处理、异常值处理和重复值处理等。在清洗数据时，可以采用一些自动化工具或编写脚本程序来进行批量处理。数据转换是将原始数据转换成适合分析和挖掘的格式或模型的过程。在转换过程中，用户可以根据实际需求对数据进行归一化、标准化、离散化或特征提取等操作。这些操作可以提高数据的可读性和可分析性，使后续的数据分析和挖掘更加准确与高效。数据整合是将不同来源的数据进行整合和组织的过程。由于档案数据可能来自不同的系统、数据库或文件，因此需要进行整合工作以形成一个统一的数据集。在整合过程中，需要注意数据的关联性和一致性，以保证后续的数据分析和挖掘能够得到准确的结果。通过数据收集和预处理两个环节，可以为后续的档案价值挖掘提供高质量的数据基础。在实际应用中，用户可以根据具体的需求和场景选择合适的方法与技术来进行数据收集及预处理，以最大限度地发挥大数据技术在档案价值挖掘中的作用。

（二）数据挖掘和分析

运用大数据技术和相关算法，对预处理后的数据进行深入挖掘和分析。首先，通过关联规则挖掘和聚类分析等算法，发现数据之间的关联和规律；其次，运用时间序列分析和趋势预测等方法，预测未来的趋势和变化；最后，结合业务知识和实际情况，对结果进行解释和验证。

1. 大数据技术及其在档案价值挖掘中的应用

大数据技术包括数据挖掘、数据存储、数据处理等多个方面。在档案价值挖掘中，大数据技术的应用主要表现在以下几个方面。

（1）数据挖掘。通过对档案数据的深度挖掘，发现隐藏在数据中的价值信息。利用数据挖掘技术，发现档案之间的关联、趋势和模式，从而为决策提供有力支持。

（2）数据存储。针对海量档案数据，大数据技术提供了分布式存储解决方案。通过将数据分散存储在多个节点上，实现了数据的可扩展性和高可用性。

（3）数据处理。大数据技术可以对档案数据进行高效处理，包括数据清洗、整合、转换等。通过对数据的预处理，提高数据的质量和可用性，为后续的数据分析提供保障。

2. 实证分析

为了验证大数据技术在档案价值挖掘中的效果，人们进行了一项实证研究。以下是研究过程和结果。

（1）研究对象。选取某大型企业近五年的档案数据作为研究对象，数据量达到 TB 级别。

（2）数据采集。采用分布式爬虫技术，从企业内部的档案管理系统中采集数据。同时，结合数据仓库技术，对数据进行清洗、整合和转换。

（3）数据分析。利用数据挖掘工具，对采集到的档案数据进行关联分析、聚类分析、趋势预测等操作。通过深度挖掘，发现了许多隐藏在数据中的有价值信息。

（4）结果展示。利用可视化技术，将分析结果以图表、报告等形式呈现出来，便于决策者理解和使用。

（5）效果评估。通过对比分析前后数据，评估了大数据技术在档案价值挖掘中的效果。结果显示，基于大数据技术的档案价值挖掘在提高决策效率、降低成本等方面具有显著优势。

基于大数据技术的档案价值挖掘已经成为档案管理的重要趋势。通过实证分析，我们发现大数据技术在数据挖掘、存储和处理等方面具有显著优势，能够为决策者提供更全面、准确的信息支持。未来，随着技术的不断发展，大数据在档案价值挖掘中的应用将更加广泛。期望在未来的档案管理中，相关部门能够更好地利用大数据技术，进一步提高档案管理的效率和水平。

（三）结果呈现与反馈

将挖掘和分析结果以可视化、可理解的形式呈现给企业相关人员。通过与企业的沟通和反馈，对结果进行不断优化和改进，以确保结果的实用性和有效性。同时，将分析结果应用于实际业务中，为企业决策提供有力支持。随着大数据技术的迅速发展，越来越多的组织开始利用大数据分析来挖掘档案的潜在价值。档案是组织的重要资产，其中蕴含了大量的历史、文化和组织知识。如何利用大数据技术有效地挖掘档案价值，并通过实证分析展示其结果呈现与反馈是亟待解决的问题。

1. 方法论

本节采用的大数据技术主要包括数据挖掘、机器学习和自然语言处理等。首先，从组织的档案库中抽取数据；其次，使用数据清洗和预处理技术对数据进行处理；再次，利用机器学习算法对数据进行分类、聚类和关联规则挖掘；最后，使用自然语言处理技术对档案文本进行语义分析和情感分析。

2. 结果呈现

通过大数据技术对档案的深度挖掘得到了以下几个主要发现。

（1）组织的历史发展脉络。通过对档案的文本分析梳理了组织自成立以来各个阶段的发展状况，揭示了组织在不同时期的战略重点和业务方向。

（2）关键人物和事件。通过关联规则挖掘发现了组织历史上的关键人物和事件，以及它们对组织发展的影响。

（3）文化和价值观。通过对档案文本的情感分析提炼出了组织的核心文化和价值观，揭示了员工对组织的认同感和归属感。

（4）知识发现。数据挖掘和机器学习算法从档案中发现了许多有价值的业务知识与经验，可以为组织的决策提供依据。

3. 反馈与应用

基于以上发现，组织可以采取以下措施来应用和反馈。

（1）组织文化和价值观的传承。组织可以通过内部培训和宣传活动，加强员工对组织文化和价值观的认同，从而提高员工的归属感和忠诚度。

（2）决策支持。组织可以利用从档案中挖掘出的业务知识和经验，为决策者提供有力的数据支持，提高决策的科学性和准确性。

（3）业务优化和创新。通过对历史数据的挖掘和分析，组织可以发现潜在的业务机会和改进点，从而优化业务流程、提升服务质量或推动产品创新。

（4）客户关系管理。通过对客户档案的分析，组织可以深入了解客户需求、行为和偏好，从而制定更加精准的营销策略和客户服务方案。

（5）风险管理和合规。在金融、法律等领域，对档案的深度分析有助于识别潜在的风险点和合规问题，从而及时采取应对措施，降低组织运营风险。

（6）历史研究和学术研究。对于一些具有历史价值的档案，其深度挖掘和分析结果可以为学术界提供宝贵的研究资料与视角。

（7）知识管理。从档案中提取的业务知识和经验可以整合到组织的知识库中，为员工提供一个系统、全面的知识平台，促进知识的共享和传播。

（8）员工培训和发展。通过分析员工的个人档案，组织可以了解员工的职业发展轨迹和个人特长，从而制定更具针对性的培训计划和职业发展规划。

（9）内部沟通与协作。通过分析组织的内部沟通记录和协作数据，发现潜在的沟通障碍和协同问题，有助于优化组织结构和业务流程，提高工作效率。

（10）数据驱动的营销与品牌建设。基于对市场需求和消费者行为的洞察，组织可以制定更加精准的市场营销策略和品牌传播方案，提升品牌知名度和美誉度。

第五章　基于大数据技术的档案利用与价值挖掘的关键技术研究

第一节　数据预处理技术

随着大数据时代的来临，档案数据呈现出爆炸性增长，如何有效地利用这些数据并挖掘其潜在价值已成为档案管理领域的重要议题。数据预处理技术作为大数据处理的关键环节，对于提升档案利用效率和价值挖掘具有至关重要的作用。本节将探讨基于大数据技术的档案利用与价值挖掘，重点分析数据预处理技术的实际应用。

一、大数据技术与档案管理的结合

大数据技术以其海量数据处理、高效信息提取和智能分析能力，为档案管理提供了全新的视角和解决方案。通过引入大数据技术，档案管理可以实现从传统的手动查询向智能化、自动化的转变，提高档案的利用率和价值。同时，大数据分析能够深入挖掘档案信息的隐藏价值，为组织决策提供有力支持。随着大数据技术的快速发展，其已经在各个领域产生了深远影响。档案管理作为信息管理的核心部分，与大数据技术的结合有助于提高管理效率，提升档案信息的使用价值。下面将详细探讨大数据技术与档案管理的结合，主要从数据采集与预处理、存储技术与档案存储、数据处理与分析、云计算与档案云存储、数据安全与隐私保护、自动化与智能化管理、档案信息检索与利用等方面进行阐述。

（一）数据采集与预处理

在档案管理中，数据采集是第一步，其涉及从各个源头获取档案信息。预处理则是对这些原始数据进行必要的清洗、整理和分类，以便后续的分析和处理。大数据技术在这方面提供了一系列强大的工具，如分布式爬虫、数据清洗框架等，使得海量数据的采集和预处理变得更加高效与准确。随着信息技术的快速发展，大数据已成为现代社会的重要组成部分。大数据技术的应用给档案管理带来了前所未有的机遇和挑战。档案管理是指对档案信息的收集、整理、保存、检索和利用等全过程的管理。传统的档案管理方式已经无法满足现代社会的需求，因此需要借助大数据技术来提高档案管理的效率和准确性。

1. 数据采集

在档案管理中，数据采集是第一步。传统的数据采集方式主要是手工录入或扫描等方式，这种方式不仅效率低下，而且容易出错；而大数据技术的应用，使得数据采集更加高效和准确。具体来说，可以通过以下几种方式进行数据采集。

（1）数据爬取。通过爬虫技术，从互联网上爬取相关的档案信息，如政府公报信息、企业年报等。

（2）数据接口。通过数据接口，从其他系统或平台获取相关数据，如企业内部管理系统、社交媒体等。

（3）数据导入。将其他格式的数据导入档案管理系统中，如 CSV（逗号分隔值）文件、Excel 文件等。

2. 数据预处理

数据预处理是大数据技术中的重要环节，也是提高数据质量的关键步骤。在档案管理中，数据预处理主要包括以下几个方面。

（1）数据清洗。对采集到的数据进行清洗和去重，去除无效和重复的数据。

（2）数据转换。将数据从一种格式转换为另一种格式，如将 CSV 文件转换为 Excel 文件。

（3）数据标签化。对数据进行标签化处理，使数据易于理解和使用。

（4）数据聚合。对数据进行聚合处理，如求和、平均值等，以便更好地对数据进行统计分析。

大数据技术的应用为档案管理带来了新的机遇和挑战。数据采集和预处理可以提高档案管理的效率与准确性，更好地服务于社会和人民。未来，随着大数据技术的不断发展，档案管理将会更加智能化和高效化。

（二）存储技术与档案存储

传统的档案管理模式通常依赖物理存储介质，如纸张、录像带等；而大数据技术带来了存储方式的革新，尤其是云存储技术的发展，使得档案信息可以以数字化的形式安全、高效地存储在云端。这大大降低了存储成本，提高了存储效率和可访问性。随着科技的飞速发展，大数据技术已经逐渐渗透到各个领域，档案管理也不例外。大数据技术为档案管理带来了前所未有的机遇和挑战，尤其是在档案存储方面，大数据技术以其独特的优势，正在改变传统的存储方式和手段。

1. 大数据存储技术

大数据存储技术主要包括分布式存储和云存储。分布式存储是将数据分散存储在多个节点上，利用多个节点的存储和计算能力，实现数据的快速存取和高效处理。云存储则将数据存储在虚拟化的云端，具有弹性可扩展、高可用性、高可靠性等特点。随着大数据时代的来临，大数据技术正逐渐成为各行各业的重要工具。档案管理也不例外，大数据技术的应用为档案管理带来了前所未有的机遇和挑战。其中，大数据存储技术作为大数据技术的核心组成部分，在档案管理中发挥着至关重要的作用。

（1）大数据存储技术在档案管理中的应用

1）海量数据存储

传统的档案管理方式往往面临着数据量巨大、存储空间不足等问题；而大数据存储技术能够有效地解决这些问题，实现对海量数据的存储和管理。通过分布式存储架构，将数据分散存储在多个节点上，实现数据的可靠性和可扩展性。

2）数据备份与恢复

大数据存储技术能够快速备份和恢复数据，确保档案资料的安全性和完整性。同时，数据冗余和校验技术，可以有效地检测和修复数据错误，提高数据的可靠性和可用性。

3）数据检索与分析

传统的档案管理方式往往难以实现高效的数据检索和分析；而大数据存储技术可以利用分布式计算和并行处理技术，实现对海量数据的快速检索和分析。这有助于提高档案管理的效率和智能化水平。

（2）大数据存储技术在档案管理中的挑战与对策

1）数据安全与隐私保护

随着大数据技术的应用，数据安全和隐私保护成为档案管理中亟待解决的问题。为了确保档案资料的安全和隐私，需要采取一系列安全措施，如数据加密、访问控制、审计跟踪等。

2）数据整合与标准化

大数据存储技术需要实现不同来源、不同格式的数据整合和标准化。这需要制定统一的数据规范和标准，以确保数据的可读性和可理解性。同时，需要加强数据治理和元数据管理，确保数据的准确性和完整性。

3）技术更新与升级

随着技术的不断发展，大数据存储技术也在不断更新和升级。为了确保档案管理系统的稳定性和可持续性，需要及时跟进技术发展，对系统进行升级和维护。同时，需要加强技术培训和技术支持，提高档案管理人员的技能水平和技术素养。

大数据存储技术为档案管理带来了许多机遇和挑战。海量数据存储、数据备份与恢复、数据检索与分析等方面的应用，可以有效地提高档案管理的效率和智能化水平。同时，需要重视数据安全与隐私保护、数据整合与标准化、技术更新与升级等方面的问题，确保档案管理系统的稳定性和可持续性。未来，随着技术的不断发展，相信大数据存储技术将在档案管理中发挥更加重要的作用。

2. 档案存储的挑战

传统的档案存储方式存在着许多问题，如存储容量有限、备份困难、查询效率低下等。随着档案数据的快速增长，传统的存储方式已经无法满足数据存储的需求。因此，如何有效地存储、管理、查询档案数据，成为档案管理面临的重要挑战。随着科技的飞速发展，大数据技术已经成为当今社会的重要驱动力。档案管理作为企业和组织管理工作的重要组成部分，也正在经历着由大数据技术带来的深刻变革。但这一变革并不是一帆风顺的，尤其是对于档案存储来说，面临着诸多挑战。

首先，档案存储的容量问题。传统的档案管理系统往往基于物理存储，如硬盘、光盘等，其存储容量有限。但在大数据时代，数据量呈指数级增长，传统的存储方式已经无法满足其需求。因此，如何构建具有大容量、高性能的存储系统，成为档案管理面临的首要挑战。

其次，档案存储的安全性问题。大数据技术的应用带来了海量的数据，但同时也带来了数据安全和隐私保护的挑战。如何在确保数据安全的同时，满足各种合规性要求，是档案管理中需要解决的重要问题。

再次，档案存储的效率问题。传统的档案查询、检索过程往往效率低下，不能满足现代企业的需求。大数据技术可以实现对档案的快速检索、分类、提取，大大提高了工作效率。但这也需要相应的技术支持和优化。

最后，档案存储的成本问题。大数据技术的运用需要大量的硬件设备和软件支持，这无疑增加了档案存储的成本。如何在确保存储效果的同时降低成本，是档案管理面临的另一个挑战。大数据技术与档案管理的结合为档案存储带来了许多挑战，但也带来了前所未有的机遇。只有不断创新、优化技术，才能应对这些挑战，让档案管理更好地服务于企业和组织。

3. 大数据技术在档案存储中的应用

（1）分布式存储在档案存储中的应用

分布式存储可以将档案数据分散存储在多个节点上，实现数据的分布式存储和计算。这种存储方式既可以提高档案数据的存储容量和存取效率，又可以提高数据的可靠性和容错性。在档案管理中，相关部门可以根据实际情况选择合适的分布式存储架构，如 Hadoop 分布式文件系统等。数据量呈指数级增长，传统的集中式存储方式已经无法满足大规模数据存储的需求。分布式存储技术应运而生，它在档案存储中的应用逐渐成为一种趋势。

以下是分布式存储技术的优势。第一，可扩展性强。分布式存储采用横向扩展的方式，通过增加存储节点来提高存储容量和性能，具有良好的可扩展性。第二，数据可靠性高。分布式存储采用多副本、数据校验等方式，确保数据的可靠性和完整性。第三，高性能。分布式存储通过负载均衡和并行处理技术，实现高效的数据读写和检索。第四，低成本。分布式存储采用廉价的通用硬件，降低了存储成本。

以下是分布式存储在档案存储中的应用场景。第一，电子档案存储。随着无纸化办公的普及，越来越多的纸质档案被数字化为电子档案。分布式存储能够为电子档案提供安全、可靠的存储解决方案。第二，多媒体档案存储。多媒体档案如图片、视频、音频等数据量较大，需要高性能的存储系统。分布式存储能够满足多媒体档案的存储需求，并提供快速检索功能。第三，历史档案存储。历史档案具有长期保存的需求，分布式存储能够提供稳定、可靠的存储环境，确保历史档案的长久保存。第四，云端档案存储。云端档案存储是未来档案管理的发展趋势，分布式存储技术能够实现高效、可扩展的云端档案存储。

实现分布式存储在档案存储中的应用要做到如下几点。

第一，选择合适的分布式存储技术。根据档案存储的需求和规模，选择合适的分布式存储技术，如 Hadoop、Ceph 等。

第二，设计合理的分布式架构。根据实际需求，设计合理的分布式架构，包括节点数量、网络拓扑、数据副本等。

第三，建立高效的数据管理机制。建立高效的数据管理机制，包括数据备份、恢复、迁移等，确保数据的安全性和可靠性。

第四，集成与现有系统的接口。将分布式存储系统与现有档案管理系统进行集成，实现数据的无缝传输和共享。

第五，定期维护与监控。定期对分布式存储系统进行维护和监控，确保系统的稳定运行和数据的安全。总之，分布式存储在档案存储中具有广泛的应用前景。选择合适的分布式存储技术、设计合理的分布式架构、建立高效的数据管理机制以及集成与现有系统的接口，可以有效地实现档案数据的可靠、高效、安全存储和管理。随着技术的不断发展，分布式存储在档案存储中的应用将更加成熟和广泛。

（2）云存储在档案存储中的应用

云存储可以提供虚拟化的存储空间，将档案数据存储在云端，实现数据的统一管理和备份。这种存储方式既可以提高数据的可用性和可靠性，又可以降低数据丢失的风险。在档案管理中，相关部门可以选择可靠的云服务提供商，如阿里云、腾讯云等，来提供档案数据的云存储服务。随着数字化和信息化进程的加速，档案存储的需求和挑战也在不断变化。传统的档案存储方式已无法满足海量数据、高并发访问、快速备份和恢复等新需求。在这样的背景下，云存储技术以其独特的优势，逐渐成为档案存储领域的热门选择。

云存储能够提供近乎无限的存储容量，可以轻松应对档案数据量增长的问题。传统的存储方式需要购买和维护大量的硬件设备，而云存储通过分布式存储技术，将数据分散存储在多个节点上，实现了数据的容错和灾备。同时，云存储还提供了在线扩容的功能，可以根据实际需求灵活增加存储容量，避免了硬件设备浪费和资源紧张的问题。云存储具有强大的可扩展性，可以根据访问需求进行弹性扩展。传统的存储设备受限于硬件性能，无法应对高并发访问的情况；而云存储通过负载均衡和分片技术，可以将访问压力分散到多个节点上，确保服务的稳定性和可用性。同时，云存储还支持数据备份和容灾，可以在数据丢失或硬件故障的情况下，快速恢复数据和保障业务的连续性。另外，云存储还提供了智能化的管理界面和丰富的 API 接口，方便用户进行数据的备份、恢复、迁移和共享等操作。用户可以通过云存储平台进行数据的统一管理，降低了数据管理的难度和成本。同时，云存储还支持多终端接入和跨平台兼容，可以方便地与其他信息系统进行集成和对接。

云存储在档案存储中的应用具有诸多优势，可以提高档案数据的安全性、可靠性和可用性。未来，随着技术的不断发展和应用场景的不断拓展，云存储将在档案存储领域发挥更加重要的作用。大数据技术在档案存储中的应用，可以有效地解决传统存储方式存在的问题，提高档案数据的存储容量、可靠性和存取效率。未来，随着大数据技术的不断发展和完善，相信其在档案管理中的应用也会越来越广泛和深入。同时，如何保障档案数据的安全和隐私，也是档案管理中需要重点关注的问题。因此，在应用大数据技术的同时，也需要加强安全和隐私保护措施的制定与实施，以确保档案数据的安全和合规性。

（三）数据处理与分析

大数据技术的核心在于对海量数据进行高效处理和分析。通过运用大数据分析工具，如 Hadoop、Spark 等，档案管理员可以深入挖掘档案信息的价值，为决策提供有力支持。同时，对档案数据的深度分析，还可以发现数据之间的潜在联系，进一步优化档案管理流程。随着科技的飞速发展，大数据技术已经深入各个领域，档案管理也不例外。大数据技术为档案管理带来了前所未有的机遇和挑战，使档案管理从传统的模式向数字化、智能化转变。

1.大数据技术在档案管理中的价值

（1）数据存储。传统的档案管理主要依赖纸质文档，不仅存储空间大，而且容易损坏。大数据技术可以将档案信息转化为数字形式，实现长期、稳定的存储，且占用空间小。

（2）数据处理。大数据技术可以对海量档案数据进行高效处理，包括数据清洗、整合、分类、检索等，大大提高了档案管理的效率。

（3）数据分析。大数据分析可以对档案数据进行深度挖掘，发现数据之间的潜在联系，为决策提供有力支持。

2. 大数据技术在档案管理中的应用

（1）数据采集。大数据技术可以快速、准确地采集各类档案数据，包括文字、图片、视频等。

（2）数据存储。将采集到的档案数据存储在云端或分布式存储系统中，实现数据的长期保存和随时访问。

（3）数据处理。利用数据处理工具，如 Hadoop、Spark 等，对档案数据进行清洗、整合、分类等操作，提高数据质量。

（4）数据分析。通过数据分析技术，如数据挖掘、机器学习等，对档案数据进行深度挖掘，发现数据背后的规律和趋势。

（5）数据利用。将分析结果反馈给档案管理者和用户，提供决策支持和个性化服务。

3. 大数据技术在档案管理中的挑战与对策

（1）数据安全。大数据技术的运用涉及大量敏感信息的处理和存储，需要采取有效的安全措施，如加密技术、访问控制等，确保数据安全。

（2）技术更新。随着大数据技术的不断发展，档案管理系统需要及时更新和升级，以适应新的数据处理和分析需求。

（3）人才培养。档案管理需要既懂档案管理又懂大数据技术的复合型人才。相关部门应加强人才培养和引进，提高档案管理队伍的素质。

（4）法律法规。随着大数据技术的运用，其涉及的法律问题也越来越复杂。相关部门应加强相关法律法规的制定和完善，保障各方权益。

大数据技术与档案管理的结合是档案管理发展的必然趋势。运用大数据技术，可以实现档案管理的数字化、智能化，提高档案管理效率和服务水平。但同时面临着数据安全、技术更新、人才培养和法律法规等方面的挑战。只有各方共同努力，才能推动档案管理的大数据应用健康发展。

（四）云计算与档案云存储

云计算技术为档案存储和管理提供了新的解决方案。将档案信息存储在云端，可以实现数据的集中管理、动态扩容和实时备份。此外，云计算的按需付费模式还可以显著降低档案管理成本。随着科技的快速发展，大数据技术已经成为当今社会的核心驱动力。与此同时，档案管理也正在经历一场由大数据技术引领的变革。在这场变革中，云计算和云存储发挥着至关重要的作用，为档案管理提供了新的可能性和挑战。

1. 大数据技术与档案管理的关系

大数据技术是指对大规模数据进行分析、处理和存储的技术。在档案管理中，大数据技术的主要应用包括数据挖掘、数据分析和数据存储。对大量档案数据的处理和分析，可以深入了解档案信息的特点和规律，提高档案管理的效率和质量。

2. 云计算在档案管理中的应用

云计算是一种基于互联网的计算方式。通过这种方式，共享的软硬件资源和信息可以按需提供给计算机与其他设备。在档案管理中，云计算可以实现档案信息的集中存储和共享，提高档案的利用率和价值。

（1）云存储。云存储是云计算的一个重要组成部分，其可以将大量的档案信息存储在云端，方便用户随时随地进行访问和使用。与传统存储方式相比，云存储具有容量大、可靠性高、易于管理等优点。

（2）云服务。云计算技术可以实现档案信息的在线查询、检索和分析等服务。用户可以通过云服务平台快速获取所需的档案信息，提高档案服务的效率和质量。

3. 档案管理与云计算相结合的优势

（1）提高效率。云计算技术可以大大提高档案管理的效率，减少人工干预和错误率。

（2）降低成本。云存储和云服务可以降低档案管理的硬件设备与人力成本。

（3）促进共享。云计算可以实现档案信息的集中管理和共享，促进部门之间的信息交流和合作。

（4）提高安全性。云计算技术可以提供更加可靠的安全保障，保护档案信息不被泄露和损坏。

大数据技术和云计算已经成为档案管理的重要趋势。将大数据技术和云计算应用于档案管理，可以提高档案管理的效率和质量，降低成本，促进信息共享和保护档案信息安全。未来，随着技术的不断进步和应用范围的不断扩大，档案管理与云计算的结合将更加紧密，为档案管理带来更多的机遇和挑战。

（五）数据安全与隐私保护

在享受大数据技术带来的便利的同时，数据安全和隐私保护问题也不容忽视。对于档案管理来说，保证档案信息的安全和隐私是一项重要的任务。因此，需要采取一系列安全措施和技术手段来确保数据的安全性与完整性，如数据加密、访问控制和审计跟踪等。

随着大数据技术的快速发展，其在档案管理领域的应用越来越广泛。大数据技术为档案管理提供了强大的数据存储、处理和分析能力，极大地提升了档案管理的效率和价值。但与此同时，数据安全和隐私保护问题也日益突出。如何在实现档案管理现代化的同时，确保数据安全和隐私不受侵犯，是当前亟待解决的问题。

1. 大数据技术与档案管理的结合

（1）数据存储。传统的档案管理方式难以应对海量数据的存储需求，而大数据技术提供了分布式存储解决方案，如 Hadoop、Spark 等，使档案管理可以实现高效、低成本的数据存储。

（2）数据处理。大数据处理技术可以对档案数据进行深度挖掘和分析，发现隐藏在数据中的价值，为决策提供有力支持。

（3）数据检索。借助自然语言处理和机器学习技术，实现档案数据的智能化检索，提高检索效率和准确性。

2. 数据安全与隐私保护

（1）访问控制。通过严格的权限管理，确保只有经过授权的人员能够访问档案数据，防止数据泄露。

（2）加密技术。采用数据加密技术，对敏感数据进行加密存储，确保即使数据被窃取，也无法被轻易解密。

（3）匿名化处理。对涉及个人隐私的档案数据进行匿名化处理，避免个人信息泄露。

（4）安全审计。定期进行安全审计，检查数据安全措施的有效性，及时发现和修复安全漏洞。

大数据技术与档案管理的结合具有广阔的应用前景和发展空间。但也要高度重视数据安全和隐私保护问题，采取有效的技术和管理措施，确保档案数据的安全与隐私不受侵犯。只有这样才能充分发挥大数据技术在档案管理中的优势，推动档案管理事业的健康发展。

（六）自动化与智能化管理

借助大数据技术和人工智能技术，实现档案管理的自动化和智能化。例如，利用机器学习算法对档案数据进行分类和聚类，实现自动化的档案归类和整理；通过自然语言处理技术对档案中的文本信息进行智能提取和摘要，提高档案检索的效率和准确性；借助智能传感器和物联网技术实现档案实体的智能化监控和管理，确保档案的安全和完整性。随着科技的快速发展，大数据技术已经成为当今时代的重要标志。在档案管理领域，大数据技术的应用为档案管理带来了新的机遇和挑战。大数据技术可以实现档案管理的自动化和智能化，从而提高档案管理效率，优化档案服务体验。

1. 大数据技术对档案管理的影响

大数据技术的运用对档案管理产生了深远的影响。首先，大数据技术提高了档案管理的效率。传统的档案管理方式主要依靠人工进行分类、整理和编目，这种方式效率低下，容易出错；而大数据技术可以实现档案的自动化分类、整理和编目，大大提高了档案管理效率。其次，大数据技术优化了档案服务体验。传统的档案管理方式很难满足用户快速、准确地获取档案信息的需求；而大数据技术可以实现档案信息的快速检索、分析和挖掘，从而为用户提供更加精准、个性化的档案服务。

2. 档案管理自动化的实现

大数据技术的应用可以实现档案管理的自动化。通过建立数据模型、制定数据分类规则、自动化识别等方式，将传统的档案管理流程自动化。例如，通过OCR技术实现档案自动编目、自动分类；通过自然语言处理技术实现档案自动摘要、自动关键词提取等。这些技术的应用，使得档案管理流程更加高效、精准。

3. 档案管理智能化的实现

大数据技术的应用还可以实现档案管理的智能化。数据挖掘、机器学习等技术，可以对档案数据进行深入分析，挖掘出更多的有用信息。例如，利用聚类分析、关联规则挖掘等技术对档案信息进行分类、聚类，以发现档案信息之间的潜在关联；利用自然语言处理、情感分析等技术对档案文本信息进行分析，以理解档案信息的语义和情感。这些技术的应用，可以帮助用户更加全面地理解档案信息，从而提供更加个性化的档案服务。

随着科技的发展和数字化进程的推进，大数据技术在档案管理领域的应用将会越来越广泛。大数据技术可以实现档案管理的自动化和智能化，提高档案管理效率，优化档案服务体验。但是，也需要注意到大数据技术的应用给档案管理带来的挑战，如数据安全、隐私保护等问题。因此，在推进大数据技术在档案管理领域的应用时，需要综合考虑各种因素，制定科学合理的技术方案和管理策略。

（七）档案信息检索与利用

大数据技术和人工智能技术极大地提升了档案信息检索与利用的效率及智能化程度。传统的档案检索方式通常是基于关键词的简单搜索，而借助机器学习和自然语言处理技术，可以实现更加智能化的检索方式，如语义检索、图像检索等，从而更好地满足用户对档案信息的检索需求。同时，通过对用户检索行为的分析，还可以进一步优化检索算法，提高检索准确率和用户体验。档案管理面临着前所未有的机遇与挑战，传统的档案管理方式已经无法满足现代社会的需求，需要引入大数据技术来提高档案信息检索与利用的效率。下面将探讨大数据技术与档案管理的结合，重点分析档案信息检索与利用的优化方法。

1. 大数据技术在档案管理中的应用

（1）数据存储。大数据技术为档案管理提供了高效、稳定的数据存储解决方案。分布式存储技术可以实现海量档案数据的可靠存储，并保证数据的安全性和完整性。

（2）数据检索。大数据技术可以实现快速、准确的数据检索。对档案数据进行分类、标签化处理，可以方便地实现档案信息的模糊查询、全文搜索等功能，大大提高了检索效率。

（3）数据利用。大数据技术可以对档案数据进行深度挖掘，提取有价值的信息。通过对档案数据的关联分析、趋势预测等操作，为决策提供有力支持。

2. 档案信息检索与利用的优化

（1）检索方式优化。通过引入智能检索技术，实现档案信息检索的智能化。例如，利用自然语言处理技术理解用户查询意图，利用机器学习技术对检索结果进行排序优化，提高检索准确率。

（2）利用方式优化。通过构建多元化的档案服务体系，满足不同用户的需求。例如，提供个性化的档案推荐服务，根据用户兴趣和需求提供定制化的档案信息；开展档案知识挖掘服务，深入挖掘档案中的有价值信息，为社会各界提供决策支持。

（3）服务模式优化。借助现代信息技术，实现档案服务的网络化、移动化。用户可以随时随地访问档案信息，获取相关服务。同时，通过构建互动平台，加强与用户的沟通交流，及时了解用户需求，提高服务质量。

大数据技术与档案管理的结合是时代发展的必然趋势。引入大数据技术，可以实现档案信息检索与利用的优化，提高档案管理效率和服务质量。未来，随着技术的不断进步，相信档案管理将迎来更加美好的明天。大数据技术与档案管理的结合是未来档案管理发展的必然趋势。运用大数据技术，档案管理将变得更加高效、智能和安全。但也需要注意数据安全和隐私保护等问题，确保大数据技术在档案管理中的应用是合法、合规的。

二、数据预处理在档案利用与价值挖掘中的应用

数据预处理作为大数据处理的预备阶段，其重要性不言而喻。针对档案数据的特点，以下将重点探讨几种关键的数据预处理技术及其在档案利用与价值挖掘中的应用。第一，数据清洗，针对档案数据中存在的缺失、异常和冗余等问题，进行清洗和修正，保证数据质量。通过数据清洗，提高数据分析的准确性和可靠性。第二，数据集成，将分散在各个角落的档案数据进行整合，形成一个完整、统一的数据集。通过数据集成，实现多源数据的综合分析和利用，进一步挖掘档案信息的深层次价值。第三，数据去重与整合，去除重复和冗余的档案数据，优化数据存储空间。同时，将各类档案数据进行整合，便于后续的数据分析和知识发现。第四，数据转换与格式化，将档案数据从原始格式转换为统一的标准格式，便于后续的大数据分析。通过数据转换与格式化，大大提高数据处理的效率和准确性。第五，数据标签化，为档案数据添加语义标签，使其具有更好的可读性和可理解性。通过数据标签化，加速档案信息的检索速度和准确度，提升用户的使用体验。

在当今的数字化时代，数据预处理在档案利用与价值挖掘中发挥着越来越重要的作用。档案作为组织或个人的重要历史记录，蕴含着丰富的信息和价值。但由于档案数据的复杂性、多样性和不完整性，直接利用原始数据进行挖掘和分析往往是不现实的。因此，数据预处理成为挖掘档案价值的关键步骤。数据预处理的目的是提高数据质量，使其更适用于分析和挖掘。这包括对数据的清洗、集

成、转换和规约等步骤。数据清洗可以去除不相关、不准确或重复的数据；数据集成将不同来源的数据整合到一个统一的数据集中；数据转换是对数据进行规范化、归一化等操作，使其更适合于机器学习或统计分析；数据规约是简化数据集，降低其维度，以便更高效地处理和分析。

在档案利用与价值挖掘中，数据预处理的具体应用包括以下几个方面。

一是文本挖掘。对于大量文本档案，预处理步骤（如分词、去除停用词、词干提取等）是必不可少的。这些处理可以使文本数据更易于分析，提高文本挖掘的准确性。

二是图像识别。对于图像档案，预处理技术（如灰度化、二值化、边缘检测等）可以帮助提取关键特征，为后续的图像识别和分类提供基础。

三是时间序列分析。对于时序相关的档案数据，采用时序平滑、季节性调整等预处理技术可以帮助揭示数据中的长期趋势和周期性变化。

四是数据融合与关联分析。将来自不同档案的数据进行融合，通过关联规则挖掘等技术找出数据之间的潜在联系，进一步揭示档案之间的关联性和规律性。

五是隐私保护。在处理包含个人信息的档案时，数据预处理还可以应用于隐私保护。例如，通过匿名化、加密等技术保护用户隐私，同时确保数据挖掘和分析的合法性与合规性。

数据预处理是档案利用与价值挖掘中的重要环节，它能够提高数据的准确性、一致性和可用性，进而提升档案的价值和利用率。合适的预处理方法和技术，可以更好地揭示档案中的信息和知识，为组织或个人的决策提供有力支持。在未来，随着技术的不断进步，数据预处理在档案领域的应用将更加广泛和深入，为档案管理和利用开拓新的可能性。

三、实践案例与分析

随着大数据时代的来临，数据已经成为决策的关键因素。在档案行业中，利用大数据技术对档案信息进行深度分析和价值挖掘已经成为必然趋势。在这个过程中，数据预处理尤为重要，它能够有效地提升数据的品质，提高数据分析的准确度。

（一）数据预处理的实践案例

某大型企业拥有大量的档案数据，为了更好地利用这些数据，企业决定进行档案信息的数据分析和价值挖掘。在项目开始之初，首要任务就是进行数据预处理，具体如下。

一是数据清洗。在数据清洗阶段，主要任务是处理缺失值、异常值和重复值。对于缺失值，采用插值、均值或中位数填充；对于异常值，采用统计方法进行识别和过滤；对于重复值，进行合并或删除。

二是数据集成。将多个来源的数据进行集成，形成一个完整的数据集。在集成过程中，要处理数据的不一致性和数据冗余问题。通过标准化、转换等技术，统一数据格式，整合分散的数据。

三是数据转换。将原始数据进行适当的转换，以便后续的数据分析和价值挖掘。例如，将日期格式统一，或将分类变量转换为数值变量等。

四是数据归约。在保证数据质量和信息完整性的前提下，降低数据的维度和复杂度，以提高分析效率。常用的归约技术包括主成分分析和特征选择等。

（二）数据预处理在档案利用与价值挖掘中的价值

经过数据预处理后，该企业成功地进行了档案信息的价值挖掘和利用。具体来说，数据预处理的价值体现在以下几个方面。

一是提高数据分析的准确性。通过数据清洗和转换，消除了原始数据中的噪声和异常值，使得数据分析的结果更加准确可靠。

二是提升数据质量。通过数据集成和归约，整合了分散的数据，降低了数据的维度和复杂度，提高了数据的质量和可读性。

三是加速数据处理速度。经过数据预处理后，数据的规模和复杂度降低，提高了数据处理的速度和效率。

四是发掘数据的潜在价值。通过对档案信息的深度分析和挖掘，发现了一些隐藏的价值点和商业机会。

数据预处理在档案利用与价值挖掘中具有重要的作用。数据预处理可以有效地提高数据的品质和分析的准确度，发掘出档案信息的潜在价值。未来，随着大数据技术的不断发展，数据预处理将在档案行业中发挥更大的作用。同时，也需要进一步研究和发展更加先进与高效的数据预处理方法及技术，以满足不断增长的数据处理和分析需求。

在实践中采用了 Hadoop、Spark 等大数据处理框架，对海量的档案数据进行预处理。经过数据清洗、去重、转换等预处理环节后，数据分析的精度和速度得

到了提高。同时，结合机器学习和人工智能技术对预处理后的数据进行深度挖掘，揭示了隐藏在档案中的有价值信息。这些信息不仅对组织内部决策产生了重要影响，还为外部用户提供了更加智能、便捷的档案查询和利用服务。数据预处理技术对于提升档案利用效率和价值挖掘具有不可替代的作用。在大数据时代背景下，档案管理应充分利用数据预处理技术，优化数据处理流程，提高档案数据的价值和影响力。同时，不断关注新技术发展，积极引入新的数据处理和分析方法，推动档案事业的持续发展。未来，期待看到更多的研究和实践成果在这一领域涌现，共同推进档案管理事业的进步。

第二节　数据挖掘技术

随着信息化和数字化技术的发展，档案的数据量正在快速增长。这些海量的档案数据不仅包含了大量的信息，而且具有巨大的潜在价值。为了更好地利用这些档案需要采用先进的大数据技术，特别是数据挖掘技术，来深入挖掘档案的价值。数据挖掘技术是一种从大量数据中提取有用信息和知识的过程。在档案利用和价值挖掘中，数据挖掘技术可以帮助发现档案之间的关联、规律和趋势，从而为决策提供科学依据。

一、大数据与档案

大数据技术能够处理海量、多样、快速的数据，为档案工作提供了新的可能性。传统的档案利用方式主要是基于人工查询和简单统计分析，效率低下且难以发现数据中的深层关系；而大数据技术能够实现对档案数据的实时分析、关联挖掘和预测，使档案的利用更加高效，同时发现隐藏在档案中的价值。随着科技的快速发展，大数据已经成为现代社会的重要特征。它正在改变处理、分析和应用信息的方式。档案作为信息的重要载体，正面临着挑战和机遇。下面将探讨大数据对档案管理的影响以及如何利用大数据技术提高档案管理。

（一）大数据对档案的影响

一是数据量的爆炸式增长。传统的档案管理方式已无法应对大规模的数据存储需求，大数据技术为档案的存储提供了新的解决方案。

二是数据类型的多样化。传统的档案多为结构化数据，如文本、数字等；而大数据时代，非结构化数据如图片、音频、视频等成为主流，这要求档案管理方式进行相应的调整。

三是数据价值的深度挖掘。大数据技术的核心在于从海量数据中挖掘有价值的信息。这为档案的深度利用提供了可能，使档案的价值得到了更大的发挥。

（二）大数据在档案管理中的应用

一是数据存储。采用分布式存储技术，如 Hadoop，可以有效地解决大规模数据的存储问题。

二是数据检索。利用自然语言处理和机器学习技术，实现快速、准确的档案检索。

三是数据分析。通过数据挖掘和数据分析，深入挖掘档案中的有价值信息，为企业决策提供支持。

大数据为档案管理带来了前所未有的机遇和挑战。企业应积极拥抱大数据技术，提高档案管理水平，以便更好地服务于企业的发展需求。未来，期待看到更多创新的大数据技术在档案管理中的应用，为企业创造更大的价值。

二、利用数据挖掘技术可以对档案进行分类和聚类

通过分析档案的特征和属性，将相似的档案归为一类，方便管理和检索。同时，可以发现不同类别的档案之间的差异和特点，为档案的分类和组织提供指导。随着大数据时代的到来，档案信息的管理和利用面临着前所未有的挑战。传统的档案管理方法已经无法满足现代社会对信息高效、精准处理的需求。因此，利用数据挖掘技术对档案进行分类和聚类成了一个值得研究的方向。下面将探讨如何利用数据挖掘技术对档案进行分类和聚类，以提高档案管理的效率和档案信息的利用率。

（一）数据挖掘技术简介

数据挖掘是从大量的、不完全的、有噪声的、模糊的、随机的数据中提取隐含在其中的、人们未知的但具有潜在价值的信息和知识的过程。常见的数据挖掘技术包括分类、聚类、关联规则挖掘、序列模式挖掘等。其中，分类和聚类是数据挖掘中最重要的两种技术。分类是指通过分析已知类别的数据，建立分类模型，然后使用该模型对未知类别的数据进行预测。常见的分类算法有决策树、朴素贝叶斯、支持向量机等。聚类则是将数据按照某种相似性度量方式划分为若干个组，使同一组内的数据尽可能相似，不同组的数据尽可能不同。常见的聚类算法有 K-means、层次聚类、DBSCAN 等。

1. 数据预处理

数据预处理是数据挖掘过程中的重要步骤，主要包括数据清洗、数据集成、

数据转换和数据规约等。数据清洗旨在消除噪声和异常值，确保数据质量；数据集成是将多个数据源的数据进行整合；数据转换是对数据进行必要的变换，使其更适合挖掘；数据规约是简化数据集，减少计算量。

2. 数据探索

数据探索是对数据进行初步分析，以了解数据的分布、特征和关系。这一阶段主要通过统计方法，如描述性统计、可视化等，来识别数据的趋势、模式和异常值。

3. 特征工程

特征工程是数据挖掘的关键步骤，涉及特征提取、选择和转换等。特征提取是从原始数据中提取出有意义的特征；特征选择是在众多特征中选取对目标变量最具预测性的特征；特征转换是对特征进行变换或编码，以提高模型的性能。

4. 机器学习算法

机器学习算法是数据挖掘的核心，用于从数据中学习并预测未来结果。常见的机器学习算法包括分类、回归、聚类和关联规则等。根据具体问题选择合适的算法至关重要。

5. 模型评估与优化

模型评估是验证模型的准确性和可靠性，常用方法有交叉验证和网格搜索等。通过评估结果，对模型进行调整和优化，以提高预测性能。

6. 可解释性机器学习

可解释性机器学习旨在使机器学习模型的结果易于理解。由于许多复杂模型的黑箱性质，可解释性在某些领域（如医疗和金融等）尤为重要。目前的研究方向包括解释性算法、可解释模型和后处理技术等。

7. 数据可视化

数据可视化将数据以图形或图表的形式呈现，有助于直观地理解和分析数据。数据可视化可以更快速地识别模式、趋势和异常值，从而更好地指导决策。常用的可视化工具包括散点图、柱状图、热力图和树状图等。

（二）数据挖掘技术在档案管理中的应用

1. 档案分类

在档案管理中，分类的主要目的是根据档案的内容、属性等特点，将档案划分为不同的类别。分类可以帮助更好地组织和管理档案，提高档案的检索效率和使用价值。具体而言，可以通过以下步骤实现档案分类。

（1）收集和整理档案数据，包括档案的内容、属性等信息。

（2）选择合适的分类算法，如决策树、朴素贝叶斯等。

（3）利用分类算法对已知类别的档案数据进行训练，建立分类模型。

（4）使用分类模型对未知类别的档案数据进行预测，将它们划分到相应的类别中。

2. 档案聚类

聚类在档案管理中的应用主要是将相似的档案自动划分为一组，以便更好地组织和管理。通过聚类，用户可以发现档案中隐藏的关联和模式，从而更好地了解档案的内容和特点。

实现档案聚类的步骤如下。

（1）收集和整理档案数据，提取出需要用于聚类的特征。

（2）选择合适的聚类算法，如 K-means、层次聚类等。

（3）利用聚类算法对档案数据进行聚类分析。

（4）根据聚类结果对档案进行组织和展示，方便用户检索和使用。

随着信息化程度的不断提高，数据挖掘技术在档案管理中的应用前景越来越广阔。利用数据挖掘技术对档案进行分类和聚类，可以更好地组织和管理档案，提高档案的检索效率和使用价值。未来，可以进一步探索如何将数据挖掘技术与人工智能等技术相结合，实现更加智能化、自动化的档案管理，以适应大数据时代的发展需求。

三、数据挖掘技术可以用于发现档案之间的关联规则

通过分析档案之间的关联关系，用户可以发现档案之间的隐藏联系和规律，从而更好地理解档案的内容和价值。这些关联规则可以为档案的编研、展览和出版提供支持。随着信息时代的来临，面临的数据量越来越大，数据种类也日益丰富。在这个背景下，数据挖掘技术作为一种强大的信息处理工具，其应用领域也越来越广泛。特别是在档案领域，数据挖掘技术的应用能够帮助深入挖掘档案之间的关联规则，从而提高档案管理的效率和效果。

（一）数据挖掘技术简介

数据挖掘技术是指通过特定的算法和工具对大量的数据进行处理与分析，以发现其中隐藏的、有价值的模式和关联。常用的数据挖掘算法包括聚类分析、

关联规则挖掘、决策树等。这些算法能够帮助管理者从大量数据中发现规律和趋势，进而进行预测和决策。

（二）档案关联规则的挖掘

在档案管理中，常常需要对档案进行分类、索引和关联分析，以便更好地管理和利用档案资源。数据挖掘技术中的关联规则挖掘算法可以应用于档案领域，以发现档案之间的关联规则。通过关联规则挖掘，用户可以发现档案之间的相关性和依赖关系，进而构建档案之间的知识网络。

（三）应用场景

一是档案分类。通过关联规则挖掘，发现不同档案类别之间的关联，从而对档案进行自动分类。这有助于提高档案分类的准确性和效率。

二是档案索引。通过对档案内容的关联规则挖掘，建立更加完善的档案索引体系，从而提高档案检索的速度和准确率。

三是知识发现。通过对档案的关联规则挖掘，发现隐藏在档案中的知识，从而为决策提供支持。

数据挖掘技术可以帮助发现档案之间的关联规则，从而提高档案管理的效率和效果。关联规则挖掘可以更好地了解档案的内容和结构，进而构建更加完善的档案管理系统。未来，随着数据挖掘技术的不断发展，其在档案管理中的应用也将越来越广泛。

四、数据挖掘技术可以用于预测和趋势分析

分析档案的历史数据和趋势，可以预测未来的需求和趋势，从而更好地制定档案管理和服务策略。例如，预测未来一段时间内用户对特定类型档案的访问频率和需求量，从而更好地调配资源和优化服务。随着大数据时代的来临，数据挖掘技术在许多领域都得到了广泛应用。在档案管理中，关联规则挖掘是一种常用的数据挖掘方法，能够帮助管理者发现档案之间的潜在联系，为档案管理和利用提供有力支持。

（一）关联规则挖掘概述

关联规则挖掘是一种寻找数据集中项集之间有趣关系的方法。档案关联规则挖掘关注的是档案属性之间的关联，通过这些关联来发现档案之间的潜在联系。常见的关联规则挖掘算法有 Apriori 和 FP-Growth 等。

（二）关联规则挖掘在档案管理中的应用

一是档案分类。通过关联规则挖掘，将档案按照属性进行分类，如将档案按照形成时间、内容主题等属性进行分类，便于管理和利用。

二是档案推荐。关联规则挖掘可以帮助利用者发现档案之间的潜在联系，从而为利用者提供个性化的档案推荐服务。例如，根据利用者的查询条件，推荐与其相关的档案，提高档案的利用率。

三是档案鉴定。关联规则挖掘可以对档案的真实性和完整性进行鉴定。例如，通过比对不同时期、不同来源的档案信息，发现档案是否被篡改或伪造。

四是档案编研。关联规则挖掘可以帮助编研人员发现档案之间的内在联系，为编研工作提供有益的参考。例如，发现某一时期、某一事件相关的档案集合，为深入研究提供支持。

（三）数据挖掘技术下的档案关联规则挖掘流程

一是数据准备。收集档案数据，并进行预处理，包括数据清洗、转换等操作，以保证数据的质量和一致性。

二是确定关联规则挖掘任务。根据实际需求，确定关联规则挖掘的任务和目标，如分类、聚类、推荐等。

三是选择合适的算法。根据任务和数据特点，选择合适的关联规则挖掘算法，如 Apriori、FP-Growth 等。

四是实施关联规则挖掘。使用选定的算法对档案数据进行处理，发现项目之间的关联规则。

五是评估和解释结果。对挖掘得到的关联规则进行评估和解释，选择有意义的规则用于实际应用。

六是部署和应用。将关联规则应用于档案管理系统中，实现档案分类、推荐等功能，提高档案管理效率。

数据挖掘技术下档案关联规则的挖掘是档案管理领域的一种重要方法。关联规则挖掘可以发现档案之间的潜在联系，为档案管理提供有力支持。未来，随着技术的发展和数据的不断积累，相关部门可以进一步优化关联规则挖掘算法，提高挖掘效率和准确性，为档案管理带来更多的价值。同时，也需要关注数据隐私和安全问题，确保在利用数据的同时保护个人隐私和档案安全。随着大数据时代的来临，数据已经成为各行业发展的重要驱动力。档案作为组织或个人的重要记录，其利用和价值挖掘也受到了大数据技术的影响。

五、数据挖掘技术在档案利用与价值挖掘中的应用

（一）关联规则挖掘

关联规则挖掘可以帮助发现档案数据中的关联性和依赖关系。例如，通过关联规则挖掘，发现某一类人群的档案数据中，哪些信息是频繁同时出现的，从而了解该人群的特点和行为模式。数据挖掘技术已经成为档案管理和利用的重要工具，关联规则挖掘作为数据挖掘技术的一种，能够帮助用户从海量的档案数据中发现有价值的信息，提高档案的利用效率和价值。

1. 关联规则挖掘概述

关联规则挖掘是一种用于发现数据集中项集之间有趣关系的数据挖掘技术。通过设定最小支持度和置信度阈值，关联规则挖掘能够从大量数据中找出具有统计学意义的项集关系，从而帮助发现隐藏在数据中的知识。

2. 关联规则挖掘在档案利用与价值挖掘中的应用

（1）档案分类与归类

关联规则挖掘可以对档案进行分类和聚类。通过对档案内容、时间、来源等特征进行分析，找出具有相似性的档案进行聚类，或者根据不同特征将档案进行分类，提高档案的检索效率和利用价值。

（2）档案信息提取

关联规则挖掘可以帮助用户从档案中提取有价值的信息。通过对档案内容的分析，发现档案中各信息项之间的关联关系，从而提取出有价值的档案信息，为决策提供支持。

（3）档案价值评估

关联规则挖掘可以发现档案之间的关联关系，从而评估档案的价值。例如，如果一份档案与其他多份档案存在较强的关联关系，则该档案可能具有较高的价值。对档案价值的评估，可以为档案的保存、利用提供依据。

（4）案例分析

假设有一份大型企业的档案数据，要求通过关联规则挖掘来分析这些档案数据。首先，通过预处理将数据清洗和转换，然后使用关联规则挖掘算法（如Apriori算法）来找出项集之间的关系。通过设定合理的最小支持度和置信度阈

值，过滤掉无用的关联规则，保留有价值的规则。这些规则可以帮助理解哪些档案之间存在关系，从而为进一步的数据分析和决策提供支持。例如，可能会发现某一类客户经常同时查阅多份特定的档案，这为企业提供了优化服务、改进产品或制定市场策略的重要信息。

关联规则挖掘作为一种强大的数据挖掘技术，在档案利用和价值挖掘中具有广泛的应用前景。它能够帮助用户更好地理解档案内容、发现档案之间的关联关系，从而提高档案的利用效率和价值。在未来，随着数据挖掘技术的发展和普及，相信关联规则挖掘在档案管理领域的应用将更加深入和广泛。

（二）聚类分析

聚类分析可以将档案数据进行分类，使得同一类别的数据更加集中。聚类分析可以对档案进行分类管理，提高查询效率。同时，还可以通过比较不同类别的数据，发现档案中的不同特征和模式。大数据时代档案数据呈爆炸式增长，传统的档案管理方式已无法满足当前的需求。数据挖掘技术作为现代信息技术的重要分支，其在档案利用与价值挖掘中的应用日益受到关注。其中，聚类分析作为数据挖掘的一种重要方法，为档案管理和利用提供了新的思路与工具。聚类分析是一种无监督学习算法，通过对数据的相似性进行分析，将数据集划分为若干个不同的群组或簇。在档案利用与价值挖掘中，聚类分析的应用主要体现在以下几个方面。

1. 档案分类与整理

传统的档案分类方法主要依靠人工操作，效率低下且容易出错。聚类分析可以根据档案的内容、属性、时间等多个维度对档案进行自动分类，提高档案整理的效率和准确性。同时，聚类分析还可以帮助发现档案中的异常数据，进一步优化档案分类体系。

2. 档案价值评估

对档案进行聚类分析，可以发现不同类别档案之间的内在联系和规律，从而对档案的价值进行评估。例如，根据档案的内容、重要性、利用率等多个因素进行聚类，将重要且利用率高的档案归为高价值档案，为其提供更好的保存和利用条件。

3. 档案知识发现

聚类分析可以帮助发现档案中的知识、模式和关联。对相关档案的聚类，可以挖掘出隐藏在档案中的信息，从而为决策提供支持。例如，根据档案的主题、事件、人物等多个维度进行聚类，发现不同事件之间的关联和趋势，为决策者提供有力支持。

4.档案个性化服务

聚类分析可以了解用户的需求和兴趣，为其提供个性化的档案服务。例如，根据用户的查询条件、浏览历史等多个因素进行聚类分析，为其推荐相关度更高的档案资源。同时，通过聚类分析还可以发现用户的潜在需求，进一步优化个性化服务。

聚类分析在档案利用与价值挖掘中具有广泛的应用前景，其可以实现档案的自动化分类、价值评估、知识发现和个性化服务，进一步提高档案管理与利用的效率和水平。未来，随着数据挖掘技术的不断发展，聚类分析在档案领域的应用将更加深入和广泛。

（三）异常检测

异常检测可以发现档案数据中的异常值或离群点。这些异常值可能代表某些特殊情况或重要事件，通过深入分析可以挖掘出隐藏的价值。随着信息化和数字化的发展，档案数据量呈现爆炸性增长，传统的档案管理方式已经无法满足当前的需求。为了更好地管理和利用档案，数据挖掘技术得到了广泛的应用。异常检测作为数据挖掘的重要分支，其在档案利用与价值挖掘中的地位不容忽视。下面将探讨如何运用异常检测技术提升档案的利用效率和价值。

1.数据挖掘技术概述

数据挖掘是从大量的、不完全的、有噪声的、模糊的、随机的数据中，提取隐含在其中的、事先未知的但又有潜在应用价值的模式的过程。在档案领域，数据挖掘技术能够从海量的档案信息中提取出有价值的信息，为决策提供支持。

2.异常检测在档案利用与价值挖掘中的应用

（1）异常检测的定义与分类

异常检测也称离群点检测或偏差检测，其目标是识别出那些与大多数数据明显不同的数据。在档案领域，异常检测有助于发现那些与常规行为或模式不符的档案信息，这些信息可能具有特殊的价值或意义。异常检测，在档案利用与价值挖掘的背景下，主要指识别那些与常规模式或预期不符的数据或行为。这种技术主要用于检测档案利用中的异常模式，如异常访问、异常使用频率、异常内容等。

根据不同的分类标准，异常检测可以有多种分类。

1）基于时间序列的异常检测。这种分类主要是根据时间序列数据，如档案的访问频率、时间等，来检测突然的、不寻常的变化。

2）基于统计的异常检测。主要是通过统计学的方法，如概率分布、均值、方差等，来检测那些不符合常规统计规律的数据。

3）基于规则的异常检测。主要是通过预设的规则或模式，来检测不符合这些规则或模式的数据。例如，如果档案的使用通常在工作时间，那么非工作时间的使用可以被视为异常。

4）基于机器学习的异常检测。通过训练机器学习模型，使其能够识别出与常规行为或数据不一致的模式。这种方法需要大量的标注数据，但其灵活性高，可以应对复杂的异常模式。

5）混合方法异常检测。这种方法结合了上述几种方法，以提高异常检测的准确性和效果。例如，先使用时间序列或统计方法进行初步检测，然后使用机器学习方法进行精细化处理。

每种方法都有其优点和局限性，在实际应用中需要根据具体需求和数据环境选择合适的方法。

（2）异常检测在档案利用中的应用

1）档案缺失与损坏检测。通过对比档案之间的关联信息，发现缺失或损坏的档案，为修复和补充提供依据。

2）非法访问行为检测。检测档案系统中不正常的访问模式，预防潜在的信息泄露风险。

3）珍贵档案的发现。通过分析档案内容和时间戳等信息，发现具有历史价值或特殊意义的珍贵档案。

（3）异常检测在档案价值挖掘中的应用

1）档案分类与聚类。通过聚类算法，将相似的档案归为一类，便于管理和检索。

2）关联规则挖掘。发现档案之间的关联关系，为决策提供支持。

3）时间序列分析。对档案使用频率和时间进行时间序列分析，预测未来的使用趋势。

3.技术实现与挑战

（1）数据预处理。包括数据清洗、转换和规约等步骤，是异常检测的前提。

（2）算法选择。根据实际需求选择合适的异常检测算法，如统计分析、距离度量、密度度量等。

（3）参数调整。针对特定数据集调整算法参数，以达到最佳的检测效果。

（4）结果评估与解释。对异常检测结果进行评估，确保其合理性和实用性。

（5）面临的挑战。包括数据质量和标注问题、算法的可扩展性和效率问题等。

异常检测作为数据挖掘的重要分支，在档案利用与价值挖掘中具有广阔的应用前景。运用异常检测技术，可以更有效地管理和利用档案资源，发现隐藏的价值。但实际应用中仍面临诸多挑战，需要进一步研究和探索。

（四）趋势预测

大数据技术可以对档案数据进行时间序列分析，预测未来的趋势和变化。这种预测可以为决策提供重要依据，提高档案的利用价值。随着信息时代的飞速发展，数据挖掘技术在档案管理和利用中发挥着越来越重要的作用。这种技术的应用不仅提升了档案管理的效率，更在深层次上挖掘了档案的价值，使得档案不再只是历史的记录，更是未来的预言。

首先，数据挖掘技术在档案分类中的应用已经成为新的趋势。传统的档案分类方法往往依赖档案管理员的经验和知识，但在大数据时代，这种方法的效率已经无法满足需求。数据挖掘技术的决策树算法可以根据档案的各种属性和特征，快速地进行分类和归纳。这不仅可以大大提高档案分类的效率，更能提高分类的准确性，使得档案检索更加便捷。

其次，数据挖掘技术在档案利用中发挥了重要作用。数据挖掘技术可以从海量的档案数据中发现隐藏的模式和关联，从而更好地理解档案的内容和价值。例如，关联规则挖掘可以发现档案之间的关联和规律，从而预测未来的趋势。这样，档案管理员不仅可以提供更精确的档案信息服务，还可以为企业和机构的决策提供有力支持。

再次，数据挖掘技术还在档案价值的深度挖掘中发挥着不可替代的作用。在传统观念中，档案只是过去的记录，数据挖掘技术可以从档案中预测未来。比如，利用时间序列分析可以发现档案数据中的周期性规律，预测未来的发展趋势。此外，利用聚类分析可以将相似的档案聚类在一起，从而发现新的主题和趋势。

最后，数据挖掘技术还可以帮助更好地理解档案用户的习惯和需求。分析用户的查询记录和访问行为，可以了解用户的需求和兴趣，从而为用户提供更加个性化的服务。同时，这也可以帮助优化档案的整理和组织方式，提高档案的利用率和价值。

数据挖掘技术在档案管理和利用中的应用已经成为一种趋势。它不仅提高了档案管理的效率，更在深层次上挖掘了档案的价值，使得档案成为预测未来的重要工具。未来，随着数据挖掘技术的进一步发展，相信其在档案管理和利用中的价值将会得到更充分的体现。

六、实施策略与建议

（一）数据预处理

在进行数据挖掘之前，需要对档案数据进行清洗、去重、格式转换等预处理工作，以保证数据的质量和准确性。随着信息技术的快速发展，数据挖掘技术在档案管理和利用领域的应用越来越广泛。为了更好地实现档案的价值挖掘和利用，数据预处理成了一个至关重要的环节。下面重点探讨数据预处理在档案利用与价值挖掘中的实施策略和建议。

1. 数据预处理的必要性

在档案利用与价值挖掘过程中，原始数据往往存在不完整、不一致、冗余等问题，这给后续的数据分析和挖掘带来了极大的困难。因此，进行数据预处理是十分必要的。数据预处理可以提高数据的准确性、一致性和完整性，为后续的数据分析和挖掘打下坚实的基础。

2. 数据预处理的实施策略

（1）数据清洗

数据清洗是数据预处理的重要环节，其主要目的是清除错误、异常和不一致的数据。在进行数据清洗时，可以采用自动化工具或编写脚本来识别和清除重复、格式错误等问题。对于缺失值，可以采用插值、删除或平均值填充等方法进行处理。

（2）数据集成

数据集成是指将多个数据源中的数据进行合并处理。在进行数据集成时，需要注意不同数据源之间的数据结构和语义的一致性，消除冗余和重复的数据，以确保数据的一致性和完整性。

（3）数据转换

数据转换是将原始数据转换成适合数据分析和挖掘的格式或模型的过程。在进行数据转换时，可以采用聚类、分类、特征提取等方法对数据进行处理，以便更好地进行后续的数据分析和挖掘。

3. 数据预处理的建议

（1）重视人才培养

进行数据预处理需要具备相关技能和知识的人才。因此，相关部门应该重视人才培养，加强相关人员的技能培训和知识储备，以便更好地进行数据预处理工作。

（2）制定规范和标准

在进行数据预处理时，相关部门应该制定规范和标准，确保数据的统一性和规范性。这有助于提高数据的准确性和一致性，为后续的数据分析和挖掘提供更好的支持。

（3）持续改进和优化

数据预处理是一个持续改进和优化的过程。相关部门应该根据实际需求和业务变化，不断调整和优化数据预处理的流程与方法，以提高数据处理的质量和效率。同时，关注新技术和新方法的发展，积极探索和应用新的数据处理技术与工具，以更好地满足档案利用和价值挖掘的需求。

数据预处理是实现档案利用与价值挖掘的重要环节。科学合理地进行数据预处理，可以提高数据的准确性和一致性，为后续的数据分析和挖掘提供更好的支持，进一步挖掘档案的价值，更好地服务于实际应用。

（二）选择合适的数据挖掘算法

针对不同的档案数据和挖掘目标，选择合适的数据挖掘算法，以达到最佳的挖掘效果。当面临档案利用与价值挖掘的问题时，选择合适的数据挖掘算法是非常关键的。在众多的数据挖掘算法中，以下几种算法可能适合解决这一问题。

关联规则挖掘算法。关联规则挖掘是一种常见的数据挖掘技术，用于发现数据集中的有趣关系。它可以应用于档案数据中，以识别不同档案文件之间的关联，从而更好地了解档案之间的联系和潜在价值。

聚类算法。聚类算法能够将相似的档案文件聚集在一起，以便更好地组织和分类。通过聚类分析，用户可以发现档案数据中的模式和趋势，从而更深入地了解档案的价值。

决策树算法。决策树是一种易于理解和解释的分类算法。它可以用于预测档案文件的利用价值和潜在收益。通过构建决策树模型，用户可以分析影响档案价值的关键因素，从而更好地了解档案的利用前景。

深度学习算法。深度学习是一种强大的机器学习技术，能够自动学习和提取数据的特征。它可以应用于档案数据的处理和分析中，以发现更深层次的关系和模式。通过深度学习，用户可以更准确地预测档案的利用价值和潜在价值。

以上几种算法是常见的适用于档案利用与价值挖掘的数据挖掘算法，具体选择哪种算法应该根据实际情况和数据特点来决定。在实施数据挖掘之前，还需要进行数据预处理和特征工程等准备工作，以确保算法的有效性和准确性。

（三）建立专业的数据挖掘团队

数据挖掘技术的应用需要专业的知识和技能，因此需要建立一支专业的数据挖掘团队，负责数据的处理、分析和结果解读。随着信息化时代的到来，数据已经成为企业、组织乃至国家的重要资产。对于档案领域而言，如何有效地利用档案数据，挖掘其潜在价值，已经成为一个亟待解决的问题；而解决这一问题的关键，就是建立一个专业的数据挖掘团队。

1.需要专业的数据挖掘团队

（1）技术要求。数据挖掘是一个技术密集型的领域，涉及统计学、机器学习、数据库管理等多个学科。因此，团队成员需要具备深厚的技术背景和专业知识。

（2）行业知识。档案数据具有其特殊性，团队成员需要具备一定的档案学、历史学等相关知识，以更好地理解档案数据，挖掘其背后的价值。

（3）效率与效果。专业的数据挖掘团队可以更快地处理和分析大量的档案数据，提高工作效率，同时保证结果的准确性。

2.建立专业的数据挖掘团队

（1）人才招募。从高校、研究机构等招募具有数据挖掘、统计学、机器学习等相关背景的优秀人才。同时，考虑吸收具有档案学、历史学等背景的专业人士。

（2）培训与提升。定期为团队成员提供培训，包括新技术、新方法、新理念等，确保团队始终保持行业领先地位。

（3）明确分工与合作。根据团队成员的特长和兴趣，进行明确的分工。同时，加强团队合作，促进信息共享和经验交流。

（4）建立激励机制。设立合理的绩效考核和奖励机制，激发团队成员的积极性和创造力。

（5）跨部门合作。加强与其他部门（如档案保管、数字化等）的合作，形成协同效应，提高整体工作效率。

3. 专业数据挖掘团队的作用

（1）提高档案利用率。通过对档案数据的深入挖掘，发现更多有价值的信息，从而提高档案的利用率。

（2）辅助决策。通过对数据的分析，为决策者提供有力的数据支持，提高决策的科学性和准确性。

（3）创新服务模式。基于数据挖掘的档案服务可以更加智能化、个性化，满足用户的不同需求。

（4）促进学术研究。专业的数据挖掘团队可以为学者和研究人员提供高质量的数据支持，推动档案学及相关领域的研究。

（5）保护文化遗产。通过对档案数据的挖掘和整理，可以更好地保护和传承历史文化遗产，促进文化的发展和繁荣。

在信息化时代，数据已经成为一种重要的资源。对于档案领域而言，如何有效地利用档案数据，挖掘其潜在价值，已经成为一个亟待解决的问题。解决这一问题的关键，就是建立一个专业的数据挖掘团队。专业的数据挖掘团队不仅可以提高档案的利用率和价值，还可以为决策者提供科学的数据支持，创新档案服务模式，促进学术研究，保护文化遗产。因此，对档案领域而言，建立专业的数据挖掘团队是十分必要的。

（四）注重隐私保护

在利用大数据技术进行档案挖掘时，需要保护用户的隐私和敏感信息，避免泄露和滥用。数据挖掘技术在档案领域的应用逐渐受到重视，在充分利用档案价值的同时，我们必须高度重视隐私保护问题。以下是对数据挖掘技术在档案利用与价值挖掘中的实施策略与建议，以注重隐私保护为核心。

1. 建立完善的隐私保护机制

（1）制定严格的隐私政策。明确规定数据挖掘过程中对个人隐私的保护措施，包括数据的收集、存储、使用和销毁等环节。

（2）设立隐私保护专员。负责监督隐私政策的执行，确保所有涉及隐私的操作都符合法规和政策要求。

2. 合理确定数据挖掘范围

（1）限制数据源。只选取必要且获得合法授权的数据进行挖掘，避免涉及个人隐私的不当收集。

（2）数据脱敏处理。对包含敏感信息的字段进行脱敏处理，如对姓名、身份证号等进行模糊或替换，确保隐私不被泄露。

3. 采用先进的隐私保护技术

（1）差分隐私。通过添加噪声的方式，降低数据精度，从而保护个体隐私。

（2）同态加密。对数据进行加密处理，确保即使在解密后，也无法获取原始数据，确保隐私安全。

4. 加强用户隐私意识教育

（1）通过培训、宣传等方式，提高档案工作者对隐私保护的重视程度。

（2）向用户明确告知档案利用的目的、范围及隐私保护措施，征得用户同意后再进行数据挖掘。

6. 建立健全监督与审计机制

（1）对涉及隐私的操作进行全程记录，以便事后审查。

（2）定期对数据挖掘项目进行审计，确保所有操作都在隐私政策的框架内进行。

数据挖掘技术在档案利用与价值挖掘中具有重要作用，但必须以严格的隐私保护为前提。通过建立完善的隐私保护机制、合理确定数据挖掘范围、采用先进的隐私保护技术、加强用户隐私意识教育以及建立健全监督与审计机制等措施，确保档案利用与价值挖掘工作在保护个人隐私的同时，发挥出更大的社会价值和经济价值。

（五）建立反馈机制

对于挖掘结果的应用和效果，需要进行定期评估和反馈，不断优化和改进数据挖掘的策略和方法。它不仅能够帮助我们更有效地管理和利用档案，还能够挖掘出档案中的潜在价值。下面将探讨如何将数据挖掘技术应用于档案的利用和价值挖掘中，并重点讨论建立反馈机制的重要性。

1. 数据挖掘技术在档案利用中的应用

（1）数据清理。数据挖掘的第一步是数据清理，包括去除重复、无效或错误的数据，确保数据的质量和准确性。

（2）聚类分析。对档案进行聚类分析，可以按照档案的类型、来源、时间等属性进行分类，便于管理和查询。

（3）关联分析。关联分析可以发现档案之间的潜在联系，如同一事件的不同档案，或同一主题的不同档案。

（4）趋势预测。分析档案数据可以预测未来的趋势，如某类档案的利用频率变化等。

2. 数据挖掘技术在档案价值挖掘中的应用

（1）深度挖掘。通过深度学习等技术，深入挖掘档案中的信息，发现隐藏的价值。

（2）语义分析。通过对档案中的文本信息进行语义分析，理解档案的内容和意义，进而评估其价值。

（3）情感分析。情感分析可以了解用户对档案的看法和态度，进而评估档案的社会价值和文化价值。

3. 建立反馈机制的建议

（1）建立用户反馈渠道。通过建立用户反馈渠道，了解用户对档案管理和利用的意见与建议，进而优化数据挖掘技术。

（2）实时监控和调整。通过实时监控数据挖掘的结果，及时调整和优化算法与策略，提高数据挖掘的准确性和效率。

（3）定期评估和报告。定期评估数据挖掘的效果，并向相关人员进行报告和反馈，促进数据的持续优化和管理。

（4）建立反馈激励机制。通过建立反馈激励机制，鼓励用户积极参与反馈活动，提供宝贵的意见和建议，促进数据挖掘技术的持续改进。

（5）建立多维度反馈机制。除了用户反馈外，还应考虑从其他角度获取反馈信息，如专家评估、社会评价等，多维度地了解和评估数据挖掘技术的效果与应用价值。

（6）隐私保护与信息安全。在建立反馈机制时，应充分考虑隐私保护和信息安全问题。对敏感信息进行脱敏处理，确保用户隐私不被泄露。同时加强信息安全管理，防止数据被非法获取和使用。

（7）技术更新与迭代。随着技术的不断发展，数据挖掘技术也在不断更新和迭代。因此，反馈机制也应随之进行调整和完善，以适应新的技术环境和需求变化。

数据挖掘技术在档案利用和价值挖掘中具有重要作用，而建立有效的反馈机制是确保其效果的关键。用户反馈、实时监控、定期评估等多维度反馈机制的建立，不仅可以提高数据挖掘的准确性和效率，还可以促进技术的持续改进和应用价值的提升。同时，我们应重视隐私保护和信息安全问题，确保数据挖掘技术的应用在合法合规的范围内进行。基于大数据技术的档案利用与价值挖掘是当前档案工作的重要发展方向。数据挖掘技术的应用，可以提高档案的利用效率和价值，为各行业的发展提供有力支持。同时，也需要关注隐私保护和数据安全问题，确保大数据技术在档案工作中能够健康发展。应用数据挖掘技术可以更好地理解档案的内容和价值，发现档案之间的关联和规律，预测未来的需求和趋势。这些成果不仅有助于提升档案的管理和服务水平，还可以为社会的发展和进步提供有力的支持。未来，随着大数据技术的不断发展，数据挖掘将在档案领域发挥更加重要的作用。

参考文献

[1] 涂子沛 . 大数据：正在到来的数据革命，以及它如何改变政府、商业与我们的生活 [M]. 桂林：广西师范大学出版社，2012：40–57.

[2] 韦世东 . Python3 反爬虫原理与绕过实战 [M]. 北京：人民邮电出版社，2020：25–29.

[3] 高博，刘冰，李力 . Python 数据分析与可视化 [M]. 北京：北京大学出版社，2020：55–59.

[4] 何敏煌 . Python 程序设计入门到实战 [M]. 北京：清华大学出版社，2017：34–36.

[5] 胡松涛 . Python3 网络爬虫实战 [M]. 北京：清华大学出版社，2020：14–16.

[6] 魏建良 . 基于社会化标注的个性化推荐算法研究 [M]. 北京：科学出版社，2019：94–96.

[7] 姜枫，许桂秋 . 大数据可视化技术 [M]. 北京：人民邮电出版社，2019：54–56.

[8] 林子雨 . 大数据技术原理与应用 [M]. 北京：人民邮电出版社，2017：88–89.

[9] 黄红梅，张良均，张凌，等 . Python 数据分析与应用 [M]. 北京：人民邮电出版社，2019：44–46.

[10] 王建芳 . 机器学习算法实践 [M]. 北京：清华大学出版社，2018：14–16.

[11] 中国标准出版社 . 电子文件归档与电子档案管理规范 [M]. 北京：中国标准出版社，2016：84–86.

[12] 陈刚，王洪军 . Python3 自动化软件发布系统：Django2 实战 [M]. 北京：北京航空航天大学出版社，2020：14–16.

[13] 曹筠慧，管先海，孙洋洋 . 基于大数据时代的档案价值及其开发利用探究 [J].

档案管理，2017（1）：27-29.

[14] 李丽芳．大数据时代档案信息利用及效果探析 [J]. 城建档案，2016（1）：34-36.

[15] 詹秀琴．浅谈网络档案信息资源的收集保存策略 [J]. 黑龙江科技信息，2016（17）：163.

[16] 阚娟．浅谈档案管理中的电子档案管理 [J]. 办公室业务，2017（10）：72-75.

[17] 高登文．大数据在档案管理中的应用 [J]. 中国新通信，2021（21）：89-91.

[18] 冯华．大数据时代档案管理的机遇与挑战 [J]. 当代工人（C 版），2021（5）：94-95.

[19] 李坤．大数据时代档案管理的新视角和新职能研究 [J]. 无线互联科技，2021，18（17）：27-28.

[20] 苗艳辉．大数据时代档案管理问题研究 [J]. 中国新通信，2019（8）：103-104.

[21] 李海霞．大数据时代高校数字档案资源管理研究 [J]. 智库时代，2019（29）：133，138.

[22] 刘博．大数据时代电子档案管理现状与发展分析 [J]，办公室业务，2021（8）：24-29.

[23] 周向东．大数据时代高校档案管理模式的变革和优化 [J]. 中国管理信息化，2018（7）：138-139.

[24] 张文彦，武瑞原，于洁．大数据时代的图书馆初探 [J]. 图书与情报，2012（6）15-21.

[25] 陈海英．大数据时代背景下高校档案管理模式的变革和优化 [J]. 辽宁经济．2017（1）：59-61.

[26] 徐郁萍．浅析大数据时代档案数据信息资源整合与共享 [J]. 办公室服务，2017（8）：79-80.

[27] 任晓静．大数据背景下医学档案信息资源整合与共享分析 [J]. 管理观察，2017（7）：181-183.

[28] 李勇．网络媒体对煤炭企业宣传思想工作的影响及对策研究 [J]. 才智，2017（1）：234-235.

[29] 曹筠慧，管先海，孙洋洋．基于大数据时代的档案价值及其开发利用探究 [J].

档案管理，2017（1）：27–29.

[30] 张玉叶. 基于 Python 的推荐系统的设计与实现 [J]. 计算机时代，2019（6）：59–62.

[31] 吴荣，段宏涛. 基于 Hadoop 平台的 Spark 快数据推荐算法解析：以其在图书推荐系统中的应用为例 [J]. 数字技术与应用，2020，38（6）：115–117.

[32] 邓园园，吴美香，潘家辉. 基于物品的改进协同过滤算法及应用 [J]. 计算机系统应用，2019（1）：182–187.

[33] 郭楚怡. 个性化推荐人信息的"三次使用大数据时代的隐私保护难题 [J]. 科技传播，2021（18）：159–161.

[34] 郑庆华，董博，钱步月，等. 智慧教育研究现状与发展趋势 [J]. 计算机研究与发展，2019（4）：63–68.

[35] 刘敏，郑明月. 智慧教育视野中的学习分析与个性化资源推荐 [J]. 中国电化教育，2019（9）：38–47.

[36] 李红丽. Hadoop 与 MapReduce 应用下的大数据处理系统设计 [J]. 网络安全技术与应用，2021（9）：48–50.

[37] 王昌文. 大数据处理技术的界面交互设计研究 [J]. 电子世界，2021（5）：39–40.

[38] 王协舟，汤志成. 大数据时代档案管理与利用问题研究 [J]. 办公室业务，2019（11）：68–69.

[39] 郑金月. 数据价值：大数据时代档案价值的新发现 [J]. 浙江档案，2015（12）：11–14.

[40] 高迎，刘正. 基于二部图的推荐算法研究综述 [J]. 科技与创新，2021（20）：92–93.

[41] 史江，林巧燕. 大数据时代档案价值及其开发利用研究 [J]. 兰台世界，2021（2）：65–67.

[42] 张俊利. 网购环境下消费者冲动性购买的影响因素分析 [J]. 中国管理信息化，2021（6）：74–76.

[43] 郑载明，董云朝，肖宇，等. MySQL 数据库课程的设计 [J]. 电脑知识与技术，2020，16（3）：21–22，24.

[44] 吴兰. 消费者网络购物行为影响因素研究 [J]. 商讯，2020（6）：164–165.

[45] 李川，张少茹. 基于用户特定特征及内容的景点推荐模型研究 [J]. 计算机与数字工程，2011（2）：49–53.

[46] 孟祥武，梁弼. 基于位置的移动推荐系统效用评价研究 [J]. 计算机学报，2019，42（12）：2695–2721.

[47] 王光，姜丽，董帅含，等. 融合本体语义与用户属性的协同过滤算法 [J]. 计算机工程. 2019（10）：215–220.

[48] 张宜浩，朱小飞，徐传运，等. 基于用户评论的深度情感分析和多视图协同融合的混合推荐方法 [J]. 计算机学报，2019（6）：1316–1333.

[49] 杨武，唐瑞，卢玲. 基于内容的推荐与协同过滤融合的新闻推荐方法 [J]. 计算机应用，2016（2）：414–418.

[50] 陈研. 基于大数据时代的档案价值及其开发利用 [J]. 兰台世界，2018（6）：84–86.

[51] 贾秋芳. 基于大数据时代的档案价值及其开发利用探究 [J]. 中小企业管理与科技（下旬刊），2018（12）：108–109.

[52] 郭培华. 数据挖掘技术在在线销售系统中的应用 [D]. 郑州：郑州大学，2018.

[53] 曾方健. 基于协同过滤的电影推荐系统的设计与实现 [D]. 武汉：华中科技大学，2018.

[54] 朱朋飞. 基于数据可视化的专题应用分析研究 [D]. 北京：北京邮电大学，2019.

[55] 庞帆栋. 基于 Spark 的个性化电影推荐系统的设计与实现 [D]. 南京：东南大学，2017.

[56] 韩文. 大数据时代背景下高校基建档案管理模式的变革和优化研究 [A].《教师教学能力发展研究》科研成果集（第九卷），2017（6）：44–46.

[57] 韩文. 大数据时代背景下高校基建档案管理模式的变革和优化研究 [A].《教师教学能力发展研究》科研成果集（第九卷），2017（6）：62–65.